U0153416

Hakka Communication

Theories and Empirical Studies

by   Dennis Peng, Ph.D.

客家傳播理論與實證

彭文正 著

序

　　以前，大家都不說自己是客家人，現在，大家都說自己是客家人；以前，說客家話是會被罰的，現在，到處都聽得到客家話；以前，電視上聽不到半句客家話，現在，17頻道客家電視一整個頻道都在講客家話；以前，沒有人研究客家與傳播的關係，在傳播研究中，客家並不是一個研究概念，甚至不曾是一個研究變項，現在，研究客家傳播該是時候了！

　　把傳播模式放進客家文化的脈絡中，和從傳播行為中觀察客家變遷一樣地饒富研究價值與社會意涵。2001年行政院客家委員會的成立及隨即推動的客家學術發展委員會，讓客家研究有了資源的挹注；從此，跨領域的人得以在客家這個平台上交換智慧與對話。我幸運地在這段時間內加入了客家研究的學群，開始在客家研究道路上的摸索。

　　當客家擺脫了隱性的歷史命運，成為一個「顯學」之際，也開始有了「什麼是客家？什麼不是客家？為什麼是客家？為什麼不是其他族群？」的思與辯。當一個族群與文化的我群意識興起，如果是為了實施社會控制之便，從歷史中我們看到了浩劫頻仍的痕跡。如果族群與文化的復興，能使人類社會體驗多元文化的豐富與價值，在族群間激盪追求共好的火花；那麼，這樣的定位與訴求，是值得前仆後繼的。

　　寫這本書的每一個章節甚至字句，都讓我體會到自己學識和經驗之淺薄，出版之際，對於「野人獻曝」這句成語，更有了超越字面的深刻體認。寫這本書的意外收穫，是發現我的八旬老父常常唸在嘴巴的祖先來台時間、原因甚至登陸地點，都和史冊上所記載的一模一

樣；我感謝我的父母，在接近赤貧的環境中，犧牲一切可以犧牲的去換取任何栽培我的機會，我要感謝上帝賜給我最好的禮物晶玉、叮叮、噹噹和謙謙，他們讓我每天都在感恩和喜樂中工作，我也要感謝五南圖書出版公司，願意為我出版這本不知道誰會想讀的書，感謝台大多媒體製作中心和新聞所的一群天使陪著我焚膏繼晷，還要感謝客家運動和客家學術界的前輩，讓我能在跌跌撞撞的摸索中，有夙昔典型可仰；最後，也是最重要的，我要將一切榮耀，如果有的話，都歸於主！

彭文正

主後 2009 年 2 月 17 日於台北

目　錄

第 一 章

客家傳播研究方法

壹、客家傳播的研究性質

「客家」是一個體系（system）還是一個分系（division）？是本質（substance）還是意象（image）？是變項（variable）還是屬性（attribute）？是名詞（noun）還是形容詞（adjective）？「客家傳播」是一個主題（theme）還是一個理論（theory）？是學門（subject）還是領域（field）？是現象（phenomena）還是模式（model）？

這些辨證式的對話，開啟了研究客家傳播的一扇窗，讓吾人得以觀近亦可望遠；認識論（epistemology）與方法論（methodology）的互動，構築出研究客家傳播的一座橋，讓吾人得以溯古亦可論今。

社會科學研究旨在對人的行為與社會系統及其互動關係加以系統化的觀察、分析，以發掘了解模式，並依據模式探索存在的現象並預測未來的可能。「客家傳播」作為一個新的概念，它需要更清楚的被解析；界定其範疇及屬性；透過概念解析（concept explication），吾人方得以深耕其意涵並探索其架構：

（一）體系與分系

客家是一個「民族」，可以自成一個體系嗎？還是它是一個「族群」，做為一個體系下的分系？

從民族社會學的角度觀之，一個體系通常有清楚的邊界，亦容易和其他的體系彼此界定明確的差異性；「民族」可自成一體系，例如猶太民族與中華民族，其差異性是明確可描述的。而「族群」是民族下的分系，它與民族間有隸屬關係，通常在邏輯上是有交集和從屬關係的，如中華民族與客家族群間存在若干重疊及從屬關係。

從政治社會學的角度觀之，「民族」牽涉到政治主權的概念，它必須具備文化與政治合一的原則，而「族群」則不必（王甫昌，2003）。例如中華民族即是一個文化界線與政治界線重疊的民族主義下的概念。因此對一個在美國出生的華裔血統人士而言，中華民族這個體系對其而言並

無實質意義，近年來台灣意識抬頭，台灣新興民族的概念亦是在這種思維中形成。反之，「族群」則可以是不同體系下的分系，如台灣的客家族群、中國的客家族群、馬來西亞的客家族群等，此時的族群可以分屬於不同的社會體系或政治體制。

　　從研究方法的角度觀之，定義客家為一個族群的必要條件在於清楚描繪這個族群的輪廓，包括以科學方法解析族群這個概念，及界定其周延性（exhaustion）和互斥性（exclusion），亦即客家族群「是什麼」以及「不是什麼」。此外，客家這個「族群」概念與其他諸「民族」間的重疊關係和隸屬關係是什麼？這牽涉到人類學的追根溯源和從政治、文化、社會學的觀點看幾個體系和其分系間的關係，釐清這些脈絡對於弱勢族群與強勢族群和主流社會間的對話和共治有極大的助益。

（二）本質與意象

　　「客家」之於大多數人，它是一種「意象（image）」、一種「感知（perception）」、抑或是一種「本質（substance）」？我們唯有釐清「客家」在不同情境脈絡下的不同屬性，才能具體地觀察或測量這個概念下所形成的指標和意涵。人類有能力用文化創造我們實際上居住的世界，而大多數我們視為「真實」的，不一定是它們本身是「真實」的，而是我們對事情的想法，讓我們認為事情就是如此（Johnson, 2002；成令方、林鶴玲、吳嘉苓譯）。

　　當「花布」被聯結到客家時，它可能是一個物質聯結到意象的過程；出現在腦際中的可能是老祖母用來包雞鴨、祭拜祖先時用的布，也可能出現的意象是時尚流行的花布元素；援用符號學的理論，花布這個「意符（signifier）」映入眼簾後會形成一種「意指（signified）」，即它也可能形成一種概念或感知，認為花布（物質）是一種客家傳統文化中象徵富足的精神與表徵，釐清客家是本質還是意象並非畫蛇添足，因為當客家這個概念必須被操作成可以觀察和測量的操作型定義時，我們就得窮究其面向和指標。因為我們對事物之認識有限，因此會將最基本的意象

關聯抽離出來，構成一種合理的思維型態，然而這往往只是事實的一個面向而已（張維安，1989）。

（三）變項與屬性

屬性是一件事物的特性或品質，而變項則是一系列屬性的邏輯組合。例如「台灣的語言」是一個變項，其屬性包含了「國語」、「閩南話」、「客家話」及「原住民話」等；又例如「客家話」是一個變項，其屬性包括「四縣」、「海陸」、「大埔」、「詔安」、「饒平」等。

和概念一樣，屬性必須要具備周延性和互斥性，周延性的重要性在於倘若一個變項要在研究中能被利用，就必須要能夠將所有的觀察歸類至此變項的某一個屬性之中，而互斥性則是每一個觀察只能歸類到唯一的屬性當中（Babbie, 2001）。因此，客家話這個變項必須將所有的腔調分別納入每個屬性中，而每一種腔調即每一個屬性間必須彼此互斥，如是四縣就不是海陸；而在桃園一帶介於四縣和海陸兩種語言之間的一種混合腔調—「四海腔」，雖然腔調是其他兩種的混合，但是做為一個屬性，它被清楚地界定成與四縣腔和海陸腔不同的屬性。

（四）名詞與形容詞

在客家研究當中，客家常被視為一個文化的代名詞，文化一詞的起源是拉丁文的"colere"，是動詞的耕種之意；英國人類學家 Edward Taylor 在 1871 年首先定義文化為「包括知識、信仰、藝術、法律、道德、風俗以及作為一個社會成員所獲得的能力與習慣之複雜整體[1]」，但當「客家文化」一詞出現時，客家又成了形容詞。

在量化的研究中，一個名詞必須經過概念化（conceptualization）的過程方能被測量，一個形容詞必須連同其所形容之名詞才能被測量。如「客家」和「文化」分屬兩個名詞概念，「客家文化」則是一個名詞概念。當「硬頸的」被視為是一個形容詞時，它的概念解析相對困難，欲發展面向及指標較不易。但是「硬頸的」顯然所指涉係一種精神或人

格特質，不得被視為單純的名詞上之字面意義，如硬頸是很硬的脖子之類的；此時當清楚地界定其為有別於名詞的形容詞時，我們亦可用政治學中常用來量度喜好或感覺的「情感溫度計（feeling thermometer）」。例如：以「您可以用 0 到 100 的分數，表示您認為這個人 "硬頸" 的程度」作為問卷中測量形容詞的題目。

　　質化研究亦然，深度訪談或焦點團體訪談時，訪問者必須清楚辨別受訪者所描述的每一句話中的每一個詞的詞性，例如研究者必須辨別 "他是客家人" 和 "他這個人的行為很像客家人" 這中間的區別。

（五）主題與理論

　　在傳播學的範疇中，涵化（cultivation）理論清楚地說明了人看電視看多了，其認知易被電視所形塑的世界影響，漸漸地其認知中的真實世界會趨向於電視中所描述的世界。沈默螺旋（spiral of silence）理論指出人害怕被孤立，因此會在意見表達上出現從眾或選擇沈默的兩種可能，民意於是逐漸兩極化，終致強勢的愈發強勢，沈默的愈發沈默。這些「理論」都具備了「解釋傳播效果」、「解釋閱聽眾如何用媒體」、「解釋閱聽眾如何從傳播中學習」以及「解釋傳播在塑造人們觀點和價值中扮演的角色」之核心目的（Steven & Tankard, 1988）。

　　在「客家傳播」的範疇中發展出一些理論，它必須清楚地具備核心目標，而且「客家傳播」和「傳播」是不同的，至少，部分傳播理論是無法適用在客家族群或媒體的傳播行為，或客家傳播在客家文化的脈絡下，發展出的傳播模式，可以自成一個體系，達成特殊的目的，而不同於或不適用於一般傳播行為。

　　或者，客家傳播是傳播學中的一個主題，它和 1927 年 Lasswell 開始至今 80 年的傳播研究一樣追求共同的目標，觀察並解決一樣的問題，只是它聚焦於客家族群罷了。在客家傳播研究剛起步之際，急於區辨其可能具備主題或理論的發展潛力，尚言之過早。在研究媒體使用行為時，吾人可以清楚觀察到一群內心深處充滿客家意識，非常 "客家" 的

人，他們有一些異於一般閱聽人的行為模式。當這類獨特的行為模式漸漸被發掘且彼此間可以互相呼應時，一個獨立的理論體系就逐漸成形了。

（六）學門與領域

　　儘管傳播學經歷了 80 年的研究歷程，發展出許多模式與理論，仍不時有究竟傳播是一個領域或是學門，亦或是次領域之辯，在行政院國科會的歸類[2]中，人文社會科學是一個「領域」，傳播學如同政治學、社會學一般為「學門」，傳播學門又分為 13 個次領域[3]，而客家傳播沒有在其中。倒是在語言學這個學門中，「客語」被列在「子學門/次領域」的類目中。這是一個弔詭的現象，在台灣知識界，至少是語言學界和傳播學界的一群菁英眼中，客家話在語言學門中，和音韻學、語言哲學、方言學等同為次領域或子學門，而客家傳播卻什麼都不是。也許，在這些決定學門及領域分類的學界先進的認知中，客家傳播應該是傳播學中分屬於傳播理論、傳播史、傳播法規與制度中的一個變項、甚或一個屬性而已，亦即在研究傳播行為時，「客家」是「族群」這個變項中相對於外省、閩南、原住民的一個屬性、或是傳播法規中針對公共廣播服務概念下的客家電視作一些特殊的規範研究。

　　以 Paisley（1984）之見，人類學或心理學主要在研究某種人類行為，屬於層次領域（level fields），而跨越許多學門的傳播學係以人類行為中的某項特徵為研究範疇，可分類為「變項領域（variable fields）」（轉引自鍾蔚文、臧國仁、陳百齡，1996）。這個觀念就如同亦有人認為傳播學其實是政治學、經濟學、心理學、社會學等學門應用在傳播行為上的模式，它其實是政治傳播、傳播社會學和傳播心理學的綜合，未必需要成為一個學門，甚或認為媒體或傳播行為只是社會學或心理學研究中的一個變項而已，以 1636 年創校的哈佛大學為例，也只有一個 Nieman Fellow Program 提供新聞工作者進修的課程，而並未設新聞傳播相關系所。因此，對剛剛開始被正常理解和公平對待的客家語言、文化和客家專屬頻道而言，客家傳播研究的妾身未明當可理解。未來，需要更多客

家傳播相關研究證明客家傳播具有得以被視為一個次領域、學門甚或領域的豐富度和主體性。

（七）現象與模式

　　至目前為止，客家傳播中最常見的研究是媒體的客家「再現（representation）」及客家族群的「媒體使用與滿足（media uses and gratifications）」。前者分析媒體的內容，後者關注閱聽眾的行為。當吾人研究媒體對於客家事物報導之內容時，其實是在分析媒體作為客觀真實（objective reality）與符號真實（symbolic reality）的一個橋樑所再現的意義（Hall, 1997）。

　　從內容分析中找出概念、符號和意義的關聯性是否存在規律？是否這些關聯性得以被系統性地歸納成為模式？或是這些觀察所得到的關聯性只是在特別媒體或特殊情境時空下的一個事件反應或現象而已？在閱聽人行為研究中，所關注的焦點常在客家族群媒體使用行為及其感知和回饋，此時研究者需進一步瞭解這是少數人的使用方式還是大多數人共通的一種類型；質化研究方法特別需要釐清個案現象與規律模式之差異性，以免過度概化（overgeneralization）。尤其在研究者處在必須找出模式的研究壓力下時，通常會缺乏嚴謹性地把一些相類似的事情當成是存在某種模式的證據（Babbie, 2001）。欲根據所觀察或蒐集到的證據區辨其為現象還是模式，可以透過較大樣本的觀察和複證（replication）得到根據。具有代表性的樣本才有從樣本推論母體的正當性，而較大的樣本可以降低抽樣誤差。複證則是使用同樣方法重複試驗或不同人、不同方法交互驗證，以確保其觀察的信度（reliability）。

貳、客家傳播的研究途徑

　　研究客家傳播的途徑是一種探索（exploration）還是一種解釋（explanation）？是歸納（induction）還是演繹（deduction）？是量化

（quantitative）還是質化（qualitative）？是物質（substance）還是機緣（affordance）？是分殊（idiographic）還是律則（nomothetic）？是現代（modern）還是後現代（post modern）？

清楚解析每一個概念以確認研究性質，只是探索客家傳播的一個開端；從意義分析瞭解現象的過程中，仍需要嚴謹而有系統地觀察與探索。將客家傳播置放在什麼樣的脈絡情境中觀察與用什麼方式去探索人與媒介的互動關係，是深入研究客家傳播的另一個重點。

（一）探索與解釋

當我們對於客家傳播這個領域缺乏足夠的認識時，我們需要探索它；當我們進行了足夠且系統性的觀察並獲致足夠證據時，我們可以嘗試著去解釋所觀察到的現象並發掘可能存在之模式。

完整的科學體系需要探索與解釋的反覆循環，亦即在混沌的體系中觀察現象、找尋規律，等到累積足夠的觀察之後，嘗試著模式化並解釋之；研究結果通常會帶來新的疑問，於是再經由探索開啟另一個循環。

研究客家傳播不論是在媒體內容分析或閱聽眾收視分析時，最常碰到或是最希望獲致的往往是探究事物發生的原因。而因果關係卻也是科學中最難實證的環節之一。

舉例言之，當我們觀察到客家電視的品質逐漸走下坡時，我們希望能找出原因，經過深度訪談的結果，可能得到兩個答案，其一是節目製作單位並不認為節目品質變差，於是舉出諸多事證證明其品質沒有變差甚至變好；另一種可能是節目製作單位將其歸因於製作經費縮減。欲確認第一個差異是否合理，得要確認對於節目品質偏差之觀察是否正確，至於當欲解釋經費縮減是否為節目變差之原因時，必須確認因果關係之三要件是否確立，亦即：(1)因必須發生在果之前，(2)代表因和果所得到的觀察事證必須有實質的相關性，(3)確認兩個變項間所觀察到的實證，不是第三個變項同時改變了這兩個變項而產生的（Babbie, 2001）。亦即，經費縮減是否先於節目變差之前發生，且二者間確有足以觀察及確

認相關之證據，以及沒有如經營階層改組等之第三個因素，同時影響了前兩個因素而造成偽效果（spurious effects）。

（二）歸納與演繹

　　歸納與演繹是推理的兩種模式，歸納法是從個案到通則，而演繹則是由通則到個案。藉由這兩種推理方式之差別亦可提醒研究者應先區辨個案和通則之差異性；然後確認其研究之目的，是欲將諸多累積到的觀察比較分析，找出相似點，並發掘模式或理論，抑或是由理論推理出一個可供觀察之模式，再希冀透過個案的觀察測試該理論或模式之實證效果。

　　客家傳播研究常以內容分析法解讀媒體如何詮釋客家意象，係透過演繹法將「議題設定（agenda setting）」、「框架（framing）」、「再現（representation）」等傳播模式或理論之整理耙梳，發展出要驗證之研究假設，蒐集媒體中詮釋客家的個案，包括文字、人物、圖片等符號所傳遞之意象，檢驗這些理論或模式能否應用在這些個案分析上。另一種推理方式是以系統性的方法蒐集足夠個案之後，分析形塑客家意象的模式，在模式的共同處上，找尋有無可以建構具有解釋效能之理論基礎（underpinnings），以完成歸納推理。

　　演繹始自理論及於實證而歸納則始於實證及於理論，二者同等重要，於客家傳播尚未發展為成熟之領域或學門之前，探索、歸納、演繹、實證的互動循環是研究客家傳播需要反覆經歷之必要途徑。

（三）量化與質化

　　語言學、人類學、歷史學等學門多採質化研究方法為主，而經濟學、社會學、心理學則以量化研究方法為多，作為跨領域（interdisciplinary）的傳播學門，則是兩者皆重，難分主從。

　　客家傳播的研究跨越傳播內容產製之組織到使用者接觸訊息之感知理解，大量引用社會學和心理學的理論，將之置入行為學的研究脈絡

中，形成了一個「理論為體、實務為用」的應用科學，不透過參與觀察、文獻分析、個案研究、文本分析等質化研究方法，很難深入分析媒體內容，更不容易觀察客家族群細微的文化特質與傳播行為間的互動。另一方面，欲分析閱聽眾之行為，除了得以透過深度訪談或焦點團體深入瞭解心理層面之外，亦需要大量的資料來聯結理論和實務，畢竟閱聽眾是一個集合體，能以清楚的數據和量化指標，歸納閱聽眾行為，對媒介市場之營運及學術理論之開拓均有助益。

（四）物質與機緣

傳播工具可以視為一種物質（substance），其具備有文字、聲音、影像、虛擬實境等元素構成之物質特性，亦具有將元素排列組合在不同時空和載具上之組織原則（鍾蔚文、陳百齡、陳順孝，2006）。

當研究者將客家電視傳遞給觀眾的訊息內容視為一種「佔有時間、空間和質量的物質」時，其研究動機多傾向於分析該物質「內容」所組成之元素，判斷其為何種物質。誠如化學家將相同原子組成之純物質稱為元素，不同原子組成之純物質稱為化合物一般；當訊息內容被視為一種物質時，研究者在作內容分析時，會依循質化或量化兩種方法，分別分析文本訊息所傳達之意義或透過計算訊息所負載之變項出現次數與結構，去解構一則訊息內容。這樣的方法與化學家從混合物中分離或化合物中萃取元素的方法大同小異，然而這樣的方法僅能分析該物質之組成成分，對於已經失去原元素特性之化合物而言，無法判斷其具有什麼特質。好比一部情色、暴力和說教三種元素兼具的電影，傳播研究者斷難用內容分析法解構或數算其元素比重而加以研判觀眾看完後之感知與反應，欲達成此目的，研究者須著眼於此一物質之機緣性，即物質與人互動之關係。

機緣是人、工具及環境協調互動之產物（Dant, 2005），而決定工具最後之功能者，是機緣而非物質（Gibson, 1997；轉引自鍾蔚文等，2006）。客家電視在 2008 年 1 月播出重點製作的節目【大將徐傍興】為

例，這齣連續劇描述台大醫院首位外科主任名醫徐傍興仗義疏財，救人助人、作育英才及推廣運動的精采一生。從這部連續劇的物質性觀之，它透過物質特性和組織原則，組合出「醫生」、「教育家」、「士紳」等意象。然而在不同年齡及生長在不同世代和不同情境的觀眾，卻會從同樣的物質中，產生和人及環境互動的不同機緣。1970 年代以後出生的年輕觀眾看到的【大將徐傍興】是一個描述有理想的醫生教育家的故事，1960 年代以前出生的客家觀眾，被喚起的可能是美和棒球隊曾紀恩和徐生明等客家子弟的風雲歲月。

客家電視提供了研究客家傳播一個號稱四百年來第一次的絕佳工具；作為一個傳播工具，它具有清楚的定義、內容、特質、界限和觀眾，得以在不致混淆的場域中與目標和特徵相近的觀眾互動。因此要研究饒富文化元素和歷史縱深的客家傳播，僅侷限傳播內容的物質層次，顯然有所不足；傳播工具、內容、人、環境、時空和社會脈絡間的互動所產生的機緣性更不該錯過。

（五）分殊與律則

分殊式的因果推理方式係指用個別的、獨特的、明確的、偶發的理由去解釋或推理的方法；而律則式則慣以具有普遍原則和規律性，而非個案式或偶發式的推理過程，去解釋因果關係的方式。

分殊式和律則式的推理，對於社會科學的研究各有其優點。當研究者試圖徹底瞭解住在台北縣三芝和石門一帶，台灣少數操永定腔的客家人對客家電視使用語言及收視之態度時，分殊式的研究方法適足用以觀察和推理；而欲觀察分布於台灣、北、中、南、東最為普遍之四縣腔客家人對客家電視的語言態度及收視間的關係時，即會想用律則式的推理方法。社會科學家用分殊式和律則式兩種方法解釋因果關係，就如同物理學家時而將光視為一個質點（particle），時而將它視為一種波（wave）一樣，可以一方面尋找相對較浮面的通則，一方面深入地探究個案（Babbie, 2001）。

（六）現代與後現代

在客家傳播研究當中，研究者始終圍繞著「真實」兩個字打轉，從客觀的真實到媒體塑造的主觀真實到觀眾眼中的社會真實，這三者之間如何互動會影響觀眾的感知。涵化理論，強調由守門人形塑的主觀真實將透過電視真實影響重度收視觀眾對於社會真實的感知；議題設定則是認為守門人的主觀真實會將社會上發生的重要事件篩選、過濾和排序，使電視真實影響了觀眾對社會發生事件重要性之理解。例如：在桐花祭的強力宣傳和置入性行銷中，客家文化的能見度和重要性是否因此大幅提昇，電影《海角七號》中唯一的客家人「馬拉桑」的角色性格塑造，是否會讓觀眾將之投射到對一般客家人的形象認知上等。

「對於真實的觀點主導了人類歷史相當大的成分。前現代觀點（premodern view）認為眼見為真，現代觀點（modern view）認為人心各異，後現代觀點（postmodern view）則認為全憑想像」（Babbie, 2001：21-24）。對於真實的認知會影響我們如何觀察媒體以及如何理解媒體對閱聽眾的影響。這個近乎哲學的思考，落實在研究方法的步驟上，可以用來提醒研究者「於不疑處有疑，方是進矣！」。

參、客家傳播的研究場域

從媒體與閱聽人間的功能角色觀之，一端為訊息發送者，一端為接收者；從訊息內容的利用性觀之，一端為製碼者（encoder），一端為解碼者（decoder）；從客家傳播的應用流程觀之，一端為產製者（producer），一端為消費者（consumer）。

當我們不再用物質的角度看傳播工具時，不難發現媒體和人與環境的互動會產生足以影響傳播效果的機緣。傳播效果於是透過人與媒體的互動，人與社會組織間的互動以及媒體與社會環境的互動形成了多層次的複雜影響。

一、媒體內容的產製與消費關係

從資訊流（information flow）的觀點，訊息在媒體內產生經由傳輸工具流向閱聽眾，閱聽眾在接受並處理完訊息之後，部分回饋回到媒體，形成了一個資訊流通的互動機制。

在媒體內容的產生過程中，由訊息內容、傳播工具、組織機構和媒體平台所構成的傳播源皆屬於產製面（production side）的一部分，經由傳輸的介質，訊息傳到閱聽眾的消費面（consumption side），閱聽眾在使用媒體之後產生各種可能的效果，並且部分的感受與認知會回饋到產製面，形成一個迴路，如圖 1-1。

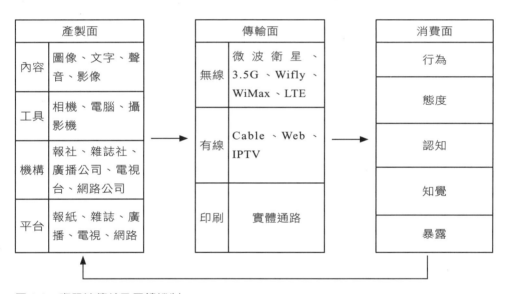

產製面		傳輸面		消費面
內容	圖像、文字、聲音、影像	無線	微波衛星、3.5G、Wifly、WiMax、LTE	行為
工具	相機、電腦、攝影機			態度
機構	報社、雜誌社、廣播公司、電視台、網路公司	有線	Cable、Web、IPTV	認知
				知覺
平台	報紙、雜誌、廣播、電視、網路	印刷	實體通路	暴露

圖 1-1：資訊流傳輸及回饋機制

在媒體的產製面上，客家傳播研究的議題可以分為內容、工具、機構與平台四個主要面向。

在媒體內容方面，如何決定一則新聞是否採訪？由誰採訪？採訪誰？如何篩選新聞議題？如何取捨畫面？如何描述事件？如何定調新聞？節目製作人如何選劇本或企劃案？如何選角？欲達到什麼效果？

這些新聞、戲劇或綜藝節目的產製環節中，守門人理論（gatekeeping theory）、議題設定、（agenda setting）、議題建構（agenda building）和再現（representation）等傳播理論是否適用在客家媒體的獨特生態中？記者、編輯的客家意識、文化理解與認同如何影響其資訊處理、符號建構和意象塑造？被時空阻斷的客家元素如何透過守門人的認知組合成客家意象？在媒體工具方面，圖像影像如何捕捉、剪輯，透過什麼樣的物質組織原則組合出什麼樣的符號？科技將真實世界和虛擬世界密切聯結對於主觀真實、客觀真實與媒介真實產生什麼影響？在傳播機構方面，媒體內的組織行為如何影響訊息再現？主流媒體的組織結構如何影響客家訊息的篩選和製程？客家媒體的組織結構對於客家議題的設定、建構、篩選和再現又有何影響？平面媒體、廣電媒體和網路媒體之組織和製程特性是否有所不同？其異同又如何影響其訊息產製？在媒體平台方面，各種媒體平台需要的訊息格式有所不同，不同的訊息格式是否會影響訊息的組合？不同的訊息組合是否會產生不同的再現？客家文學和客家意象的獨特性是否適用於不同的媒體平台格式？這些都是研究客家媒體訊息產製面的研究主題與途徑。

　　在聯結產製面與消費面的媒體傳輸方面，平面媒體透過印刷和實體通路將訊息傳遞給讀者，如今，亦紛紛結合網路將訊息數位化和立體化；廣電媒體從傳統的微波、衛星和電纜傳輸，進步到透過無線網路和通訊技術，如 3.5G（第三點五代行動通訊系統）、Wifly（wireless fidelity，無線寬頻網路）、WiMax（worldwide interoperability for microwave access，全球互通微波存取）、LTE（long term evolution，長期演進）等先進技術將不同格式的訊息傳送到閱聽眾眼前。這些傳輸工具的不同介面是否會影響訊息和觀眾的聯結？不同的傳輸方法是否會影響不同的訊息接收平台和閱聽行為？工具的物質性如何影響與使用者互動產生的機緣性？這些議題必須透過不同的研究方面去達成，而置身於數位傳播環境中，研究客家傳播者，不應有所忽略。

　　當傳播研究揚棄了皮下注射理論（hypodermic needle theory）或子

彈理論（bullet theory）而走向有限效果模式（limited-effects model）之探討時，條件式的媒體效果和閱聽人的回饋成為研究傳播模式和影響效果不可忽略的因素。

在日趨多元的社會環境和競爭激烈的媒體環境中，觀眾的意見透過投書、call-in 及收視率等方式將質化和量化的意見回饋給媒體。回饋機制如何影響媒體的內容產製？閱聽眾如何透過與家庭、同儕、意見領袖、社群和社團等中介團體與組織互動？這些互動行為如何影響媒體內容？特別在客家媒體中，族群中的社會團體常扮演聯結媒體和閱聽眾間的重要橋樑，它們如何與媒體形成多方的互動？這些都是客家傳播研究的新途徑。

二、媒體研究的跨層次分析

傳播研究的重心逐漸轉移到三個層次（Pan & McLead, 1991；Friedland & Shah, 2005）：

(1) 鉅觀層次（macrolevel）係指社區或組織的特質和形態會對影響閱聽眾的媒體使用行為及媒體的效果。

(2) 中觀層次（mesolevel）係指人際傳播網路，如參考團體、討論社群等中介機制對閱聽眾亦將產生使用行為和效果的影響。

(3) 微觀層次（microlevel）係指閱聽人間的討論會影響其處理媒體訊息時的認知複雜度（cognitive complexity）。

在鉅觀的層次上，閱聽眾所處之社區的社會結構，特別在文化、符號的面向上，會促進或抑制媒體對閱聽人產生的效果（Blau, 1994）。社區組織的組織形態會對人們在收視媒體和回饋媒體的行為產生某種程度的影響（Friedland & Shah, 2005）。

客家電視和閱聽眾的關係，不僅只於一般電視節目和觀眾的"黑盒子與沙發"關係而已。客家電視專注於發掘地方活動、社區新聞、農特產品等議題，直接和社區甚或鄉鎮相聯結，舉辦一年至少一次的「傾聽觀眾的聲音」座談會[4]，開放讓客家庄觀眾參與和客家電視諮議委員、

執行長、各部門經理面對面討論，許多來自觀眾的建議或節目提案得以立刻成為媒體內容的一部分。社區山歌班甚至組隊報名參加客家電視綜藝節目。相對地，客家觀眾居住在眷村或大都會區中，這種來自於社區結構的影響就成了抑制其與客家電視間互動的壓力。他沒有來自於社區組織的推波助瀾，客家電視不會到他居住的社區開座談會，他沒有左鄰右舍可以分享昨天看到的【花樹下的約定】；因此，同樣的頻道產製的同樣內容，會因其所處之社會結構不同產生截然不同的媒體效果；時間愈長，累積的效果愈不容忽視。

在研究客家傳播時，媒體和社區、村落、甚至鄉鎮以及閱聽眾之間的互動關係應被當成一個研究方法上的重要課題。

在中觀的層次上，閱聽眾的左鄰右舍會透過對節目內容的討論改變其收視行為甚或回饋行為。在許多雞犬相聞的客家庄，客家電視的影響力不容忽視，新聞設定的議題常是客家觀眾和鄰居打嘴鼓的話題，連續劇的劇情亦是婦女們共享的「公共論壇」。家人或街坊鄰居的互動，甚至會形成一股民意，促使閱聽眾將集體意見回饋給媒體。參考團體（reference group）或是內團體（in group）的作用在媒介效果的研究中，常被用於解釋第三人效果（third person effect）（Duck, Mullin, 1995；Mutz, 1989；Mackie, Hamilton & Rosselli, 1996）、沈默螺旋理論（spiral of silence）（Lee, Detenber & Willnat, Aday & Grat, 2004；Huang, 2005；Spenur & Croucher, 2008）及投射效應（projection effect）（Conover & Feldman, 1989；Peng, 1997）上。

客家庄的生活形態和都會區有很大的不同，左鄰右舍間的宗親、朋友、同學關係緊密。參考團體的影響力不容小覷，客家傳播的研究應比其他傳播理論和傳播方法更重視中觀層次的效應才是。

在微觀層次上，認知心理學大量被運用在閱聽眾處理訊息的理論和實證中。例如：將閱聽人的心智模式（mental model）從認知結構（cognitive structure）中分別出來，以驗證其處理媒體訊息的個人認知和社會行為間的關係（McLeod, 1997；McLeod, Sotirovic, Moy & Daily,

1995；Carley & Palmquist, 1992）、認知單位（cognitive unit）如何形成心智網路模式（mental network model）（Carley & Palmquist, 1992）、認知複雜度如何影響閱聽眾對媒體議題的理解和認同（Anderson, 1983；Fishkin, 1995）、及認知基模（cognitive schema）會使人將訊息排序成知識星群（knowledge constellations）或相信類目（categories of beliefs）（Taylor & Fiske, 1978；Minsky, 1975）。

　　客家觀眾對於客家媒體的感情是政治、歷史、文化投射的綜合體，特別是年紀較大經歷過母語遭打壓、政治經濟地位不平等年代的客家人，其認知複雜度對收視行為以及語言文化復興的期盼，絕非以一般電視觀眾為主體的傳播理論或研究方法可以套用，客家傳播應當在媒體訊息、社會結構、歷史因素及人的認知複雜度以及收視與回饋行為的多方互動關係中著墨探索，方能瞭解客家傳播的特殊性。

　　值得注意的是，大部份的傳播研究都將重心放在媒體對閱聽眾產生的效果上，對於產製面的組織內部分析較少著墨。這個層面的研究，對客家傳播格外有啟發意義，因為客家媒體屈指可數，對研究而言有其特殊性；另一方面，客家媒體工作者身處特殊環境中，其工作環境、工作動機以及是否有特別的客家意識和使命感，這些因素的互動如何影響客家傳播的製碼與再現；對於一般媒體而言，媒體的守門人機制如何看待客家議題，其中，是否有客籍記者與非客籍記者的不同觀點，在新聞的篩選和議題的設定過程中，組織內有無強勢、弱勢族群間的意見相左或衝突，都是研究媒體組織分析和訊息內容產製的重要題材。

　　對於像是客家電視、寶島客家電台、客家雜誌等客家專屬媒體而言，不只其內部組織、營運宗旨和觀眾群和一般媒體有所區隔，它們和外部組織的互動關係亦大不同。外部組織關係包括和行政院客委會之間的「互相監督」關係以及資源「補助者」與「被補助者」之關係，其間有比一般媒體與政府間的互動更為微妙的關係。此外，客家專屬媒體與消息來源之間的互動亦有其特殊性，因為客家媒體所關心的客家議題，與主流媒體關心的熱門議題大不相同，其大部份的議題是主流媒體眼中

的冷門議題，而且客家電視、寶島客家電台、客家雜誌不但彼此間非競爭者關係，在其各自同性質的媒體中，亦幾乎沒有競爭對手。這樣一種特殊的媒體生態，其媒體內容的產製過程需要一些和一般傳播理論和研究方法不同的思考角度，方能真正深入瞭解其中的研究問題意識。

對客家媒體的記者而言，其與消息來源的互動模式，除了「對立模式」、「同化模式」、「交換模式」、「共生模式」及「競爭性的共生模式」之外（Cook, 1989；Wolfseld, 1991；轉引自羅玉潔、張錦華，2006），是否在不同的生態環境中有其不同的互動模式？客家媒體與客家藝術團體及客家意見領袖之間的互動關係，比一般媒體和社會團體間的互動來得密切而直接，這些來自組織外部跨越層次的互動關係，會如何影響組織運作、守門機制及媒體內容？

聯結產製面與消費面的多層次分析，可以將研究視野從客家電視與觀眾間的單純關係，擴及家庭、村落、社團、政經力量及國家體制的交互作用之影響；這個特殊的研究場域和相對應的新興研究途徑，不唯獨為客家傳播研究勾勒出嶄新的研究範疇，更為傳播學門增闢一塊可以豐富理論體系又可以落實實證檢驗的沃土。

肆、客家傳播質化與量化

質化研究與量化研究對客家傳播研究而言同等重要，正如一機之兩翼。加重某一方之比重，只是為了目標所需而要迎向某一個特定的方向，但是超過一段時間，若機翼不回正，又恐將迷航。

一、客家傳播的質化研究

比較適合客家傳播研究的質化方法包含了內容分析（content analysis）、深度訪談（in-depth interview）、焦點團體（focus group）、觀察法（observations）及歷史文獻分析（historical literature analysis）。

內容分析法常用於研究媒體究竟產製了哪些訊息，包括文字、圖像、

符號、聲音，以及其綜合而成的意象傳遞，其研究重點在於產製面。內容分析因其分析的方法可以分為質化與量化兩種，質化內容分析比較側重於媒體訊息的深層意涵，而量化內容分析則傾向於統計其組成元素出現的頻次和強度。

　　內容分析法非常適合研究者瞭解客家電視、廣播及雜誌究竟傳遞了什麼樣的客家精神、客家意識和客家文化以及其所傳遞訊息的意涵；除此之外亦可加入文本分析（contextual analysis）中的互動分析（interaction analysis）方法，瞭解客家電視與行政院客委會在公文往來甚至角色攻防中形於文字、聲音的互動關係。然而，使用內容分析法特別要避免研究者的主觀意識，特別是在客家傳播的內容分析方面，許多刻板印象不只存在於文本當中，亦常存在於研究者的思維深處中而不自覺。

　　深度訪談法廣泛應用於產製面的組織行為及消費面的效果分析，它也可以做聯結產製面及消費面的一座橋樑。透過深度訪談可以進入組織中瞭解每一個守門人機制的功能，並且可以輔以內容分析法比對其影響。此外，在消費面的應用更廣，它可以用來瞭解不同媒體使用族群的深層想法，亦可將之應用在鉅觀層次之政府或機構組織之理念徵詢以及跨越層次及面向的想法比對。然而，以深度訪談為研究方法主軸，須特別注意其主觀性和代表性之偏差可能。

　　焦點團體訪談法最常被應用在蒐集閱聽眾的媒體使用經驗與建議。客家電視定期下鄉舉辦的「傾聽觀眾聲音座談會」亦為廣義的一種焦點團體訪談，它比深度訪談更能觀察出閱聽人與其他人之間的互動影響。客家電視在產製一個新的節目時，透過焦點團體可以第一手迅速蒐集到觀眾的回饋意見，對於及時調整訊息內容和市場定位有所助益。然而，一如其他質化方法一般，如何排除樣本代表性不足和研究者的選擇性觀察和理解是必須克服的難題。

　　觀察法又依研究者的角色分為純觀察者（full observer）、以觀察者身份參與（observer as participant）、以參與者身份觀察（participant as observer）三種。這三種觀察法都很適合用來探索客家議題在傳播媒體中通過重重守門人關卡的過程，也可以透過會議的組織傳播場域瞭解媒體內不同職位、功能者的互動關係。它不只可以用在產製面的觀察，亦可以加入田野調查的精神觀察客家庄民眾和媒體間的互動關係。觀察法需要較長的時間和較深入的觀察才不會犯了瞎子摸象之失。

　　歷史文獻法被廣泛運用在族群研究上，對於客家語言、文化、族群的發展歷程之相關研究有關鍵性的作用，為了避免郢書燕說，進行歷史文獻分析要格外注意文件的來源、作者的動機、文獻保存的過程和取得方式；更要注意作者與內容間的關係、有無客觀證據可以支持、作者下筆的時間與描述事件的時間差等問題，才可以避免「歷史是贏家的日記」之譏。

二、客家傳播的量化研究

　　最常用於傳播研究的量化方法為調查研究、實驗法和量化內容分析法，此外二手資料分析亦漸漸為無法直接參與調查之研究者所採用。

　　普查的概念最早出現在記載十五世紀史實的舊約聖經《民數記》中，「你們要將以色列全會眾，按他們的宗族，凡以色列中從二十歲以外，能去打仗的，計算總數。」該章節中並兩次分別提到當時以色列二十歲以上能從軍的人口數是 603,550 人和 601,730 人；在三千多年前的調查研究方法就可以將精確值估計至十位數，頗令人驚訝[5]。

　　調查法廣泛應用在民意的蒐集上，特別是電話調查法，它具備有時間短、樣本數大，方便統計結果的好處，因此也廣泛地被應用在閱聽眾的感知和行為調查上。除了電話之外，面訪、郵訪及網路調查也可以用來補強電話調查之不足，研究組織內的行為可以用郵寄或人際傳遞問卷的方法進行調查，欲研究更廣大的分眾群可以從掌握的資料庫中選取電子郵件資料以網路寄送問卷；如果閱聽眾的電子郵件取得不困難的話，網路問卷挾其可以影像、聲音、文字、多媒體傳播之優勢，逐漸受到歡迎。行政院客委會定期進行一次至少 5000 樣本數的調查，包括了「台灣

客家民眾客語使用狀況調查」、「客家人口基礎調查」、「客家電視觀眾收視調查」及「客語指定用途電台廣播收聽情形調查」等，主要是以電話調查和面訪為主，然而這兩種方法都較不易接觸到年輕或都會族群，因此，未來可以加入網路問卷調查法，對於調查族群之年輕化及蒐集特殊分眾族群想法上會有所助益，此外將特定內容嵌入網路問卷中，可以達成焦點團體和網路問卷之綜效。而愈來愈多的官方統計數據亦提供了研究者許多方便的二手資料，唯使用二手資料時，必須清楚地掌握資料的結構與屬性，方不致於誤植。整體而言，調查法被大量運用在閱聽人研究上，有其方法上和實務上之便利處，然而量化資料容易使人於滿足於豐富的概況解析之際，忘了人的感知常常是情溢乎辭的，以快速淺層著稱的調查研究是否被過度使用和解讀了呢？

實驗法在傳播研究中亦常常被用來測試閱聽眾對媒體內容的立即反應，並藉此描繪出媒體效應之草圖。然而如何避免將人放在實驗情境中的不真實性所造成的假效應，一直是實驗法的罩門。而且因為實驗法需要特殊的實驗工具和情境，因此它大多被用在消費面的微觀層次，無法探索產製面之媒體真實運作效果，亦很難將之應用在中觀或鉅觀層次之影響。

伍、客家傳播的研究趨勢

相較於 140 年的社會學研究史，80 年傳播學的研究歷程仍顯青澀；而剛剛起步的客家傳播學研究於浩瀚的學海中，則又宛如滄海之一粟。

二十一世紀是一個全球傳播科技一日千里的年代，也是台灣多元文化開始萌芽的階段，「客家」和「傳播」得以在此機緣下交會；回首與前瞻之際，承載著跨越領域與時空的文化精髓，客家傳播研究必然也將面臨更大的挑戰。

一、更科學的概念解析

　　客家傳播欲作為一個新的理論體系和研究學門，它必須具備可以發展理論與實證的健全體質。客家傳播所研究的範圍有多廣？邊界在哪裏？哪些概念屬於研究的元素？它們的周延性如何？互斥性又如何？

　　McLeod & Pan（2005）認為科學概念（scientific concept）必須具備抽象性（abstractness）、明確性（clarity of meaning）、可操作性（operationalizability）及精確性（precision）四個要件。客家傳播研究所涉及的概念包括「客家人」、「客家文化」、「客家意象」、「客家媒體」、「客家語言」、「客家議題」、「客家意識」、「客家認同」等概念。這些概念之所以有別於用來在特定時空下描述若干屬性的變項，乃因為其具有一定程度的抽象性，在這個有限度的抽象範圍之內，它可以適用於不同情境，放置在不同的社會脈絡中，以不同的研究方法檢驗。

　　和抽象相對的詞 "精確" ，也是科學概念必須具備的性質，「客家的」這個概念的抽象範圍包括了血緣的、歷史的、文化的、語言的、認同的各種組合，而研究者同時亦必須很清楚地定義其與「非客家的」的差別在哪裏，這樣的精確性可以使其具有科學概念所須之周延性之外，亦具備與其他相近概念之互斥性。

　　不論質化或量化研究，概念均需要具備完整的操作型定義，亦即必須說明這個概念可以從哪些面向（dimension）來觀察，每一個面向又具備哪些指標（indicator）。就量化研究的方法而言，指標要能被清楚的測量；就質化研究的觀點，則是指標必須能被探詢（inquiry）。

　　理論發展出許多的研究假設或問題意識，它們都需要在實證的層次上被檢驗，因此，客家傳播所涵蓋的概念要能經由意義分析將其一一指標化；在量化研究中，研究假設必須要能在蒐集到的實證資料中被推翻或建立；在質化研究中，每一個指標都要能夠清楚的觀察或詢問。

　　客家傳播需要科學的概念解析讓理論的根基更紮實、實證的分析更精準，也更能確立這些研究具有不被概化的獨特性。

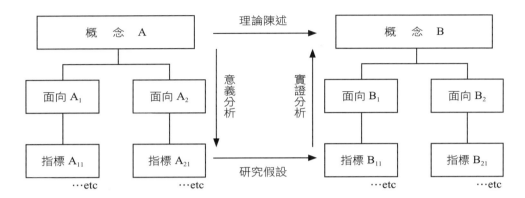

圖 1-2：概念解析流程圖

二、更多元的媒體平台

　　多媒體時代的來臨，使得客家相關的內容不只在雜誌、廣播和電視中可以接觸到。透過手機、PDA 可以聽客家廣播、看客家電視，網路上可以下載平面和電子綜合的互動式客家多媒體內容；各種無線通訊和網路傳輸更將使用媒體的情境由室內而室外，由靜態而動態，工具的物質性逐漸被機緣性取代。

　　當媒體平台已不再成為壟斷媒體近用權的關鍵時，內容的重要性便大幅提昇。以往影響媒體通用權的因素，包括政策、頻道、政治、語言等，逐漸被和內容相關的因素，如文化、人才、創意、流行等因素所取代。

　　客家傳播研究的範圍將隨著媒體平台不斷地更新而向外延伸。傳播內容的多媒體化、傳播工具的平民化、傳播組織的去機構化和傳播平台的複雜化是必然的趨勢。閱聽眾將不再用文字、影像、聲音去區別媒體的特性，他們需要的是手中的電子書能收看到和收聽到所有報紙的內容、電視的節目、廣播的音樂和網路的遊戲。傳播權不再是遙不可及的政商特權之產物，尋常百姓用手機也可以拍攝歷史時刻，以一部萬元上下的簡易電腦就可以剪輯多媒體作品上傳網路或手機，和不分國

界的陌生人分享。從此,傳播鉅子透納(Ted Turner)、梅鐸(Rupert Murdoch)和你我的差別不再是誰擁有媒體集團,而是我們之間誰的創意被點閱的次數多。平台的複雜化使得媒體使用的情境和媒體內容間的互動變得格外重要,一邊遊客庄、一邊使用導航資訊和下載導覽隨選視訊,即將成為觀光旅遊的基本配備;這個時候,閱聽人該如何定義?內容分析法如何分類跳躍式的資訊?收視率如何監測?傳播效果又該如何測量?

三、更精準的研究方法

當閱聽眾可以在任何地方透過任何平台收看客家電視的時候,現行的個人收視記錄器(people meter)便成了毫無效度的測量工具;當你我的作品都有機會被萬人點閱時,守門人機制的分析途徑就顯得多餘;當閱聽眾的媒體使用行為已成為眼看四面、耳聽八方的一心多用模式時,傳統的使用與滿足理論便突然失了焦;總之,這一切人與機器的互動將因為機緣的多變性而必須重新被定義與理解。

當傳播行為變得更複雜的時候,研究傳播行為的方法是否也要更為複雜?當傳播流程更加數位化之後,研究傳播行為的方法是否也要更數位化?

到目前為止,80年來所有的傳播研究方法幾乎都僅止於「聽其言」,不論是深度訪談、田野調查、實驗法、文本分析、調查法等,都是根據受訪者所言所書者加以分析;這樣的研究方法必須建立在一個近乎哲學思考的基礎之上,那就是:一切所言皆屬實。

然而傳播既然是一個行為,那麼如果能「觀其行」,豈不比「聽其言」來得更為直接精準呢?近年來,新興的傳播研究,特別是在有關閱聽人媒體使用行為研究上,開始結合醫學儀器測試閱聽人的生理反應。例如張余健(2007)以測量心跳、脈博、血壓之變化觀察實驗受測對象在觀看成人影片時有無馬賽克及音效之差別性;唐文畜、張文瑜(2007)利用眼動追蹤法測量受測實驗對象對於不同影像的專注程度。

　　這些結合醫學上臨床檢驗儀器所發展出來的實驗方法,將傳播研究方法帶進了另外一個新的里程碑,它使得對閱聽人的研究可以從知覺、認知到態度甚或行為。此外,獲得閱聽人資料的方式,不再是僅透過當事人的口述,而可以進一步如測謊和其他醫學實驗一般,從生理反應瞭解媒體在閱聽人身上產生的效果。

　　新的研究方法帶來了傳播研究的新契機,也使得傳播科技與研究方法間的成長落差稍有減緩的趨勢;然而,新的研究方法仍需要更多信度和效度的檢驗,方能有效地應用在新的傳播情境中。

　　然而,最終我們還是要回到客家傳播的本質,那就是我們終究希望客家文化的精神和意象在閱聽眾的心中留下什麼樣的美好迴響,而非關平台、非關科技。

注釋

[1] 出自維基百科。
http://zh-yue.wikipedia.org.tw/wiki%E6%96%87%E5%8C%96(上網日期 2009/2/13)

[2] 資料來源:國科會人文處學門及次領域一覽表。http://web1.nsc.gov.tw/public/data/832514393271.pdf(上網日期 2009/2/14)

[3] 傳播學門的 13 個次領域包括:傳播理論、傳播研究方法論與研究法、傳播法規與制度、傳播史、新聞、廣告、公共關係、電訊傳播／傳播科技、攝影、印刷、媒體個論(電視、廣播、雜誌等)、傳播教育、文化研究。

[4] 參閱第五章第伍節「客家觀眾的期待與失落」。

[5] 出自聖經民數記(Numbers)26:2。

第二章

多言社會與客家定位

壹、客家族群與客家語言

　　什麼是「客家人」？是血緣關係？是情感認同？抑或是語言使用者的認定，這個思考開啟了一個比字面意義更複雜的論辯，也讓文史研究者和社會科學家展開對話，嘗試從方法論上去檢視「客家」這個概念的完整性和互斥性。

　　1930年代羅香林教授在《客家源流考》中首次以「客家民系」一詞來界定客家學研究範疇中所描述的「客家人」；「民系」一用法，係指人類由自然環境、民族遷徙以及社會變動中，由同一民族共同體內部所衍生出的支脈。而近年來常用的「客家族群」一詞則係沿用文化人類學之用語（曾喜城，1999）。Fredrick Barth（1969）對族群下的定義：(1)具有相當的人口，可繼續不斷地繁衍。(2)成員間彼此共享特定的文化價值。(3)形成一個彼此溝通與互動的群體。(4)具有我群的認同，有別於其他群體（轉引自曾喜城，1999）。據此，主張以「客家族群」取代中國大陸普遍使用之「客家民系」一詞，有其理論及方法上之根據。

一、客家民族的遷移

　　客家之所以被稱為「客」，乃是源自於「客屬他鄉」之意。《客家源流考》一書中提出了客家人原係中原地區居住於黃河流域的漢民族，因為五胡亂華之故開始向南遷徙至長江流域，此外歷經唐朝末年、宋朝末年及明朝末年幾次大遷徙，清朝以後大部分定居在中國廣東省東部、福建省西部及江西省南部一帶。

　　羅香林（1933）將客家人的遷徙分為五個階段，方美琪（1992）將客家民族的遷徙時間、原因、起迄點歸納整理，茲轉引至表2-1中。

　　自東晉至隋唐間約600年，對客家民族的歷史有著關鍵性的影響。五胡亂華迫使漢族大舉南遷避難，大批於中原為官的客家人攜家帶眷向南逃至湖北、河南、安徽、江西一帶。客家民族第二次的大遷徙亦肇因於戰禍，唐末黃巢之亂，客家人再次大舉南遷，最遠到達福建西南部及

表 2-1：客家族群遷徙年代、原因及路徑

遷徙次序	遷徙時代	遷徙原因	遷徙起點	到達地點
第一次	自東晉至隋唐約西元317-879	受五胡亂華影響，匈奴族及其他外族入侵對漢族大肆蹂躪，迫使漢族南遷避難。	弁州、司州、豫州等地。	湖北、河南南部、及安徽、江西、沿長江南北岸以至贛江上下游為止。遠者達江西中部，近者到達穎、淮、汝三水之間。
第二次	由唐末至宋約西元880-1126	自唐末受黃巢事變影響，為戰亂所迫。	河南西南部、江西中部、北部及安徽南部等第一時期舊居。	遷至安徽南部、江西東南部、福建西南部、以至廣東的東北邊界上。遠者達循州、韶州，近者達福建寧化、汀州、上杭、永定，更近者到達江西中部南部。
第三次	宋末到明初約西元1127-1644	自宋高宗南渡，受金人南下，元人入主的影響。	閩西、贛南等第二時期舊居。	廣東東部和北部，客家民系的形成，即在此一時期。
第四次	自明末清初至乾嘉之際約西元1645-1867	受滿人南下及入主影響及內部人口膨脹，客家人繁殖，加上客地山多田少，而逐步向外發展。	廣東東部、北部、江西南部等第二、三時期舊居。	分遷至廣東中部及濱海地區、及四川、廣西、湖南、台灣。且有一小部分遷至貴州南部及西康之會理。
第五次	乾嘉以後約西元1968以後	因土客械鬥，調解後，地方當局協助一批客民向外遷徙，同時也受太平天國事件的影響。	粵中（如新興、恩平、台山、鶴山等地）。	近者到粵西（高、雷、欽、廉諸州），遠者到達海南島（如崖縣、定安）。

廣東東北邊界上。第三次遷移於宋末明初之際，金人南下，客家民族南遷至廣東東部及北部；客家民系在此一時期逐漸形成，這也是大部分台灣客家人之祖籍皆分布在廣東東北部一代之故。第四次遷徙亦是在政權交替之際，明末清初，滿人入關，客家人因為地窄人眾，思向外拓墾，

部分南遷至廣東中南部，亦有部分渡海來台。第五次大遷移在清朝末年，「土客械鬥」發生在中國南方湖南、江西、廣東、廣西、海南、福建、浙江一帶，土方以狀族及當地漢民族為代表，客方為廣東漢族的廣府、客家等民系，因爭奪生存資源起衝突[1]，客家人遷移至粵西及海南島等地。

衡諸過往歷史，客家人的遷徙總在兵馬倥傯之際，因此所到之處皆被視為初來乍到之「客人」，故一說「客家」之名起於此因。由於歷史上客家民族飽受戰火及政治所迫，今之客家人行事低調，政治性格較為保守，多向當權者靠攏，亦有可能受歷史命運之影響；然而，亦有人不同意此看法，認為客家人因為久經戰亂，更培養出其不輕易低頭之硬頸性格，故中國歷史上參與領導革命者多為客家人，如洪秀全、孫文等人。

至於為何一群因時代因素遷徙的人，會被稱為「客家人」呢？曾喜城（1999）在其《台灣客家文化研究》一書中，系統性地整理了明朝中葉徐旭曾《豐湖雜記》、清康熙溫仲和《嘉應州志》、羅香林《客家源流考》及陳運棟《客家源流》的見解，認為查考《宋史》及南宋客家大量遷徙時期之其他相關史籍，並未見到「客家人」一詞見諸於文字，因此應為一約定俗成之稱謂，而開始這個約定俗成的說法大約可以上溯至南宋末年。明末黃釗《石窟一征》一書中的《鎮平志稿》第七第八兩卷《方言》，應是史上最早的客家方言之文字記錄，清康熙年間出版的《諸羅縣志》中，以「客」一字來稱呼廣東來的移民（曾逸昌 2003）；而客家之名依清光緒溫仲和《嘉應州志》所考，則可以追溯到宋代（曾喜城，1999）。

台灣的客家人最早應是在明朝中葉嘉靖年間渡海來台。當時橫行於中國東南沿海的海寇中有許多是來自粵東的客家人，其中最著名的林道乾於嘉靖 42 年（西元 1563 年）來到台灣，其後林鳳亦於萬曆年間（西元 1574 年）率萬餘眾渡海來台，他們應是史料記載中最早移民來台的一批客家人（曾喜城，1999）。

林衡道在《鯤島探源》中提及，明永曆 15 年（西元 1661 年）鄭成

功率士兵約三萬眾進攻台灣；隔年西元 1662 年逼退荷蘭人，其中約一萬人係閩粵之客家人（曾逸昌，2003），客家人多落腳於「德協」，即今之屏東縣長治鄉一帶以及「統埔」即今之屏東縣車城鄉一帶，也是所謂「六堆地區」的前堆一帶（曾喜城，1999）。

清康熙 23 年（西元 1684 年），台灣有史以來第一次被正式編入中國版圖，隸屬於福建省，台灣設一府三縣，三縣分別是台灣（今之台南）、鳳山（今之高雄）及諸羅（今之嘉義）（曾逸昌，2003）。

康熙元年（西元 1662 年），清廷頒布「海禁令」，來台之客家人鮮少，直到 1684 年取消部分海禁，准許廣東嘉應州所屬「四縣」客家人移民來台（曾喜城，1999）。康熙 35 年（西元 1696 年）3 月 21 日施琅死後，放寬操海陸腔、饒平腔及詔安腔的潮州、惠州一帶客家人渡海來台，開始有了中國歷史上較大規模的客家移民潮來到台灣（曾逸昌，2003）。清康熙 60 年（西元 1721 年）「朱一貴事件」中客家人平亂有功，清廷遂解除客家人不得來台之限制，直至雍正乾隆年間（西元 1723 年至 1735 年），大批客家人從北台灣渡海來台，定居於大甲溪以北的淡水廳及雲林、彰化一帶（曾喜城，1999）。道光 30 年（西元 1850 年）客家人洪秀全揭竿起義，率眾大多為客家人，最後，因內訌被圍困在金陵，士兵中有許多人逃亡渡海來台；而最近一次較大規模的客家人遷徙來台，則是 1949 年夾雜在國民政府帶來的約二百萬國軍及公務人員中來到台灣的部分客籍新移民（曾喜城，1999）。

二、客家族群的認定

就台灣的客家族群而言，其族群認定相對較為複雜，因為它和其他族群的通婚程度較高，於社會中較為隱性，語言失傳情形嚴重，且語言、習俗及文化被同化的程度較深。

Riggins（1992）認為「族群」是由一群共同文化、祖先、語言、歷史、宗教或者風俗，經由其認知而形成的一個社群；且任一族群不見得會具備上述所有之條件，但他們會選擇其中一兩項作為象徵符號，建構

其集體認同。張茂桂（1999：239-279）對族群所下的定義為：「一群因為擁有共同的來源，或是共同的祖先、共同的文化或語言，而自認為或者被其他人認為，構成一個獨特社群的一群人。」因此，依 Riggins 之見，「共同文化」、「共同祖先」、「共同語言」、「共同歷史」、「共同宗教」或「共同風俗」中一兩項特質所建構的認同，即可形成族群的條件。張茂桂之定義，則將範疇再縮小為「共同祖先」、「共同文化」或「共同語言」。陳運棟（2007）認為，族群認同的特殊性在於成員間以強調「共同來源」或「共同祖先」做為區分「我族」與「他族」之標準。除此之外，族群的認定關鍵為「認知」，並且可以是客觀認知下形成的分類，亦可以是主觀的自我認定。由於族裔間往往歷經過通婚、遷徙、戰亂，諸多歷史已難詳考，因此族群所認定的共同祖先與共同來源究竟是真是假，並不是一個重要的問題，重要的是，「如果一個群體認為自己有這樣的共同來源，就足以構成他們的族群想像。」（王甫昌，2003：10-11）。這段話其實貼切地說明了血緣、歷史、文化、語言、風俗等客觀因素，都不若自我認知來得確切及有說服力，畢竟來源和祖先常已久遠難考，情感上的自我認同卻很難被否認。

　　客家族群的認定方法有行政院客委會在「全國客家人口基礎資料調查研究」中所採用的「自我認定」、「語言認定」及「血緣認定」法（行政院客委會，2004）。其中「自我認定法」係情感上的自我認同，重點不在於客觀形式上的符合與否，而在於自我認知所建構的認同。「語言認定法」係以客家話聽說流利之程度判定，此種方法較具有爭議性。而「血緣認定法」並非採行生物上之基因認定，而是以對認知中父母親之客籍屬性判定之。

　　客委會所採行之自我認定之定義包含了「自我單一主觀認定為台灣客家人者」或「自我多重主觀認定為台灣客家人者」。而血緣認定之定義則包含了「父親為台灣客家人者」、「母親為台灣客家人者」、「父母親皆為台灣客家人者」、「父母親有一方為台灣客家人者」、「祖父母中有一方為客家人，但不包括父親為大陸客家人者」、「外祖父母中有一方為客家

人，但不包含母親為大陸客家人者」以及「歷代祖先中有人為客家人，或祖父母中有一方為客家人，或外祖父母中有一方為客家人，或父母中有一方為台灣客家人，但不包含父母親皆為大陸客家人，或父親為大陸客家人且母親為其他族群，或母親為大陸客家人且父親為其他族群者。」廣義認定係指自我認定及血緣認定中，至少有一項被認定為客家人者；而語言認定則是指客家話很流利或流利者，或完全能聽懂或大部分能聽懂客家話者，即為客家人。此項分類中，強調「台灣」客家人係因一般族群分類慣例，將在中國大陸出生移民來台客家人視為「外省人」。

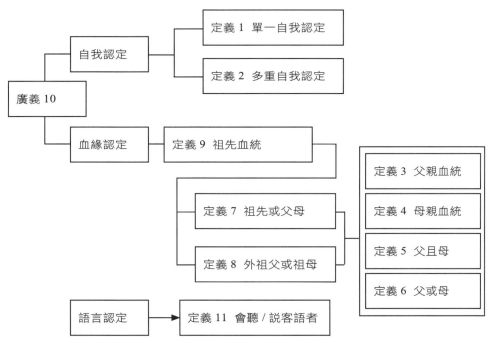

註：定義之間並非互斥選項。

圖 2-1：客家族群定義方法示意圖 [2]

　　客委會於 2002 年開始進行「台灣客家民眾客語使用狀況調查」時，電訪過程中以自我認定法為主，輔以血緣認定法判斷親屬之客籍屬性。

　　如圖 2-2 所示，以受訪者家中輩份最大的父母為參考基準，若輩份

最大的父母其中有一方自我認定為客家人，其子女皆視為客家人，配偶或其他同住之親戚則以自我認定來歸類。例如：一個三代同堂的家庭，若祖父或祖母是客家人，則兒子、孫子、孫女皆為客家人。但若只有祖父是客家人，則姻親關係之祖母、媳婦視當事人之自我認定為主。

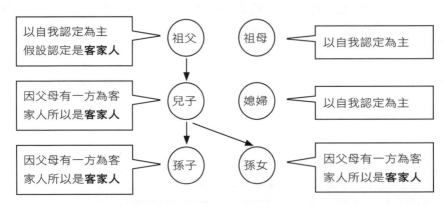

圖 2-2：自我認定與血緣關係混和認定法 [3]

　　這樣的定義方法係採較為寬鬆之標準。一般族群的分類方式亦有採較嚴格的分類標準，如以父系血緣概念為主，亦即父親是那個族群，子、女即為該族群，亦即若單有祖母或母親或先生為客家人者，皆不能算為客家人。

　　綜言之，上述諸多客家人之認定方法中，並無一放諸四海而皆準的準則。由於客家族群認定之歧異，其「我族」與「他族」之界線便不易明確，增加了客家論述及研究方法上的困難度。然而，衡諸眾認定標準中，「自我認定」是否是認定客家人之充分條件，則看法不一。不過，由認同感的角度觀之，93 年及 97 年之「全國客家人口基礎資料調查」均顯示，「單一自我認定」為台灣客家人者，對自己的客家身份具有最強烈的認同感；「多重自我認定」為台灣客家人者，其同時具有主觀之客家認同及其他族群認同，因此，客家認同感不及單一自我認定者；至於其他認定方法多為被動認定，客家認同感則更顯不足。

　　倘若自我認同被視為是族群認定的一個重要依據，甚或是必要條件，

則為何人們會自我認定為某一特定族群，便值得探究。自我單一認定具有排他之意涵，意即我屬於某一族群，而非某些族群，我群和他群之界線清晰；自我多重認定的排他性雖不若單一認定來的強烈，但亦清楚標示自己的我群範圍。族群的定義具有三種特性：(1)以「共同來源」區分我群與他群之群體認同；(2)「族群」是相對性的群體認同；(3)族群常屈於弱勢者的分類想像；弱勢者常會從過往的歷史及所處的環境中尋找「差異認知」、意識「不平等認知」，進而形成「集體行動必要性認知」，此亦為族群運動發展之歷程（王甫昌，2003）。從宏觀面觀之，族群意識的凝聚和族群運動的催生往往來自於社會力或政治力的壓迫，然而就微觀面或個人、家庭層面而言，族群意識和族群認同的原動力為何，值得進一步系統性地探究。

三、台灣客家族群分布與語言腔調

范明煥〈台灣客家源流與區域特徵〉一文中，按客家人來台的四個時期，詳細歸納客家人在台灣的分布情形（轉引自曾喜城 1999）：

第一期的移民從明鄭時期到清康熙發布渡海禁令前，約西元 1662 至 1684 年間，廣東鎮平（今稱焦嶺）、興寧、平遠、長樂（今稱五華）「四縣」及梅縣的移民先於台南安平港登陸後，因無餘土可墾，再出海至東港登陸，溯東港溪定居在屏東縣內埔、萬巒、佳冬、麟洛、長治一帶，及高屏溪另一端屬高雄縣的美濃、六龜一帶。高屏這一帶客家人最早來台落腳之處，統稱「六堆」。

第二期移民自西元 1721 年因「朱一貴事件」而渡海解禁之後，客家人移民台灣的重心漸漸北移，到了彰化、雲林一帶，包括彰化縣員林、埔心、田尾、二林一帶，以及雲林北部的西螺、二崙、崙背一帶。

第三時期係清雍正年間，約 1723 至 1735 年左右，客家籍通士張達京組成的六館業戶，大興水利開墾台中一帶良田達三千餘甲，部分客家人移至台中盆地以東的丘陵地，以及大甲溪上游的台中縣東勢、新社、石岡、豐原一帶。

　　第四時期在雍正末期至乾隆年間，約 1730 年至 1795 年的六十五年間。大台北地區是北部客家人最早入墾的地方，最早在雍正初年即有客家人入墾的足跡，直到乾隆年間開始大量入墾北台灣（曾逸昌，2003）。位於台北縣的八里、泰山、林口、五股、新莊一帶，是台灣北部移民最早遷入的地方，而客家人的入墾，始於潮州饒平的劉名珍在八里開始墾殖，後遷至中壢、竹東一帶（曾逸昌，2003）。其後四縣客家人主要開發桃園中壢、苗栗等地，而陸豐客家人則開墾桃園楊梅、新竹縣一帶，少數的饒平客家人分布在淡水、台北一帶，後因人數較少，漸漸福佬化，其後又歷經幾個階段的語言控制，大部分已不會說客家話，甚至忘記自己的客家身分。

　　2008 年行政院客委會進行了一項大規模的客家人口調查 —「全國客家人口基礎資料調查研究」，採集群分析法將全台 21 縣市 358 個鄉鎮市區，依人口分布及屬性分類，其中多重自我認定之客家人口佔 33.3%以上之鄉鎮市區，定義為高密度客家人口區。中密度則指多重自我認定之客家人口比例高於 11.2%，低於 33.3%之鄉鎮市區，多重自我認定低於 11.2%者則為低密度區。

　　北台灣是客家人分布的重鎮，特別是在桃竹苗三縣。其中人口最多的要屬桃園縣，其次為台北縣；而新竹縣和苗栗縣是客家人口佔全縣比例最高的縣份，分佔了三分之二以上。若以單一自我認定之總客家人口數 310.8 萬計，桃竹苗的客家人共 130.3 萬，即佔了 42%，新竹市因為外來人口眾多，屬於閩、客、陸族群混居之都市型態，較無客家人集中之地區，不過一般而言，東區較多客家人，屬於高密度地區。大台北地區是一個客家人進入都市發展與其他族群通婚、文化交流及互動最為頻繁的一個代表區域，也是研究族群語言文化變遷的良好場域。

　　台北市雖然沒有所謂客家村，卻有一些客家人較集中的地區，如中正區的萬青街、南昌街、羅斯福路、同安街、廈門街，大安區的泰順街、通化街、臥龍街、嘉興街、吳興街、虎林街，中山區的合江街、五常街、長春路、塔城街，還有北投區的石牌路等。通化街的土地公廟素

有「客家廟」之稱[4]。

　　台北縣依單一自我認定之客家人口有 43.8 萬人，佔全國客家人口的 14%；然而，台北縣是一個外來人口及流動工作人口居多的城市，其族群互動頻繁，客家人多隱於市，許多都以閩南話為主要語言，客家話漸漸生疏，在台北縣並沒有多重自我認定之客家人口數超過三分之一以上之鄉鎮市區。

表 2-2：北部地區客家人口，高密度及中密度分布區域

縣市	高密度區	中密度區
基隆市		中正區、七堵區、中山區、安樂區
台北縣		板橋市、三重市、中和市、永和市、新莊市、新店市、土城市、樹林市、鶯歌鎮、三峽鎮、淡水鎮、蘆洲市、五股鄉、泰山鄉、林口鄉、深坑鄉、三芝鄉、烏來鄉
台北市		松山區、信義區、大安區、萬華區、文山區、內湖區、士林區、北投區、中山區、中正區
宜蘭縣		員山鄉、三星鄉、南澳鄉
桃園縣	中壢市、楊梅鎮、龍潭鄉、平鎮市、新屋鄉、觀音鄉	桃園市、蘆竹鄉、八德市、大溪鎮、大園鄉、龜山鄉、復興鄉
新竹縣	竹北市、竹東鎮、新埔鎮、湖口鄉、新豐鄉、關西鎮、芎林鄉、橫山鄉、北埔鄉、寶山鄉、峨嵋鄉	尖石鄉、五峰鄉
新竹市	東區	北區、香山區
苗栗縣	苗栗市、頭份鎮、公館鄉、苑裡鎮、竹南鎮、後龍鎮、卓蘭鎮、大湖鄉、銅鑼鄉、南庄鄉、頭屋鄉、三義鄉、造橋鄉、三灣鄉、西湖鄉、獅潭鄉、泰安鄉	通霄鎮

　　中部是台灣客家人較少的地區，除了台中縣的東勢鎮、新社鄉、石

岡鄉及和平鄉屬於高密度客家人聚集區之外，其餘皆為中低密度區。台
中縣的新社、石岡、東勢、和平，南投縣的埔里、國姓、水里、信義、
中寮，彰化縣的和美、社頭、北斗、田尾，雲林縣的崙背、二崙等地為
客家人主要分布的地區。這一帶出產台灣品質最精良的水果、稻米等農
作物，因此可以說，台灣的精緻農業幾乎都有客家人的血汗在其中（張
文亮，2005）。

表 2-3：中部地區客家人口，高密度及中密度分布區域

縣市	高密度區	中密度區
台中縣	東勢鎮、新社鄉、石岡鄉、和平鄉	后里鄉、神岡鄉、潭子鄉、大雅鄉、外埔鄉、烏日鄉、霧峰鄉、太平市、大里市、大甲鎮、清水鎮、豐原市
台中市		東區、南區、北區、北屯區、西屯區、南屯區
彰化縣		和美鎮、社頭鄉、北斗鎮、田尾鄉
南投縣	國姓鄉	埔里鎮、草屯鎮、鹿谷鄉、中寮鄉、魚池鄉、水里鄉、信義鄉
雲林縣		二崙鄉、崙背鄉
嘉義縣		中埔鄉、竹崎鄉、大埔鄉、阿里鄉
嘉義市		東區

　　南部是客家人分布的另一個大本營，高雄、屏東兩地即有 30 萬客家
人，高雄市的客家人亦有 13 萬，但因都會化的緣故，漸為分散隱性。西
元 1721 年，「朱一貴事件」，高屏一帶的客家人因為生存受到威脅，遂
由地方義勇士紳聚集在當地媽祖廟內商議，組成六隊（堆）鄉團，中堆
在屏東縣竹田鄉一帶，前堆在屏東縣麟洛鄉和長治鄉一帶，後堆在屏東
縣內埔鄉一帶，左堆在屏東縣佳冬鄉和新埤鄉一帶，先鋒隊則集中在屏
東縣萬巒鄉[5]。近年來六堆一帶人口外流嚴重，客家人的比例降低，六
堆地區的大部分鄉鎮已由客家人口高密度區變為中密度區，其中高雄縣
的美濃鎮、六龜鄉和杉林鄉以及屏東縣的內埔鄉、長治鄉、麟洛鄉、高

樹鄉、萬巒鄉、竹田鄉、新埤鄉和佳冬鄉仍屬於高密度區。

　　花東一帶地廣人稀，總人口數雖不多，但客家人口的相對比例卻頗高。花蓮縣的單一自我認定客家人口有 8.6 萬人，卻佔了花蓮縣總人口的 31.9%，是全國客家人口比例第四高的縣份，僅次於新竹縣、苗栗縣和桃園縣。台東縣的客家人口比例亦達 22%。

表 2-4：南部地區客家人口，高密度及中密度分布區域

縣市	高密度區	中密度區
台南縣		
台南市		
高雄縣	美濃鎮、六龜鄉、杉林鄉	大寮鄉、仁武鄉、旗山鎮、大社鄉、田寮鄉、甲仙鄉、三民鄉、鳳山市
高雄市		三民區、左營區、楠梓區
屏東縣	內埔鄉、長治鄉、麟洛鄉、高樹鄉、萬巒鄉、竹田鄉、新埤鄉、佳冬鄉	潮州鎮、萬丹鄉、屏東市、九如鄉、鹽埔鄉、枋寮鄉、南州鄉、車城鎮、滿州鄉、來義鄉

表 2-5：東部地區客家人口，高密度及中密度分布區域

縣市	高密度區	中密度區
台東縣	岡山鎮、鹿野鄉、池上鄉	台東市、六武鄉
花蓮縣	花蓮市、鳳林鎮、玉里鎮、吉安鄉、瑞穗鄉、富里鄉	新城鄉、壽豐鄉、光復鄉

　　在台北市和高雄市，均無單一自我認定之客家人口比例高於三分之一的高密度行政區。台北市仍有一些傳統的客家街，由於大多因為經商的緣故，多改學閩南話和國語，在這些街道上已經聽不到鄰里間的客家交談聲，通常只有到了選舉期間，隨著客籍候選人的客家掃街拜票聲，才會又喚起這些客家街的古老回憶。台北市的二二八紀念公園到克難街、南昌街、廈門街、通化街、臥龍街、虎林街、合江街及五常街等街道，還會讓人在記憶中和客家劃上等號。高雄市亦無高密度客家人口

區，南部客家人也是「閩南化」程度較深的客家人，在都市中要保有客家話及相關傳統的難度更高。高雄市的客家人集中在三民區、左營區和楠梓區。其中三民區的「寶珠溝」一帶，即今之寶珠里和寶龍里，為客家人集中之地。寶珠溝的義民廟也是當地的一個著名觀光景點。

表 2-6：直轄市客家人口，高密度及中密度區

縣市	高密度區	中密度區
台北市		松山區、信義區、大安區、萬華區、文山區、內湖區、士林區、北投區、中山區、中正區
高雄市		三民區、左營區、楠梓區

由於渡海來台的客家人來自中國不同地方，本來就操持不同腔調的客家話，再加上在不同時期因不同歷史背景選擇了不同渡海地點和來台屯墾區域，因此在台灣的客家人所持客家話的腔調亦因地域而不同。

表 2-7：2007 年客家民眾客家話主要腔調使用比例分布（單位：%）

四縣	海陸	大埔	饒平	詔安	其它	不知道
38.4	25.6	4.7	1.2	1.1	5.4	23.6

表 2-7 係行政院客委會委託之「96 年度台灣客家民眾客語使用狀況調查研究」，電話訪問經隨機抽取之全國 [6]。依廣義認定加上語言認定之廣義客家人共 6029 人所得之統計資料 [7]。

在排除年紀太小無法完整表達意思者及完全不懂客語者後，本題以單選形式詢問受訪客家人最主要常說的腔調為何，結果顯示三分之一強（38.4%）的客家民眾會說「四縣腔」，其次為「海陸腔」（佔 25.6%），「大埔腔」佔 4.7%，「饒平腔」佔 1.2%，「詔安腔」佔 1.1%；其中有 5.4%的人認為自己說的客家話不屬於以上分類；而令人驚訝的是，有 23.6%的人說不出來自己所說的客家話是屬於哪一種腔調。

　　說四縣腔的客家人主要分布在高高屏地區（54.2％）及桃竹苗地區（42.3％），海陸腔則以桃竹苗（39.7％）最多，其次在花東地區（33.9％），大埔腔則主要在中彰投地區（24.4％）。

　　多腔調是客家話的特色之一。眾腔調之間的咬字間幾乎無差異性，但音調卻有明顯的差別；在外人乍聽之下，很難認定其間的關聯性。腔調的來源與長時間的遷徙有關，久居兩地的客家村落在和其他方言混合，漸漸會出現不同的腔調，期間的差異性會隨著時間增加。

表 2-8：台灣客家主要話系使用地區分布 [8]

客家話系	使用地區
四縣	(1) 桃園縣：中壢、龍潭、平鎮、楊梅。 (2) 新竹縣：關西（部分）。 (3) 苗栗縣：苗栗市、公館、頭份、大湖、銅鑼、三義、西湖、南庄、頭屋、卓蘭（大部分）。 (4) 屏東縣：竹田、萬巒、內埔、長治、麟洛、新埤、佳冬、高樹。 (5) 高雄縣：美濃、杉林、六龜。 (6) 台東縣：池上、關山、鹿野、成功、太麻、碑南。
海陸	(1) 桃園縣：觀音、新屋、楊梅。 (2) 新竹縣：新豐、新埔、湖口、芎林、橫山、關西（部分）、北埔、寶山、峨嵋、竹東。 (3) 花蓮縣：吉安、壽豐、光復、玉里、瑞穗、鳳林、復金。
大埔	(1) 苗栗縣：卓蘭（中街、內灣、水尾）。 (2) 台中縣：東勢、石岡、新社、和平。
詔安	(1) 雲林縣：崙背、二崙、西螺。
饒平	(1) 苗栗縣：卓蘭（老庄）。
永定、豐順	散居各地。

　　在台灣的客家人中，四縣仍是主流，四縣客家話在苗栗縣被保留的最為完整，苗栗山線幾乎全講四縣腔，其他地區也大多以四縣腔為主。新竹縣則是海陸腔的大本營，除了關西一部分持四縣腔，其他多半操海陸腔。桃園縣有「北閩南客」之說，在桃園說四縣和說海陸者約各半，

亦漸漸有混合之四海腔出現。然而，閩南話和國語逐漸隨著大眾傳播工具和市集進入了客家家庭，桃園縣的客家人雖多，但也是都市化和多文化衝擊下客家話流失最嚴重的一個縣份。

南部六堆一帶面臨類似的情境，由於高屏地區以閩南人為主，約佔七成五以上，因此客家話的保存格外不易。六堆一帶的四縣腔有部分發音和台中東勢一帶大埔腔相近，大部分則和苗栗的傳統四縣相似。六堆一帶的客家人較少與北部客家人往來，因此許多人初接觸海陸腔時，會有「完全聽不懂」的尷尬（陳運棟，2007）。大埔腔的人口稀少，佔客家人中的比例不及 5%。主要分布在台中縣石岡、新社、東勢、和平一帶以及鄰近的苗栗縣卓蘭，在這些鄉鎮中，大埔腔仍然保存在客家聚落中，然而出了這幾個少數鄉鎮，幾乎很難聽到大埔腔，甚至在客家電視和廣播中，也因人口比例較少之故，很難聽到這個腔調；在台灣，大埔腔的存續正面臨關鍵的時刻，至於苗栗縣卓蘭鎮老庄一帶和新竹芎林、六家一帶所操持的饒平腔，以及人稱「福佬客」的雲林縣西螺、二崙、崙背一帶客家人所說的詔安腔都幾乎面臨失傳。

貳、從多言社會到多語社會

依雙向溝通的程度，語言可區分為「語」及「言」，「語」代表可以跨越族群溝通的共同話，而「言」則意味著僅能在族群內流通無法跨越族群溝通的族內話；準此，台灣的語言社會可以進一步區分為「雙語且雙言」、「雙言但非雙語」、「雙語但非雙言」以及「既非雙言也非雙語」四種類型（typology），而台灣社會從 1940 年代北京話及閩南話使用者彼此不懂對方語言的「雙言但非雙語」的分裂性社會，轉變成目前「雙言又雙語」的社會，而且逐漸走向「雙語但非雙言」的社會（黃宣範，1993）[9]。

從時間面分析，光復初期，台灣處於一個北京、日本、閩南、客家四種主要語言共存的時代；當時說北京話的人不懂日本話、閩南話、客

家話，說閩南話的人部分懂日本話，但不懂客家話，亦不懂北京話。說客家話的人，部分懂日本話，但不懂閩南話，亦不懂北京話，台灣處於一個多言但非多語的社會（如圖 2-3）。

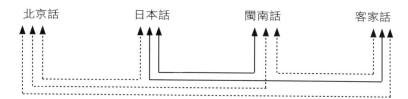

北京話　　　　日本話　　　　閩南話　　　　客家話

註：虛線表無法溝通，實線表可溝通。
圖 2-3：台灣光復初期多言非多語的關係

　　經過 50 年的獨尊國語教育，日本話逐漸消失在台灣的主流語言社會中；由於法令規定各機關學校限說國語、禁說方言，加上廣播電視方言節目的比例被嚴加限制，導致台灣的本土語言文化喪失使用權、教育權與傳播權，也使得台灣人母語的能力逐漸衰退（洪維仁，1992；劉幼琍，1998）。在這五十年的國語教育環境中，台灣社會大部分的人逐漸可以聽說國語，而閩南話和客家話在「野火燒不盡，春風吹又生」的情境下，仍然斷續保存形成為一種次文化。近十年來，本土意識抬頭，台灣第一大族群語閩南話得以積極推廣，在多種語言的自由流通下，大部分人可以聽說國語和閩南話；至於客家話，則在三百年來歷經平埔話、閩南話、日本話及北京話之影響，母語原音尚能勉為保留並傳承，直到近五十年來政治力介入，使得 1970 年代以後出生的客家子弟，大多無法完整地說自己的母語（羅肇錦，1991）。近年來，客家意識逐漸抬頭，客家族群使用客家話的意願普遍提高，客家話在客家庄中持續流通；台灣的語言社會伴隨民主發展，逐漸由一語獨大變成以雙語單言為主的社會（如圖 2-4）。

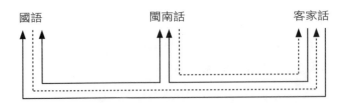

註：實線表示可溝通，虛線表無法溝通。

圖 2-4：雙語單言的溝通關係

　　從台灣語言社會發展的脈絡看來，台灣正朝向一個雙語但非雙言的社會發展中，亦即在社會中大多數人都是國語、閩南話雙聲帶，只說國語或只說閩南話的人逐漸稀少，大部分的人會不論場合自由混用兩種語言（黃宣範，1993）。此時，客家話成為邊陲化的方言趨勢將不可避免，亦即客家話既成為其他族群聽不懂的方言，又無法像閩南話融入國語中成為雙語或新語言中的一部分，那麼客家話恐將在幾個世代之後，逐漸失傳以至於凋零。

　　依照語言間可跨族群間溝通的話為「語」，僅能在族群內流通無法跨越族群溝通之話為「言」此一定義，台灣語言社會中國語、閩南話和客家話未來可能發展出七種組合：

(1) 三語且三言：係指台灣絕大部分人都會說國、閩、客三種語言，而這三種語言既會在族群內單獨使用，又會自然混用在不同的情境中。

(2) 三語但非三言：這種現象發生在社會中絕大多數人都是三聲帶，無論在任何場合都會自然混合三種語言，而不會因地或因人單獨使用一種語言。

(3) 國、閩雙語又雙言，客為一言：係指社會上幾乎每個人都會說國語和閩南話，且人們會選擇在不同的環境或和不同的人說其中一種語言，亦會視情況自然混用兩種語言；但是客家話仍為一種族群內流通之方言，無法跨越族群或地域流通。

(4) 國、閩雙語非雙言，客為一言：當國語和閩南話逐漸混合至幾乎

每個人都會穿插使用這兩種語言，且不會單獨完全使用其中一種語言；而客家話依舊是一種僅在族群間流傳的方言。

(5) 國、客雙語又雙言，閩為一言：社會上幾乎每個人都會說國語和客家話，且人們會選擇性的因地或因人只說其中一種語言，也可能會自然混用兩種語言；至於閩南話則是一種只在閩南族群中流通的方言。

(6) 國、客雙語非雙言，閩為一言：人們自然地將國語和客家話混合使用，而不會因人或因地單獨使用其中一種語言；至於閩南話，則是在閩南族群間流通的方言。

(7) 閩、客為雙言非雙語，國為一語：係指社會上幾乎人人會說國語，但是閩南話和客家話則只有在族群間流傳，其他人無法用這兩種語言相互溝通。

在政策長期的介入下，台灣語言社會之主流語言已然定型，國語成為人人會說聽的語言之趨勢，不易改變。然而，目前閩南話和客家話兩個方言，正在逐漸進行質變和量變中。由於民主社會中的族群意識抬頭，閩南話的說聽人口正在跨越族群持續增加中，而且有朝與國語混合形成雙語非雙言發展的趨勢；至於客家話則仍維持其方言化，並未跨出族群的藩籬，且亦面臨使用人口銳減的量變威脅。

參、語言的位階與意涵

語言除了溝通的基本功能之外，它具有一種屬性、族群、權力、地位、階層和價值判斷的社會意涵。它的使用方式和使用能力，常被刻板印象化成一種對人身份的判斷。依使用的情境及意涵，語言可以分為高階語言和低階語言兩種；高階語言具有「高雅、邏輯、正式、嚴肅、冷漠」的特性，如國語，常用於國會、學校、法院、議會、新聞等正式的場合；低階語言則比較「粗俗、非正式、不登大雅之堂、親和力、信任感」，如各種方言，常用於家庭、私人聚會、話劇等非正式場合（黃宣

範，1995）。Ferguson（1972）認為在一個雙語社會中，其中由官方語言或強勢族群的語言會被視為高階語言，而另一種同時存在的語言，就會自然成為低階語言，且兩種語言的使用情境和使用方式會更加深其語言階差的社會意涵。例如：政府首長的發言、政治宗教演說、學術場合演講及新聞播報所使用的語言，通常會是被人們認為較優美、較有邏輯、能表現身份地位的高階語言；而市井間的對話、家人親友的對談和肥皂劇的笑鬧劇情、電視戲劇綜藝演出，常使用低階語言。

表 2-9：雙語社會中高低階語言之使用情境 [10]

社會情境	語言位階
官方發言	高階語言
政治演說	高階語言
宗教講道	高階語言
大學演講	高階語言
新聞廣播	高階語言
差遣僕役	低階語言
家庭對談	低階語言
朋友對談	低階語言
廣播肥皂劇	低階語言

在族群凝聚與動員，亦即族群成員尋求生存發展空間及族群尊嚴之過程中，語言的現象是一最根本亦最多爭議的問題，它在台灣政權交替的過程中，一直被統治者壟斷、利用作為操弄選民的工具，語言問題在台灣成為一個高度政治化的問題（徐正光，蕭新煌，1995）。

1949 年以來，在台灣的社會中，說一口標準國語，甚至是京片子，一直是上流社會身份的一種象徵。對於上一代不會講國語的台灣閩南人和客家人而言，不但無法躋身上流社會，甚至連謀生的敲門磚也不易取得。

「一個法定的語言，經過標準化之後，就有一群『精英份子』宣稱

這樣的標準語言才是唯一正當的語言。透過官僚體系和意識形態的支持運作，精英份子利用這個語言當作社會升遷的最佳武器，不會講這種語言的人或講得不夠好的人一律排拒在精英集團之外。台灣就是這樣的一個社會。」（黃宣範，1993：117）

　　1990 年 5 月 18 日新聞局刪除了「電視節目製作規範」中對電視台方言播出比例的限制，包括 (1) 國語歌曲節目得視實際需要安排方言歌曲之播放，惟其所佔比例，以不超過五分之一為原則。(2) 國語戲劇節目應劇情需要者外，不得夾雜方言。(3) 新聞及社教節目中如被訪問對象無法用國語表達，得酌予使用方言，訪問者不宜任意使用方言訪問。(4) 國語綜藝歌唱節目中，外國歌曲之比例不得超過五分之一，並不得以中外文夾雜播出。(5) 自製戲劇節目應避免使用外國語，但為劇情必需者，得酌予使用。

　　從此之後，方言在台灣終於在大眾傳播媒體中，被視為「正常」的語言。然而，長期的語言禁錮，使得客家話、閩南話等方言，在語言解嚴之後，仍然無法改變其低階語言的位階。

　　在方言正常化之後的二十年間，台灣語言社會的結構起了漸進式的微妙變化。本土化的浪潮帶動了母語意識，閩南話在公共場合中逐漸顯性，在大眾媒體，特別是強勢的電視載具中，閩南話節目反客為主，成為票房保證的一個重要因素。2003 年 7 月 1 日開播的客家電視，讓開播半個世紀的台灣電視史，終於出現第一個全部客家話發音的頻道，再加上行政院客家委員會的強力置入性行銷，使得客家話得以在高鐵、台鐵、捷運等正式和非正式的公共廣播平台中露出，也讓客家話得以告別「地下化」，成為一個公共領域不再排斥的語言。

　　然而，從在公共領域發聲到客家話普及，這中間還有一段很長的路要走。而影響客家話普及的機制中，兩個重要的因素分別是 (1) 會不會說客家話，以及 (2) 願不願意說客家話。從還我母語開啟的社會運動到法律條文的正常化，只是賦予客家話一個在公共領域「合法化」的地位；而近年來本土意識抬頭，語言平等及多元文化理念的推動，則是使

客家話得以進入「行銷期」的一個機會。在民主社會中，無論有志之士如何憂心母語的流失，亦無論一語言文化如何需要被「保育」，最終都必須回歸「自然力」而非「公權力」，否則將只會在多言文化中投入另一個人為的不公平因素。

「會不會說客家話」牽涉到家庭教育、學校教育、社會教育及媒體教育四方配合，方能健全母語傳承機制，在第七章中會進一步探討；而「願不願意說客家話」對於會說客家話的族群，則是另一大挑戰，這個因素，對於客家話的傳承與普及，具有關鍵性的影響力。

說客家話的動機與意願，是一個人認知、態度與行為的互動結果，是心理的（psychological）、個人的（individual）及微觀的（micro）；然而，影響認知、態度及行為的機制，卻是策略的（strategic）、社會的（societal）及總體的（macro）。

當一個語言被視為高階語言時，人們容易使用這個語言，因為該語言可以標示（label）、指認（identity）及區辨（differentiate）其主流社會的資格，特別是使用精準熟練的高階語言，具有彰顯高教育水準及社會階層的意義。例如，在台灣，一口標準國語通常可以讓人聯想其「外省人」、「談吐不俗」、「受良好教育」、「高社經地位」等背景及特質；而一口客家國語則易予人「本土的」、「寒微的」、「受教育不多」、「低社經地位」的印象。因此，這些微妙的社會認知，會使人在使用語言時，採用複雜的、策略的思維。在絕大部分場合，人們樂於使用得以最佳化其身份地位的高階語言，揚棄可能較為熟悉的低階母語。這種現象，更會因為「沉默螺旋」的社會心理因素，使得弱勢語言更形弱勢，甚至因而銷聲匿跡；有關沉默螺旋理論對語言傳播影響，詳見第三章。

肆、族群活力與族群發展

2008 年行政院進行了一次大規模的人口資料抽樣調查──「97 年度全國客家人口基礎資料調查研究」。台灣的四大族群人口數分別是閩南

1589 萬（69.2%），外省 214.7 萬（9.3%），客家人 310.8 萬（13.5%）
及原住民 44.1 萬（1.9%）。歷年來在不同時間以不同方法統計或推估的
數字間有若干差距（如表 2-10），除了約百分之二左右的抽樣誤差之外，
一方面是族群人口在自然力下之消長；一方面乃是調查中受訪者對族群
自我認定上之差異。

表 2-10：歷年來台灣各族群人口統計

調查單位	調查時間	閩南	外省	客家	原住民	統計
客委會	2008	69.2%	9.3%	13.5%	1.9%	93.9%
內政部	2007	72.8%	13.4%	12%	1.9%	100%
客委會	2004	73.3%	8.8%	12.6%	1.9%	96.6%
內政部	2002	76.9%	10.0%	10.9%	1.4%	99.2%
洪鏞德	1997	70%	12%	16%	2%	100%
黃宣範	1993	73.3%	13%	12%	1.7%	100%
Kubler	1981	71%	15%	12%	2%	100%
Grimes	1979	75%	13.06%	10.05%	1.89%	100%

　　族群身份的分類基礎（base of classification）包括客觀性和主觀性
兩種。客觀的基礎包括血緣關係（如父親母親分屬不同族群，則子女為
各佔二分之一血統等）、生理特徵（如膚色、基因等）、出生地、居住
地、文化風俗、語言、姓氏等；至於主觀的分類基礎主要是自我界定與
認同（徐富珍，陳信木，2004）。客觀的族群認定基礎，信效度皆不易掌
握。以父母族群斷定子女族群方法易流於以訛傳訛，因為父母族群及先
祖族群身份常因輾轉遷徙通婚，成為傳說而難考據；單憑生理特徵更是
難以區隔台灣的四大族群；其他如出生地、居住地、風俗，姓氏的判別
法皆缺乏效度；以語言鑑別更無法反映逐漸失傳的少數方言之現實。因
此，大部分的研究者採行主觀的自我認定法，而自我認定的本身，所牽
涉的就包括了微觀的心理因素和總體面的社會、心理層面互動的影響。

　　族群認同是一個複雜的心理過程，它牽涉到一個人對於自己的血緣歷史客觀的認識與主觀的承認。其中，為什麼「現在」的人需要強調「過去」的認同，是一件令人好奇的事（王甫昌，2003）。在過去的台灣，族群曾經是一個模糊的概念，乃肇因於政治上刻意忽略族群的差異性；而自從 1993 年「四大族群」說法由民進黨立委葉菊蘭和林濁水在立法院書面質詢中首度提出之後，當時執政黨國民黨對此一分類並不認同，直指此分類有挑撥對立之嫌；至今，台灣「四大族群」的劃分已成為相當普遍的台灣族群想像主張（維基百科，2008）。

　　族群意識的產生原因包括了：(1)「原生連帶」論主張因為文化、風俗習慣和語言，使得一群享有共同文化經驗的人自然地意識到自己屬於這個族群，而有區別他族之意思表示。(2)「情境論」者，認為族群意識係環境產生的需要所形成的，如一群移民進入特定的社會中，為了爭取自身的政經地位或利益，所刻意凝聚向心力以向外表態的心理因素；而情境論更能解釋族群認同與意識的持續，亦能說明「族群運動」和「族群認同」間的關係（王甫昌，2003）。然而，在演進的族群關係中，族群的概念需要兼顧追溯族群的原生連帶形塑過程，亦要檢視在社會發展歷程中，原生的連帶如何在不同的情境脈絡中被強化或遺忘，以及如何被重新建構成新的意涵（徐正光，1994）。

　　至於一個人是什麼族群、會認同自己是哪一個族群和表態承認自己屬於哪一個族群，有的時候是三回事。就早期台灣的族群隱形時期，許多客家人知道自己不論在血緣、文化或語言分類上都是客家人，但是身處在外省或閩南族群，不論人口或社經力量皆居壓倒性優勢的社群中，常會在公眾場合中刻意迴避自己的客家身份。這種「隱於市」的心態，在強調融合的政治氛圍中，頗為常見，這和九○年代提出四大族群說法遭到某些政治力量抵制的環境壓力，有若干相似之處。

　　在民主政治和多元文化價值體系的社會中，一個族群的活力，是自然力所形成的，亦即政治力無法介入，經濟力量無法左右，其他因素亦不能橫加改變的。由於現在台灣社會尚處於一個少數族群文化被壓制後

的「補償期」，亦即公權力積極介入維護失傳文化的過渡階段，行政院
客委會和原民會即是這樣思維下的時代產物。刻意的挹注資源和成立專
責機構專司特定族群文化的維護，對族群活力振興明顯有其積極助益。
此外，透過行銷的途徑激發族群活動，包括文化活動提高族群能見度，
如客家文化藝術節、眷村文化展、原住民豐年祭、桐花祭等，在傳播行
銷管道通達之今日，功能亦足以彰顯。

衡量族群活力的客觀指標，包括族群的人口數、族群的社經地位、
族群活動的媒體能見度和族群的凝聚強度。而主觀指標則可從人對族群
的認同度和親近度衡量之。認同度即自己主觀認為或希望所屬之族群；
親近度則是自己最喜歡或最能接受的族群。

黃宣範（1995）曾以三個題目衡量族群認同與期望，第一題測量族
群親近度，第二和第三題測量族群投射度及認同感：

1、一般來說，你比較習慣與下列哪一種人在一起？
　客家人 / 外省人 / 閩南人 / 其他

2、如果不管省籍問題，你覺得自己比較像什麼人？
　閩南人 / 外省人 / 客家人 / 其他

3、假如你能夠選擇，你希望你是哪一種人？
　外省人 / 閩南人 / 客家人 / 其他

(1) 族群親近性：表 2-11 顯示外省人和閩南人最習慣和自己族群的
　　人在一起（64.2% 及 64%）；僅有 38.9% 的客家人習慣和客家人
　　在一起。此外，客家人是最融入其他族群的人，有 37% 的人最習
　　慣交往的朋友是不分族群的；閩南人對與客家交往具有排斥性，
　　僅 0.5% 的閩南人習慣和客家人在一起；而外省族群的排他性則
　　是最高的，沒有人選擇習慣和閩南人或 / 和客家人在一起，抑或
　　可以解讀為 22.7% 選擇不分族群交往的外省人是沒有族群意識的
　　一群人。客家人選擇和外省人交往的比例（14.8%）亦遠高於和
　　閩南人（3.7%）；至於對自己族群認同為混合者（通常係父母分

屬不同族群者），有44.2％習慣和外省人在一起。

表 2-11：比較習慣哪一種人在一起之交叉分析表 [11]

本身族群＼交往族群（百分比）	閩南人	外省人	客家人	都是	閩南人和外省人	閩南人和客家人	外省人和客家人	合計
閩南人	64	8.1	0.5	13.7	13	0.7	0	100
外省人	0	64.2	0	22.7	13.2	0	0	100
客家人	3.7	14.8	38.9	37	0	5.7	0	100
混合	15.4	44.2	0	25	15	0	0	100

(2) 族群投射度：一個人往往會將自己對族群的喜好投射到他（她）
對自己的族群期望上，認為自己比較像某一個比較喜歡的族群。
表 2-12 顯示外省族群獲得最多其它族群的投射期望，分別是
17.5％的閩南人和27.8％的客家人認為自己像外省人；相較於
90.6％的外省人和78.7％的閩南人，只有61.1％的客家人認為自
己像本身的族群。認定自己屬於混合族群者，逾半（57.7％）認
為自己像外省人，四分之一認為自己像閩南人，僅 3.8％認為自
己像客家人。

表 2-12：覺得自己比較像哪個族群之交叉分析表

本身族群＼族群投射（百分比）	閩南人	外省人	客家人	都是	閩南人和外省人	閩南人和客家人	外省人和客家人	合計
閩南人	78.7	17.5	0.2	0.5	2.8	0.2	0	100
外省人	5.7	90.6	0	1.9	1.9	0	0	100
客家人	5.6	27.8	61.1	3.7	0	1.9	0	100
混合	25	57.7	3.8	1.9	7.7	0	3.8	100
平均	28.8	48.4	16.3	2	3.1	0.5	1.0	100

(3) 族群認同感：一個人希望自己成為哪一個族群人的人，往往源
自於其對於該族群的喜好和認同。表 2-13 調查受訪者心中希望
自己是哪一個族群，結果顯示外省人仍是對自己族群認同度最
高者，有 88.7％希望自己是外省人；80.8％的閩南人希望自己是
閩南人；72.2％的客家人希望自己是客家人。在混合族群中，有
51.9％希望自己是外省人，21.2％希望自己是閩南人，僅 3.8％希
望自己是客家人。

表 2-13：希望自己是哪一族群之交叉分析表

本身族群 ＼ 期望族群（百分比）	閩南人	外省人	客家人	都是	閩南人和外省人	閩南人和客家人	外省人和客家人	合計
閩南人	80.8	11.8	0.7	2.1	4.3	0	0	100
外省人	3.8	88.7	0	7.5	0	0	0	100
客家人	5.6	11.1	72.2	9.3	0	1.9	0	100
混合	21.1	51.9	3.8	7.7	13.5	0	1.9	100
平均	27.9	40.9	19.2	6.7	4.5	0.5	1.0	100

徐富珍和陳信木（2004）利用內政部統計處「九十一年台閩地區國
民生活狀況調查」分析 4058 名受訪者的族群認同機率。表 2-14 顯示，
父母親皆為閩南人者，有 99.8％的人認同自己是閩南人；父母親皆為外
省人者，有 93.1％認同自己是外省人；父母親皆是客家人者，有 97.8％
認同自己是客家人；父母親皆為原住民者，有 100％認同自己是原住民。
當父母親分屬不同族群時，子女的族群認同會比較分歧，而各種可能的
組合亦是觀察族群認同強度很好的情境；在台灣的父系社會中，一般人
係以父親的籍貫為籍貫，亦以父親的族群為族群；然而這項調查顯示，
父親為閩南人者，其認同自己屬母親族群的比例普遍不高，在父親為閩
南人母親外省人的組合中，僅有 5.9％的人認為自己是外省人，父親為閩

南人母親為客家人的受訪者中，亦有 6.7% 認同母親的客家籍，而父親為
閩南人母親為原住民的人中，有三分之一認同自己是原住民，但這個偏
高的比例係源自樣本數太少產生過大之抽樣誤差。至於父親外省人母親
閩南人的組合中，有高達 32.9% 的人認同自己是閩南人。父親客家人母
親閩南人的組合中，有 19.8% 的人認同母親的閩南籍；而原住民則呈現
當父母親皆為原住民時，100% 的人認定自己是原住民，但父親為原住
民，母親為閩南人時，100% 的人認同自己是閩南人。但由於這種組合的
樣本數稀少，恐有代表性的偏誤。

表 2-14：族群認同與父母親族群之交叉分析表

父母族群＼自己認同（百分比）	閩南	外省	客家	原住民
閩／閩	99.8%	0%	0.1%	0%
閩／外	94.1%	5.9%	0%	0%
閩／客	87.5%	2.9%	6.7%	0%
閩／原	66.7%	0%	0%	33.3%
外／外	6.5%	93.1%	0%	0%
外／閩	32.9%	64.3%	0.5%	0.5%
外／客	8.8%	70.6%	5.9%	0%
外／原	14.3%	71.4%	0%	0%
客／客	2.2%	0%	97.8%	0%
客／閩	19.8%	0%	75.6%	0%
客／外	0%	25%	75%	0%
客／原	0%	0%	100%	0%
原／原	0%	0%	0%	100%
原／閩	100%	0%	0%	0%
原／外	0%	0%	0%	0%
原／客	0%	0%	0%	0%

　　由上述的研究中發現，以親近度、投射度和認同度為指標測量的結果觀之，外省族群得到最多跨族群的認同與期望，閩南人居次，而客家人的自我認同和期望相對偏低，這個現象反應了客家人內心深處的自信心和對身為客家族群的價值認同均遠低於外省和閩南族群。特別是只有不到四成的客家人比較習慣和客家人在一起，這個數據背後的現象值得探究，這不僅反映了客家族群的低認同，亦可能是客家族群內婚姻和族群發展的不利訊號。

伍、客家語言的演變與未來 [12]

　　一九五〇年代以降的近半個世紀，打壓母語獨尊國語的結果，已經使得台灣語言社會極度失衡。二〇〇〇年以後，閩南話在官方場合及媒體上能見度大增，使得閩南話的「低階語言」身分有逐漸提升的趨勢，夾雜著幾句閩南話也成了平易親切的象徵；然對客家話而言，在「兩大之下難為小」的趨勢下，客家話仍然是走不出族群的方言，甚至，在族群中亦逐漸凋零，成了一種青黃不接、瀕臨失傳的語言。客家話在世代失傳中逐漸消失是不爭的事實，然而到底失傳的情形有多嚴重？多久以後走上語言死亡的絕境？始終缺乏科學的數據佐證。2000 年行政院客委會成立之後，開始有系統逐年地進行「台灣客家民眾客語使用狀況調查」，才使得客家話流失的速率得以較系統化與科學化地被測量、推估。

　　依照 MarKov 的語言傳承模型（轉引自黃宣範，1933），研究者可以依現有族群人口數及每一族群中使用各種語言的比例推估出每一代的各語言使用人口數，其矩陣公式如下：

$$(\alpha_2,\beta_2,\gamma_2,\delta_2)=(\alpha_1,\beta_1,\gamma_1,\delta_1)\begin{pmatrix} P_{11} & P_{12} & P_{13} & P_{14} \\ P_{21} & P_{22} & P_{23} & P_{24} \\ P_{31} & P_{32} & P_{33} & P_{34} \\ P_{41} & P_{42} & P_{43} & P_{44} \end{pmatrix}$$

　　其中 α_1、β_1、γ_1、δ_1 分別代表現今的閩南人口數、客家人口數、外省人口數及原住民人口數；p_{11}、p_{12}、p_{13}、p_{14} 分別代表閩南人主要使用閩南話、客家話、國語、原住民話及其他語言的比例；p_{21}、p_{22}、p_{23}、p_{24} 則分別代表客家人依序使用上述四種語言之比例；p_{31}、p_{32}、p_{33}、p_{34} 則為外省人使用四種語言之比例；p_{41}、p_{42}、p_{43}、p_{44} 則為原住民使用四種語言之比例。

　　四大族群人口數依最近一次客委會公布「97 年度全國客家人口基礎資料調查研究」[13] 之數據，而各族群使用各種語言之機率係採 2003 年客家電視台所做「客家電視收視研究」[14] 之數據，如表 2-15 所示。

表 2-15：四大族群人口數及使用各語言比例

族群	人口數	使用語言	百分比
閩南	1589 萬	閩南話	P_{11}＝65.8％
		客家話	P_{12}＝0.5％
		國語	P_{13}＝33.7％
		原住民話及其他	P_{14}＝0％
客家人	310.8 萬	閩南話	P_{21}＝16.3％
		客家話	P_{22}＝31.4％
		國語	P_{23}＝51.2％
		原住民話及其他	P_{24}＝1.2％
外省人	214.7 萬	閩南話	P_{31}＝10.6％
		客家話	P_{32}＝0％
		國語	P_{33}＝83％
		原住民話及其他	P_{34}＝6.4％
原住民	44.1 萬	閩南話	P_{41}＝20％
		客家話	P_{42}＝0％
		國語	P_{43}＝60％
		原住民話及其他	P_{44}＝20％

下一代四種語言使用之人口數（α_2 表閩南話，β_2 表客家話，γ_2 表國語，δ_2 表原住民話及其他）為：

$$(\alpha_2, \beta_2, \gamma_2, \delta_2) = (\alpha_1, \beta_1, \gamma_1, \delta_1) \begin{pmatrix} P_{11} & P_{12} & P_{13} & P_{14} \\ P_{21} & P_{22} & P_{23} & P_{24} \\ P_{31} & P_{32} & P_{33} & P_{34} \\ P_{41} & P_{42} & P_{43} & P_{44} \end{pmatrix}$$

亦即 $\alpha_2 = \alpha_1 p_{11} + \beta_1 p_{21} + \gamma_1 p_{31} + \delta_1 p_{41}$

$\beta_2 = \alpha_1 p_{12} + \beta_1 p_{22} + \gamma_1 p_{32} + \delta_1 p_{42}$

$\gamma_2 = \alpha_1 p_{13} + \beta_1 p_{23} + \gamma_1 p_{33} + \delta_1 p_{43}$

$\delta_2 = \alpha_1 p_{14} + \beta_1 p_{24} + \gamma_1 p_{34} + \delta_1 p_{44}$

依此類推可以求出第二代的四種語言主要使用人數 α_2（閩南話）=1127.8 萬，β_2（客家話）=105.5 萬，γ_2（國語）=899.3 萬，δ_2（原住民話及其他）=26.3 萬。第三代為 α_3（閩南話）=859.9 萬，β_3（客家話）=38.8 萬，γ_3（國語）=1119.2 萬，δ_3（原住民話及其他）=64.1 萬。第四代為 α_4（閩南話）=703.6 萬，β_4（客家話）=16.5 萬，γ_4（國語）=1277 萬，δ_4（原住民話及其他）=84.9 萬。第五代為 α_5（閩南話）=618 萬，β_5（客家話）=8.7 萬，γ_5（國語）=1356.4 萬，δ_5（原住民話及其他）=98.9 萬。

由上述矩陣運算結果可知，若無其他改變語言環境之因素介入，客家話在五代之後，即約一百五十年至兩百年之後，將剩下不到十萬使用人口。至於原住民話及其他語言因為在調查問卷中合併成一類，故其他語言還可能包括外國語言，再加上該次調查中原住民樣本數不及 30 人，抽樣誤差過大，效度及信度皆不足。至於從國語及閩南話的傳承速度中可見，未來兩百年內，台灣成為國語和閩南話雙語的可能性極大。

行政院客委會於 2008 年以階層抽樣法針對全國 6731 位多重自我認定為客家人之民眾進行電話調查[15]，其中 0 至 9 歲的孩童使用語言情形由家長代答，統計資料中將受訪者回答完全「聽得懂客家話」、「大部分

聽懂」及「普通」三種答案視為「聽懂」;將「很流利」、「流利」及「普通」視為「會說」,結果依每十歲年齡層統計如圖 2-5。

　　不論是「聽懂」或「會說」客家話的比例都隨著年齡層遞減而遞減,除了 0 歲到 9 歲及 10 歲到 19 歲兩個年齡層會說的比例大約相近(21.4%以及 21.0%)之外,其餘數據明顯顯示世代遞減的客家話聽說能力之趨勢,這個現象清楚地顯露客家話失傳的危機。至於未來客家話的傳承還可以撐多少代?假設客家話流失的速率不變,依此趨勢,我們可用以下公式探求之:

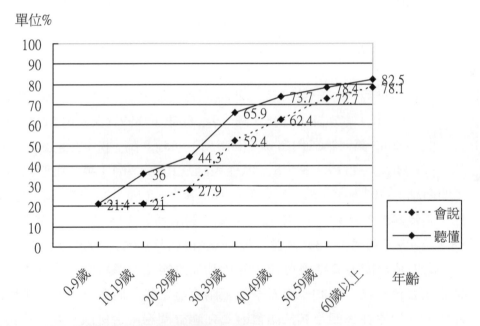

圖 2-5:台灣各年齡層客家民眾客家話聽說能力分布

$$V = \frac{Pt_2 - Pt_1}{t_2 - t_1}$$

a 為客家話流失的速率

Pt_2 為在 time2 時客家話聽懂(或會說)之比例

Pt_1 為在 time1 時客家話聽懂（或會說）之比例

t_2 為 time2

t_1 為 time1

因此代入公式中，我們可以分別求出聽懂客家話者流失的速率及會說客家話者流入的速率，分別是：

$$V=\frac{82.5-21.4}{70-5}=0.94（百分比／歲）$$

$$V'=\frac{78.1-21.4}{70-5}=0.87（百分比／歲）$$

即客家人中年齡每少一歲，其中聽懂客家話的比例就少 0.94%，會說的比例就少了 0.87%。

如果這個趨勢不變，則可以求出多少年後，客家話會聽和會說的人，將趨近於零。

$$0.94=\frac{82.5-0}{|70-t_1|}，t_1=52.2 \text{ or } -17.8，-17.8 \text{ 為合理解}$$

$$0.87=\frac{78.1-0}{|70-t'_1|}，t'_1=50.2 \text{ or } -19.8，-19.8 \text{ 為合理解}$$

由以上方法，依不同年齡層中聽懂者所佔比例減少之平均速率推估，則未來 17.8 年後，客家人中聽懂客家話將會失傳；依不同年齡層中會說者所佔比例減少之平均速率推估，則未來 19.8 年後，客家人中會說客家話的人口的比例將趨近於零。

然而這個方法有若干缺失：

(1) 語言的學習是累積性的，因此 10 至 19 歲會聽說客家話的比例遠超過 0 至 9 歲者，並不能獲致客家話逐年流失之結論，因此將語言能力和年齡層間視為單純的線性關係而由斜率去反推未來 10 年會聽說客家話的比例，實需要控制更多變因和更適合之數學模

型方能有效精準地推估未來。

(2) 由於近八年來行政院客委會推廣客家話不遺餘力，透過媒體上的置入行銷、公共廣播及學校母語教學，學客家話的環境有許多改善，因此用超過 60 歲的年齡層之客語能力去做比較，所求得的只是 60 年來的客家話水準平均值，無法反映近年來客家意識提昇下客家話學習環境改變之事實。

姑不論推估之方法和工具上之歧異，客家話的流失速率逐年增加可以從世代和年齡間使用客家話的情形窺見。如果再從客家價值認同和客家人的自信心這兩個面向深入觀察，客家族群的消失和客家文化的失傳並非杞人憂天之見。語言、文化和族群的弱勢固然肇因於歷史因素，然而前瞻未來，其能否從「差異認知」中找尋族群之定位與價值，並且將「我群」與「他群」放在社會情境的現實中找出其政治權力、經濟利益、語言文化及社會地位之受壓迫證據，再藉由集體形成之不平等認知及集體行動必要性之認知，促成族群及文化運動，喚醒包括我族及他族的共同意識，嚴肅面對弱勢族群之政治、經濟、社會平等以及對語言、文化、歷史記憶之尊重，這些因素將決定了族群與其文化的命運。

注釋

[1]　土客衝突，維基百科。
http://140.115.170.1/Hakkapolieco/ba gua/TaiwanHakka.htm （上網日期 2009/1/24）

[2]　本圖係依行政院客家委員會委託研究報告《97 年度全國客家人口基礎資料調查研究》（3 頁，圖 1-1）改編而成。

[3]　本圖參照行政院客家委員會委託研究報告《九十三年度台灣客家民眾客語使用狀況調查研究》（21 頁，圖 4-1）。

[4]　林鴻麟，客家人在台北。
http://www.taiwanfun.com/north/taipei/articles/0303/0303CoverStoryTW.htm （上網日期 2009/1/25）

5 「六堆客家鄉土文化資訊網」。
http://www.liouduai.tacocity.com.tw（上網日期 2009/1/25）

6 以 2004 年「全國客家人口基礎資料調查」之各縣市（調查範圍不包含連江縣及金門縣）客家人口比例為依據進行分層抽樣。

7 經加權後有效樣本中，計男性 3,170 人，佔 52.6％；女性 2,859 人，佔 47.4％。年齡結構經加權後分布為：13 歲以下計 1131 人，佔 18.8％；13 至 19 歲 789 人，佔 13.1％；20 至 29 歲 1,069 人，佔 17.7％；30 至 39 歲 967 人，佔 16.0％；40 至 49 歲 939 人，佔 15.6％；50 至 59 歲 605 人，佔 10.0％；60 至 69 歲 303 人，佔 5.0％；70 歲以上 225 人，佔 3.7％。

8 本圖參照
http://140.115.170.1/Hakkapolieco/ba_gua/TaiwanHakka.htm（上網日期 2009/1/25）

9 原住民話言屬於僅能在族群內溝通的「言」，由於原住民話種類眾多，台灣語言社會嚴格說起來應屬「雙語多言」，然而篇幅所限，本文僅侷限於探討客家話和台灣語言社會中之前兩大主要語言 ─ 國語和閩南話間之互動關係。

10 改編自 Language And Social Context：Selected readings（p.232-251），by Ferguson, 1972, Harmond sworth：penguin.

11 表 2-11 到表 2-13 係依據黃宣範（1995）《語言、社會與族群意識》一書中 219 頁之表五重製而成。

12 本文中之第貳、參、伍節中部分文獻、圖表、數據和文字，係出自筆者之「行政院客家學術發展計劃」補助研究之結案報告，部分已刊載於《廣播與電視》期刊第 28 期 1 頁至 28 頁「客家電視在多言文化中的傳播功能與挑戰」一文中。

13 行政院客委會委託「全國意向顧問股份有限公司」「97 年度全國客家人口基礎資料調查研究」，於 2008 年 7 月 30 日至 9 月 26 日，以分層二段隨機抽樣法，針對全國十五歲以上民眾（十五歲以下民眾由父母或家中長輩代答）進行電話訪問，成功樣本共 51,803 人，可接觸樣本之成功訪問率為 45.3％。

14 客家電台委託「故鄉市場調查股份有限公司」，於 2003 年 7 月 15 日至 7 月 29 日，以分層隨機抽樣方法，針對除了外島之外之全國十歲以上民眾進行電話訪問，成功樣本共 1,077 人，成功訪問率 67％。

15 同註 13。

第三章

客家語言的沈默螺旋

壹、語言社會的興衰與變遷

《聖經創世紀 11：1-8》記載：人類初始只有一種語言，後來，因為驕傲使然，促使人們想要興建一座通天之塔，耶和華降臨阻止，變亂人們的口音，使得彼此間無法溝通，工程計劃失敗，人遂分散各地各自使用不同的語言。該塔被命名為巴別塔，"巴別（Babel）" 在希伯來語中是 "變亂" 的意義。

到二十一世紀時，全世界有超過 6000 種的語言。隨著語言發展的諸多自然與人為的障礙，預估將會有百分之五十至百分之九十瀕臨語言死亡（Wang & Minett, 2005）。換言之，未來的 80 年中，將會有 3000 到 5000 多種語言面臨滅絕的命運。

如果我們將語言社會看成是一個以語言為標的的交易市場，那麼這個市場可以簡單地區分為：(1) 獨占市場（monopoly），即整個語言社會由一個語言構成。至於為什麼一個社會（國家）只有一種語言？通常肇因於自然力和外力兩種原因。自然力發生於由使用單一語言的單一民族（多民族）所構成的社會（國家），因此語言是個常數，並非選項。這樣的社會通常由一種文字搭配語言，從官方到民間，不分場合，亦無高低階之分；這樣的國家，如韓國。而外力造成的單一語言社會（國家）係指帶有強迫性質的政治力介入，強制規定所有人民必須講一種指定語言，如日治年代到 1980 年代末期的台灣，說其他語言要受到處罰；美國也曾經推動過一系列的 "獨尊英語運動（English-only movement）"，1969 年伊利諾州是最早通過 "獨尊英語" 法律的州；十九世紀時，英國也曾經壓制威爾士語，在校園裡說威爾士語的孩子都要被掛上寫著 "Walsh Not" 的侮辱性牌子（Crystal，2002）。(2) 寡占市場（oligopoly）係指幾種語言並行，成為一個多語社會，在寡占語言市場中，少數幾種語言透過外力或自然力逐漸成為主流語言，可以跨族群溝通，成為「語」，其他語言則屬於僅能在族群內溝通的方言，通常漸漸面臨語言死亡的危機。台灣 1990 年代，語言解嚴後的語言社會漸漸走向國、閩

兩種語言寡占的市場。其他方言必須借助外力才有機會由「言」成為「語」，加入寡占市場，否則亦將面臨語言死亡的命運。(3)自由市場（free market）係指多言社會中，經由人口比例，社經影響力和其他循市場機制自然消長的因素，多種方言自然競爭，部分語言較受歡迎，為較多數人使用，成為跨越族群可以溝通的「語」；至於其他的方言，亦將面臨力爭上游成為「語」或淪為瀕臨滅絕的方言之命運。

全世界百分之九十以上的人民處於雙語或多語的社會中，而世界上只有不到四分之一的國家將兩種或多種語言定為官方語言。在美國，約有十分之一的人不說英語，在英國有超過一百種不同的少數民族語言[1]。

語言的使用牽涉到複雜的人與人、人與文化及人與社會互動的因素，而這些因素往往成為決定語言社會興衰與變遷的關鍵。從大多數語言逐漸消失，語言會因自然力或外力漸漸向少數主流語言靠攏的情勢看來，世界的語言朝向「分久必合」的趨勢演進，未來全世界的語言社會勢必更集中在少數語言上。而這個語言興衰與變遷的過程包含了微觀和宏觀的三個過程：語言選擇、語言轉移和語言維持或死亡（黃宣範，1995）。

一、語言選擇

從微觀的心理層面觀之，人開口說話的目的在於與人溝通，因此語言選擇的過程，勢必是一個互動情境認知下的產物。開口說話雖然常是一瞬間的選擇，但是人在瞬間之內其實已經至少判斷了「他（他們）聽得懂嗎？」，因此，一個台灣人在再緊急的狀況下，也不會開口和一個金髮碧眼的外國人說閩南話，因為，直覺會告訴他們：「這個老外聽不懂閩南話。」，這種反射性的語言選擇，過程雖短暫，但實則牽涉到複雜的認知行為。我們當下的資訊（如：他是外國人）會迅速連結過往的經驗（如：外國人聽不懂閩南話）；愈是短暫的反射經驗，愈容易依據刻板印象，如「他衣著光鮮，應該是說國語的 …… 」；這類可能帶有偏差判斷的刻板印象等，卻常常成為語言選擇的依據。

情境分配理論主張一個具兩種以上語言能力的人會依據所認知的談

話對象、話題、場合等情境選擇最符合當下情境所反射的社會價值之語言（Fishman, 1972）。這個理論含意下的語言選擇機制事實上超越了單純的「高階」、「低階」與相對應場域間的關係，而是在不同人、事、地的組合情境中依據認知和態度決定語言行為，例如若將政治場合中的語言分類為高階語言顯然過於簡化，在政敵面前可能要展現強勢的高階語言，然而在接見傑出農民時的演說則考慮選擇讓對方感受親切的母語，可能是低階語言等。在某些情境下，又需要高階、低階或不同語言交互使用。事實上，人類的語言選擇雖然常常在一瞬間決定，但是它卻是一種細緻的資訊處理及反應過程。

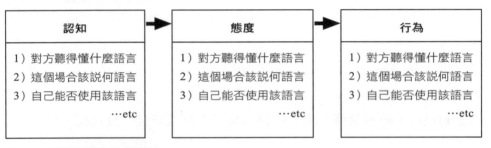

圖 3-1：語言選擇的形成過程

　　認知心理學（cognitive psychology）探索人類認知和行為背後的心智處理過程，包括了人如何觀察、如何記憶、如何理解、如何感知、如何歸納及如何形成決策等複雜的思維。

　　語言態度與社會對話（social dialects）是一體的兩面，語言特質通常會和說話者的社會特質有明顯連結，接收訊息的人會自然地將這些語言特質視為判斷說話者社會地位的線索；而這些由刻板印象組成的認知機制，常常決定一個人對於談話者之社會地位判斷的準則（Shuy & Williams, 1973）。當一個人開口說話的一剎那，其實已經啟動了認知的複雜機制。較有目的性的談話通常會先由觀察開始，人的大腦將對長相、穿著、背景、談吐、場合等訊息加以蒐集、整理，然後會在腦海中，組織說話的架構及用詞，經過這個認知的過程，思考並歸納出幾個

線索，包括「對方習慣接受及運用的語言」、「對方說話的習慣」、「這個場合該做什麼樣類型的口語表達」、「如何運用及運用何種語言」；至於臨時性的談話，如問路等則是在瞬間處理類似的資訊，在目光交錯的一刹那，判斷使用一種語言的最大可能性。

說話的本身亦有策略的思考在其中，語言選擇時態度形成過程，即牽涉到一個人決定用什麼態度去進行一段談話；究竟要主導這段談話還是要配合這段談話？該用自己熟悉的語言還是對方熟悉的語言？使用哪一種語言的決策過程有其超越對話功能的社會意涵。而在開口說話之後，一個人會因為在接受對方語言所傳遞的訊息後，調整自己的語言使用，或更積極主控語言情境，或更遷就對方或混合使用雙方語言等。

二、語言轉移

就目前台灣三大族群所使用語言之組合環境觀之，國語和閩南話具有跨越族群間亦能對話之「語」的特質，而客家話則仍處於僅在族群間流通的「言」。理論上，這三種語言之間的互動與轉移，有以下幾種可能：

(1) 國語取代閩南話和客家話，成為國語一語獨大。

(2) 國語取代閩南話，與客家話形成二語並行。

(3) 國語取代客家話，與閩南話形成二語並行。

(4) 閩南話取代國語和客家話，成為閩南話一語獨大。

(5) 閩南話取代國語，與客家話形成二語並行。

(6) 閩南話取代客家話，與國語形成二語並行。

(7) 客家話取代閩南話和國語，成為客家話一語獨大。

(8) 客家話取代閩南話，與國語形成二語並行。

(9) 客家話取代國語，與閩南話形成二語並行。

語言轉移通常是逐漸形成的，其中立法干涉是造成語言轉移和語言死亡最直接且迅速的因素；最常見的是執政黨欲以強制手段達成同化目的，禁止移民者或被征服者在公共場合中使用母語。反之，亦有國家刻

意鼓勵保障或補償少數族群使用自己的母語，其方法包括了自治區官方語言辦法及母語輔助教學等。西班牙為了安撫少數族群，於 1978 年增列了憲法語言條款，使少數族群語言得以在自治區內成為官方語言。西班牙政府將官方語言 Castilian 之外的其他幾種弱勢族群語言，包括 Catalans、Basques 和 Galicians 等，列為其各別所屬自治區的官方語言（Mar-Molinero, 2000，轉引自施正鋒，2004）。此外，以母語輔助一般教學，以免弱勢族群受教權被剝奪，亦同時表達了對少數族群語言的認同與尊重。例如美國聯邦法院 1974 年的 Lau v. Nichols 判例，規定公立學校必須對不習慣使用英語的學生輔以母語教學，直到這些學生有能力吸收純英語教學為止（黃宣範，1995）。這樣的政策雖然不是以振興母語為出發點，但是，其對無法使用統一語言之少數族群之受教權，所給予的尊重和補償，是落實多元文化精神的一種具體實踐。

通婚因素，致使族群人口語言使用之比例產生變化，例如父母親當中有一個族群具有較強勢文化與語言，其子女在族群認同和語言使用上會從其認同與習慣，久而久之，便會形成族群認同的轉移及語言轉移。如第二章第肆節中之調查所顯示，以親近度、投射度和認同度為指標測量族群活力，以外省族群得到最多跨族群之認同，閩南人居次，而客家人的自我認同和期望相對偏低。長此以往，客家話轉移至國語或閩南話的可能極高，客家話將在方言體系中逐漸消失。

社會變遷與中產階級興起足以影響弱勢族群之語言轉移，因為一個享受到中產階級社會昇遷進入主流社會的人，會感受到自己在家庭所扮演的角色不一定要藉助原有在家中習慣的弱勢母語，而亦可以以強勢語言取代之時，這種在職場和主流社會中習得或習慣之強勢語言，可能會進入家庭，取代了原有家庭成員間的對話語言（黃宣範，1995）。例如，當父母親在職中發現說國語較為吃香時，便會在家中多使用國語，期望下一代能具備高階語言能力，以使符合主流社會之價值觀。

經濟因素造成的遷徙使得弱勢族被迫離開故鄉融入其他語言社會中，亦會在短時間內形成語言轉移的現象。台北市的單一自我認定客家

人口有 26 萬人，但是因為遷居台北融入大都會區，普遍客家話均退步甚或遺忘，隔代傳承更是困難重重。因為當環境中能和自己以客家母語對話者寥寥無幾時，說母語的動機就會明顯不足，特別是孩童說母語無法在學校和鄰舍間被聽懂時，其挫折和不解將是日後再學習母語的絆腳石。

主流媒體的語言使用會是現今社會中，決定語言態度、語言選擇進而形成語言轉移的重要因素。特別是具有影響力的電視在新聞、戲劇、綜藝和廣告上的語言態度和語言選擇，將會是連結社會和家庭的一項啟發式的線索（heuristic cue）。電視塑造的語言情境易使人認知為一種主流社會的情境或價值，進而學習並使用該語言。Dunbar（2001）把電子媒體稱之為「文化神經毒氣」（culture nerve gas），認為其只容納主流語言的作法，直接摧毀了弱勢語言的生存空間，造成語言轉移甚至死亡。

教育在語言轉移和語言選擇上，亦具有決定性的因素。Hoffman（1994）認為當學校使用的語言屬於高地位族群的高階語言時，倘若學校教育沒有提供孩童學習其低階母語的機會時，語言轉移必然發生。此外，父母親的態度，是幼兒學習語言的關鍵，Harrison 和 Piete（1980）研究威爾斯語言和英語的雙語母親選擇語言的因素時，歸納出：(1) 母親會依語言本身所反映的社會經濟地位與價值。(2) 孩童在核心家庭之外的社交活動機會中的語言需要。(3) 家族內社交活動的需要。(4) 社會心理學的因素，如母親本身對某種語言或族群的態度。

三、語言死亡

語言死亡（language death）是一種獨特的過程，它包含了兩個模式；一為語言形式的簡化，一為語言功能的受限（Knab, 1980; Hill, 1983）。

當一種語言中的若干詞彙，愈來愈少人知道該怎麼說的時候，這個語言的傳承便亮起了紅燈。其間，可能包含了少用的詞彙漸漸失傳以及新語彙沒有用詞。當強勢語言移借過來的外來語，在弱勢語言中所佔的比重愈來愈高時，即意謂著該弱勢語言之形式在簡化中，此時，語言轉

移開始加速進行，弱勢語言逐漸面臨死亡。當外來語成為母語中的一部分時，其影響不僅是母語的語言形式限縮，還包括使用語言者之思考、意象和理解亦受到強勢語言及其文化之影響，甚至涵化（cultivate）。這種因新科技和流行文化產生的新語彙，使得弱勢語族人口的「認知形式」得藉著強勢語言才得以表現，這類由功能到結構的變化，是一種強烈的語言轉移信號（黃宣範，1995）。

語言功能的受限，會使得弱勢語言從公共場所退居到親朋好友之間，最後只侷限於家庭成員間的溝通，這樣的功能萎縮，是造成語言死亡的一個主因。當弱勢語言的功能性逐漸受到限縮時，語言轉移會自然地發生，最先發生於公共場域，當一個客家人在其他外來族群漸漸移入的客家庄中，發現有人聽不懂客家話時，很自然地會使他改用國語或閩南話，這樣的語言轉移很容易定型，因此，客家話的功能遂侷限在與親朋好友跟家人的溝通之中。

貳、客家語言的選擇與傳承

一個弱勢語言要在強勢語言及文化中逆勢生存，不能依靠其功能性，而必須仰賴弱勢族群的意識型態。因為，僅從語言的功能角度視之，人們會以最大效益的考量選擇語言；換言之，只要使用該語言不具困難度，人們會選擇最多人能懂、最能顯現自己身份地位、最強勢、或最高階的語言。因此弱勢族群必須對族群文化的傳承具有使命感，其族群向心力才足以抗拒強勢文化之入侵，而且必須視其母語為文化傳承的重要象徵，該弱勢語言方有可能維繫傳承（Schilling-Estes & Wolfram, 1999）。

客家話在強勢主流語言文化的排擠效應下，客家人普遍不具備母語的反射性表達習慣，對於客家話熟練的客家人而言，客家話也僅是語言的選項之一，得視情境使用。至於在什麼場合、什麼對象、什麼話題、什麼動機下才會使用客家話，值得深入解析，如此探究與理解有助於揭

開客家話認同、使用與傳承的迷思。

綜觀 2005 至 2007 年連續三年行政院客委會所估做之「台灣客家民眾客語使用狀況調查」，調查超過 4000 名包括單一自我認定及多重自我認定之客家人[2]之使用客家話的對象及使用頻度，由圖 3-2 中得知，僅有三分之一強的客家民眾和自己的父親交談時，幾乎全部講客家話；百分之六左右在大多數的情況下說客家話；十分之一左右的客家民眾和自己的父親說話時，夾雜一半的客家話；百分之十三左右的人偶爾講客家話；有高達三分之一的客家民眾和自己的父親幾乎不說客家話。且從趨勢看來，連續三年中，完全說客家話的客家民眾所佔比例逐年下降，幾乎不講客家話的比例逐年上升。

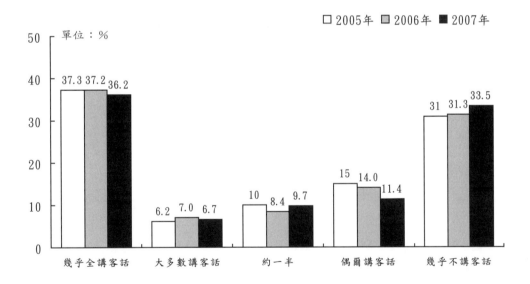

註：調查對象未包含「年紀小，不會表達」者及完全不懂客家話者。
圖 3-2：2005 年至 2007 年客家民眾與父親交談使用客家話的頻度[3]

倘若「母語」顧名思義是和母親說的話，則和母親說母語的比例應當非常高才是，然從圖 3-3 中卻不見此推論。客家民眾和母親說客家話

的比例與父親相差無幾。由此現象，初步可以看出，客家民眾在家是否說客家話無涉，多半是語言習慣與環境因素所致。圖 3-3 所示，三成五以上的客家民眾和母親交談時幾乎全講客家話；卻也有三成至三成五左右的客家民眾完全不和母親說客家話。偶爾講客家話者，高達百分之十一至十五；多數情況下會講客家話者，佔百分之六上下；講客家話的比例佔一半者約百分之十。從趨勢觀之，和自己的母親交談時幾乎完全說客家話者，年年減少，而完全不說客家話者逐年增加，這種和「母親」不說「母語」的比例及趨勢，為語言死亡埋下了令人憂心的伏筆。

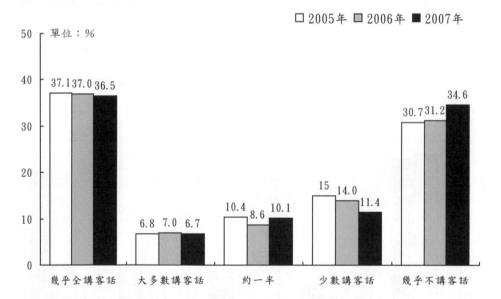

註：調查對象未包含「年紀小、不會表達」者及完全不懂客家話者。
圖 3-3：2005 年至 2007 年客家民眾與母親交談使用客家話的頻度

　　客家民眾和配偶交談是否使用客家話，可以看出家庭中最主要的核心成員的語言態度；此觀察不惟獨可做為衡量一個家庭中之主流語言之重要指標，亦可以瞭解家中小孩成長時的語言環境，因為父母親之間的對話往往是孩子學習語言之主要依據。圖 3-4 顯示，逾半的客家民眾幾乎不和配偶說客家話，且有增加的趨勢；僅有不到兩成的客家民眾和配

偶的交談幾乎全講客家話；整體而言，和配偶交談時有一半以上會使用客家話者竟然不到三成。

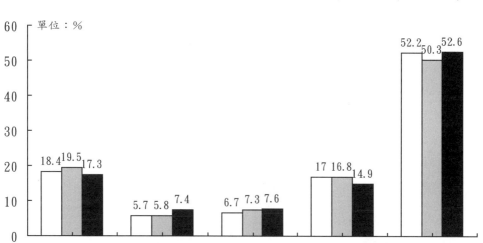

□ 2005年　▦ 2006年　■ 2007年

註：調查對象排除未婚者

圖 3-4：2005 年至 2007 年客家民眾與配偶交談使用客家話的頻度

　　至於客家民眾究竟習慣什麼語言和配偶交談呢？圖 3-5 可以看出，國語和閩南話已成為客家民眾明顯的語言轉移對象。圖 3-5 顯示，將近一半的客家民眾和配偶交談時主要使用國語，說客家話的約兩成七上下，說閩南話的竟高達兩成六左右。這個現象產生之可能性有二：

(1)由於配偶可能不是客家人，因此客家民眾遷就配偶選擇了一個雙方可以溝通的語言，這個現象發生的可能性極高；也因為普遍性高，此種語言遷就對於語言轉移乃至於語言死亡有極大的作用，這也顯示了客家話與國語和閩南話相較之下，其語言活力明顯弱勢，此與大環境息息相關，亦與客家民眾語言自信心與語言認同度不足所形成的語言遷就心態脫離不了關係。

(2)另一種可能性來自於都市化程度之影響。當客家民眾置身在街坊

鄰居以國語和閩南話為主時,會使夫妻間的語言選擇有意識或無
意識的遷就。

共同經商,特別是服務業和零售業的夫妻易將工作場合上不得不然
的語言遷就形成習慣,最終取代了彼此相識時曾經備感親切的母語,而
妥協或適應於主流的功能性語言中。

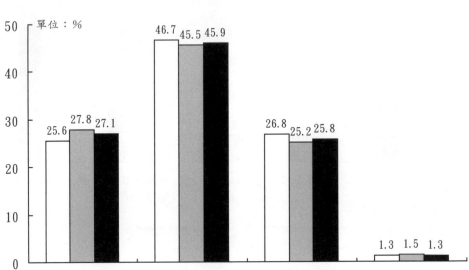

圖 3-5:2005 年至 2007 年已婚客家民眾語配偶交談主要使用語言

從父母和子女交談主要使用的語言中可以看出一個語言的未來性。
對於缺乏大環境支持的弱勢語言而言,家庭幾乎已成為下一代學會母語
的唯一場所;因此,家長應重視群語言之文化、教育和認同功能,營造
孩童母語的環境,孩童方不致和族群的語言文化傳統割裂(張學謙,
2004)。黃宣範(2005)認為父母親之間相互以母語交流,但卻用其他
強勢語言和子女交談,是造成當今弱勢語言瀕危的一項不當策略。

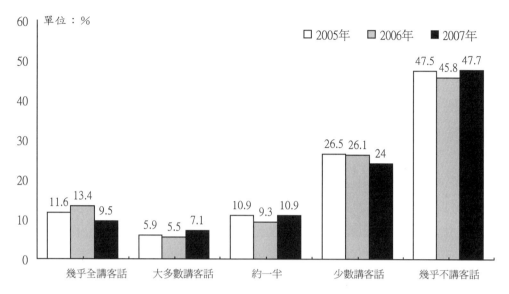

註：調查對象排除未婚或無子女者

圖 3-6：2005 年至 2007 年已婚有子女的客家民眾與子女交談使用語言

　　圖 3-6 顯示，近一半的客家民眾幾乎不和子女說客家話，合計約四分之三是很少講或者幾乎不講客家話。從這個三年來變化不大的統計數據看來，客家話要傳承甚或發揚光大，經由家庭的途徑幾乎是無法達成的。以 2007 年的統計資料觀之，客家民眾和自己的子女幾乎全以客家話溝通的比例不到一成，這個連續三年調查的數據似乎已經說明了客家話在個人與家庭層次所面臨困境之主要原因，亦已相當程度預測了這個語言的未來性。

　　至於客家民眾在家不和子女說客家話，倒底說些什麼呢？圖 3-7 清楚顯示，60 年來的獨尊國語政策已使台灣的語言環境難以回到多元的公平起始點。三分之二的客家民眾主要係以國語和子女交談，用閩南話為主要語言的亦有百分十五上下，僅有不到兩成的客家民眾和子女說客家話。客家話在家中的兩代間傳承都如此困難，遑論仰賴其他力量介入挽救母語之成效，歷史因素造成的社經結構及族群認同實已根深蒂固地影

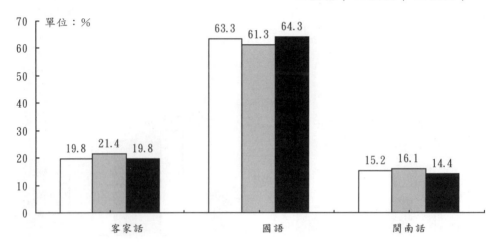

註：調查對象排除未婚及無子女者。

圖 3-7：2005 年至 2007 年已婚有子女的客家民眾與子女交談主要使用語言

響了客家人的語言態度而積重難返；「寧賣祖宗田，不忘祖宗言；寧賣祖宗坑，不賣祖宗聲」已成無法實踐的「古有明訓」。

參、語言情境與沈默螺旋

　　Noelle-Neumann（1973）的沈默螺旋理論開啟了傳播學界關於人如何受到輿論影響的系統性思考與論辨。

　　沈默螺旋的核心理論是：大多數的人會本能地避免自己因為持獨特觀點與主流意見相左，而遭周遭眾人孤立。因此人們會用一種準統計（guasi-statistics）的本能，對於民意分布觀其風向，意即探測「意見氣候（climate of opinion）」，試著判定自己是否站在主流意見的一方，並且判斷民意在未來發展中與他們所持意見一致的可能性。如果他們覺得自己居於少數意見之一方，便會傾向於在公開場合中對該議題保持沈默；若他們覺得民意消長的方向正轉離他們的立場時，他們也會傾向於沈默。這群人愈保持沈默，愈會使人覺得該種意見不是主流觀點，持有

該觀點的人也因之愈發沈默。結果使得強勢的一方更顯強勢，甚至比其真正的實力更強；反之，弱勢的一方因陷於沈默之中，會使其顯得比真實的實力還弱；這種民意與己意的互動過程，微妙地形成了如螺旋般的意見消長，塑造了輿論，也影響了民意與個人的表達意願（Noelle-Neumann, 1989；翁秀琪，1990）。

　　這個理論的原始應用範圍止於輿論的形成與個人意見表達間的關係，然而它的成因機制則源自人的認知態度和行為與對社會心理感知間的互動。一個人的語言情境與語言選擇亦牽涉到自己與他人或群眾之間的互動關係；亦即，當一個人開口說話時，他會立刻判斷對方能聽或者想聽哪一種語言；當聽眾是兩人以上時，說話者更得判斷哪一種語言是能溝通且受歡迎的主流語言，特別是在大場合發表談話時，這樣策略性的思考，更是語言選擇的憑據。將這個傳播學的理論應用於語言選擇上，適足以解釋為何有些政治人物在不同地點的演講中，時而全程用閩南話，時而全程客家話，時而全程國語，或選其二至三種語言組合表達。這樣策略性的語言運用，顯非隨機即興式的發揮，其背後有縝密的思考研判，甚至從政治效益的角度，語言的選擇是經過仔細算計的。

　　一般人在一般場合的言談間，其語言選擇通常在說話者與聽話者目光接觸的一瞬間便已決定。說話者會在這一瞬間憑著對方的長相、穿著、場合及自己說話的動機、目的和能力，立刻決定說哪一種語言，其語言選擇的過程直覺性的成份較多。然而直覺性反應的背後，亦有其策略性。從微觀的角度視之，從對方的長相、穿著、職業、場合這些映入眼簾轉入腦際的符號如何在瞬間轉化成「他（她）是說國語的」、「他（她）是說閩南話的」或「他（她）應該會說客家話」，牽涉到長期認知的累積。人的認知與記憶像是電腦的資料庫，它會將平常周遭遇見的人之穿著、長相、環境與其使用之語言歸納分類儲存至記憶的資料庫。媒體上的人物角色更是常在不知不覺中形成認知類別與記憶的來源。對於開口說話者而言，當下的語言選擇包括了功能性的考量，即說什麼語言最可能被聽懂以及策略性的考量，即說什麼語言比較會讓對方覺得親

切及易接受。至於究竟循功能性或策略性的考量選擇語言，得視說話者與收話者間的權力關係與角色目的而定，因此問路、推銷、告知等情境皆因目的不同而有所不同。在人的認知記憶資料庫轉換成對應的反應與行為之過程中，語言態度是一個微妙的觸媒，它會催化某種語言使用形成的機制。語言態度並非一個單純現象之呈現，它雖然存在於個人的心中，態度的根源卻是後天的學習與觀察以及社會集體力量的影響所造成的（蕭景岳，2005）。

目的性較強的說話，其語言選擇的過程更為細膩複雜。一場教會的講道分享、街頭的促銷活動、選舉的造勢場合，及總統的就職演說，其複雜度及重視度雖有差異，然而就爭取最多數人認同及支持的立場而言，皆大同小異。這個時候，語言選擇得先從情資蒐集開始。首先，得先判斷聽眾是誰？多少人聽得懂國語、閩南話或客家話？群眾當中多少人會傾向於聽我說國語、閩南話或客家話？我的目的是希望他們把我當成熟悉的自己人還是一個有涵養權威的專家？這些初探式的問題會在演講者的腦海中形成認知比對、分類研判及策略推演的過程，最後形成語言的選擇，而其間諸多策略性研判的過程亦牽涉到人在認知記憶的資料庫中存取語言態度相關之印象與感知。

綜言之，不論個人間的言談或公眾式的談話，其決策過程不論短或長，均牽涉到自己語言和他人語言之間互動選擇的過程，一如 Noelle-Neumann 在沈默螺旋理論中強調的個人意見與公眾意見互動的機制。

一個人希望自己說的語言為對方所聽懂、喜愛與認同，此與沈默螺族的基礎假設「人喜歡從眾，害怕孤立」相近。人們會先蒐集訊息瞭解聽眾的習慣及喜好，判斷哪一種語言較合宜、受歡迎或易達到目的，一如人的「準統計本能」會衡度民意的分布與消長一般。大多數人會根據研判，選擇使用能讓對方接受的語言，收回說較不受歡迎的語言之衝動。這種心理反應與沈默螺旋理論中之「弱勢意見選擇沈默、強勢意見更積極表達」的觀察十分相似。這個理論推演的結局是強勢意見更強勢，弱勢的意見更形弱勢；這樣的效應和語言社會中愈多人說的強勢語

言愈來愈強勢，愈少人說的弱勢語言則愈來愈弱勢的現象不謀而合。

肆、語言使用的困境與挑戰

客家話面臨的困境與挑戰，可以分別從鉅觀面（macro）以及微觀面
（micro）兩方面探討。

鉅觀面的困境與挑戰包括了：

(1) 歷史因素的影響：從日治時代後期實施皇民化政策壓制本土文化
    到國民政府來台，忽視本土歷史與人文，加上獨尊國語限制母語
    的嚴厲政策，使得客家語言大量流失，文化無法傳承。近年來本
    土意識高漲，多元文化意識抬頭，然卻因為積重難返，猶如七年
    之病求三年之艾，成效有限。

(2) 經濟結構的變遷：早期台灣社會中客家人多以農耕為生，閩南人
    則因較富經商經驗，從事工商業者較多。此種職業結構在人口增
    加往都市化及工商社會變遷的過程中，客家人在都市中尋求就
    業機會時，多半進入閩南人或外省人的企業中工作，不論語言或
    文化甚至族群認同遂逐漸被同化（徐正光，2002）。且客家人從
    事商業活動顯少單依靠客家族群網絡資源，百分之九十八皆客、
    閩、國三聲帶，「並不把自己限制在客家族群圈子裏」（張維安、
    謝世忠，2004：14-15），因此原本已弱勢的客家話被以實用主義
    為考量的工商社會結構逐漸吞沒。

(3) 政治現實的轉變：2000 年民進黨執政之後，刻意凸顯本土意識，
    使行政院客委會和客家電視台得以成立，然 2008 年國民黨再次
    取得政權之後，雖基於選票考量不致於削減客家的主體性，但是
    是否能全力積極挽救客家文化，猶待觀察。再者 2008 年國會單
    一選區兩票制的新選制下，客籍立委僅有 12 位 [4]，佔全國 127 席
    的 10.62%，明顯低於客家人口之比例（范佐雙，2008）。單一選
    區兩票制較不利於靠宗親票當選的客籍立委之政治現實，恐為未

來客家政策之推動及資源之爭取，埋下不利之伏筆。

(4)社會結構的轉化：都市化及工商化使得城鄉差距加大，年輕人口大量外流，造成客家地區人口結構老化，再加上族群婚姻融合後，客家的被同化，年輕人使用客家話的環境逐漸限縮，加速了客家話及客家文化的流失（曹逢甫、黃雅榆，2002）。

(5)廣電媒體的語言策略：2003 年 7 月 1 日雖然成立了客家電視，然而在台灣將近 100 個頻道的電視生態中，客家話發聲者僅此一台；廣播生態亦類似。整個電子媒體發聲權掌握在以國語為主，閩南話為輔的生態中，客家話在市場規模和資源都和主流頻道無法抗衡的不公平競爭下，語言傳承之功效恐難以發揮。

在微觀面上，客家話面臨傳承危機之原因不勝枚舉，這牽涉到個人、家庭、社區、職場、教育、社會等廣大層面下的綜合效應，歸納整理如下[5]：

(1)將語言工具化，對母語和文化缺乏特殊感情，沒有足夠的認同感、使命感：

「因為我每次外出，大部分都在這附近而已，沒什麼感覺；而我這種語言也沒感到什麼特色，只覺得人與人的交談，做個溝通的語言而已，也沒覺得有什麼好與壞，如同工具般這樣。（2004）」

「爸媽那一輩是客家人，但不認為自己是客家人，現在的社會都是這樣，孩子那一代更淡。（2004）」

「學校客家話教育環境不夠完善，字體吸收較不如口語效果好，家庭環境因素也有，自我認同不夠。（2005）」

「認同感不夠，學習動力不夠。（2005）」

(2)客家人在家中不講客家話，是對母語傳承最致命的打擊：

「那就是每個家庭都要講客家話，從父母到子女都講客家話，往

下紮根，從小就學，自然而然就會講，用不著怎麼學，就這樣。（2004）」

「這客家話，就如同小孩讀書一樣，要較常講；在家時，跟小孩講也用客家話，一定要用客家話來對談；至於到學校就算學國語也沒什麼影響，畢竟客家是母語，也不會有太大的影響。（2004）」

「因為學校都說國語，在家中跟她說客家話，但她回答國語，我也沒要求她必需說客家話。（2005）」

「客家話要捲舌，發音發不上去，小孩就不想學。（2005）」

「在家時間短，且父母較常與他說國語。（2005）」

「日常生活皆以普通話對談，且家長在教小孩功課以普通話較容易溝通。（2005）」

「因為以前全家都說客家話，但因為第二代是接受國語教育，對於第三代是否說客家話也不重要，因為第二代父母未堅持一定要教。（2005）」

(3) 其他族群對客家人和客家話的刻板印象或不熟悉，容易貶抑客家人的認同和信心：

「我自認為我是客家人，所以一般我出門在外，到別的村莊玩，我都以客家話與人交談；或許我年幼在家，跟家人都講客家話，至今有些人看到我，都覺得我怪怪的。（2004）」

「講客家話時覺得很怪，怕被別人笑，都不想說了。（2005）」

「像一些家長真的可能比較吸收新的，多一個語言多一個優勢，我們剛開始在推很多家長也會罵，罵英文老師不教英文教什麼客家話，我們就會滿溫和堅定的告訴他，其實英文只是一種語言，那家長慢慢也會接受。（2007）」

（4）腔調不同造成溝通上的障礙及推動母語合一的難度：

「客家話腔調的統一，好像不太可能，因為每個人都有他習慣性
的腔調，像屏東人講（ㄋㄠˋ），我們講好（ㄐㄧㄤˋ）。（意指
美之意）（2004）」

「統一的腔調～我看目前還是不可能，因為客家人大家在一塊的
機率很少，除非有那些活動等，才會有可能在一塊。要不然都是
你做你的，我做我的，你不管我，我不管你，所以希望多辦些活
動，聚在一塊，大家才有機會講話，溝通，做個交流。（2004）」

「語言腔調的不同，是因地制宜，各有地方特色，雖在溝通上或
許會有些不便，多做解說不難了解彼此之意思，不可因腔調之不
同而作整合，而抹殺地方特色。（2004）」

「口音不同，習慣媽媽的口音，聽不懂阿公的口音，就很少講。
（2005）」

(5) 職場和居住環境的語言習慣對於自己在家中的母語態度及母語選
擇，往往有間接的排擠效應：

「以現在來講，一般都講國語，若是回娘家或到朋友家玩，碰到
一些跟我講客家話的，我就會跟他們說客家話，這樣也會進步，
連我的小孩聽久了也會講，至於到外地工作的話，那就不一定
了。（2004）」

「我一向做生意，若客人講福佬我就講福佬，講國語我就講國語，
客家我就講客家，我幾乎都會講，增進能力來講，沒什麼感覺。
（2004）」

「本鄉住民多說閩南話，所以使用客家話的機會絕少。（2004）」
「本鄉使用閩南話及國語為多，可說都被同化了。（2004）」
「只有在作生意時，面對少數講客家話的客人，才有講客家話的
機會。（2004）」
「人會隨著環境而改變，在閩南聚落居住，自然會融入閩南生活。
（2004）」

「因為都居住在閩南聚落，所以沒有學習客家話的機會，也沒有學習客家話的急迫性。（2004）」

「週遭環境幾乎都用國語，電視傳媒也皆用國語，使孩童沒有學習客家話的動機與環境。（2005）」

「媽媽都是跟他用國語交談，且他在學校時間較長與同學交談都習慣用國語，客家話不常說，所以說得不流利。（2005）」

「自己沒有常說客家話且學校同學也沒什麼人用客家話交談。（2005）」

「現在時代在變，不會說客家話，在客家庄也不會被排斥，年輕一輩的客家民眾大多已不會說客家話，因為國語已是流行的趨勢，沒辦法。（2005）」

「以前是農業社會，客家庄的環境，自然就會客家話，現在是工商社會族群多元化皆用國語。（2005）」

(6)客家和其他族群通婚後，語言機會明顯減少：

「因我的先生不是客家人，而且我沒有外出工作，在家中沒有機會講客家話，除了回娘家有講外，直覺上客家話些許的退步。（2004）」

「除了回到客家庄，有機會講聽客家話外，以我的家庭生活環境，少有機會講客家話，因此客家話或許多少退步。（2004）」

「很久沒說客家話了，可說不會說了；聽，也不太聽得懂。因為我們都是講福佬話，我先生是福佬人。孩子，也聽不懂客家話。（2004）」

「目前仍不會說客家話，聽，一點點；因為同是客家人的夫家，上下都使用台語。（2004）」

「會講客家話的長輩已不在，下一代完全不懂客家話，太太則是閩南人，所以目前在家中以無使用客家話的機會。（2004）」

「爸爸是閩南人不會說客家話，且媽媽也沒刻意去教他客家話，

他自然就不會客家話。（2005）」

「族群式微，現多是族群通婚，客家人本來就少，再與閩南人或外省人通婚，而這樣的家庭也多不以客家話溝通。（2005）」

(7)學校客家話教學與升學主義抵觸，執行上困難重重：

「我們當初有調查你要學哪一個課程，就是說尊重孩子，當然孩子這個鄉土語調查的時候，那孩子會照父母親來做參考，所以家長基本上會依照孩子的升學考量來做。（2007）」

「現在國中畢竟鄉土語言是選修，像我們這邊是鄉土小鎮，升學壓力真的很大，我們學校升學率不是那麼的高，可是我們推的實際上鄉土語言推的不錯，可是感覺就是學生沒有回流。（2007）」

「國中的部分比較麻煩，國中他們是選修，那他可以不選，那國中可能就需要有誘因。（2007）」

「畢竟國中還是要面臨升學壓力，所以推的方面就是在家長有些疑慮，不過我們還是要照著做。（2007）」

「有些的學校真的是很混，私人學校的還是比較認真在推廣，我是對各位抱歉一下，私人的跟公立的真的差很多！有些公立學校是為了要交差了事。（2007）」

「有家長、老師會反應，可不可以有層級的分，就是有點分級，有些小朋友已經有程度了可不可以一班、有些小朋友剛學，可不可以一班。但是存在的問題是我認為客家話的老師不夠，特別是客家話支援教學的老師，我認為是不足的。（2007）」

「其實要各方面的配合，學校的行政、老師的意願；老師的意願其實很重要，像我本身是客家人，但也有的不願意來教。（2007）」

「大部分客家話支援老師，他們受限於年紀的關係，所以他們對於多媒體教學會恐懼、不熟悉，他們大部分自編教材或使用客委會給我們的紙本來教學，其實這個真的都沒有多媒體精采。（2007）」

伍、逆沈默螺旋的傳播途徑

當沈默螺旋效應在台灣的語言社會中發酵時，對於弱勢語言愈發不利。在台灣，二語多言的社會逐漸成形，國語挾其半個世紀的政治力影響，已毫無疑問成為最多不同族群的人能說聽之最大公約數，而閩南話也在近年來的政治氛圍和大眾媒體的推波助瀾下逐漸復甦，其它包括客家話和原住民話等語言，不但無法跨越族群，且在自己族群中亦漸漸流失。

欲使客家話不在螺旋中沈默消失，必須要有改變這種循環模式的逆向力量介入，使弱勢語言不會因人們感知其為弱勢而更形弱勢。

針對古典的沈默螺旋理論中強者恆強弱者恆弱的民意形成，亦有學者並不認同。他們認為參考團體（reference group）對於一個人的認知、態度和行為具有重大的影響力（Salmon&Kline, 1985；Glynn & McLeod, 1984）。在語言態度和語言選擇上，人們可能更會受到周遭朋友的言語使用之影響，因此參考團體的影響應更甚於對一般社會大眾使用語言之感知。影響力重大的媒體，特別是對語言氣候塑造有直接影響的電視，是否也提供了一個相當於參考團體的語言氣候座標？又害怕被孤立的從眾心態是否一定是放諸四海而皆準的人之常情？不同的人對於輿論或語言氣候是否會有不同反應？這些都是欲解構沈默螺旋將客家話的傳承帶離弱者恆弱困境的重要因素。

筆者於 2004 年參與一項行政院客委會與客家電視共同合作的研究計劃[6]，係針對客家人在什麼場合中，什麼樣的情境下會使用客家話進行了隨機抽樣的電話訪問調查。

在一般公共場合當中，喝喜酒的酒席是一個具有特殊風俗文化的場域；一般來說，參加酒席的人多為主人的親朋好友，彼此之間縱不熟識，往往交談之下，常會意外發現若干同鄉、遠親或好友間的共同交集。這個場合的組成份子，彼此間的關係常介於親友和陌生人之間，於傳播學上之定位，類似第三人效果（third person effect）中的內團體（in group）或社會學當中所謂的參考團體（reference group）。以這個場域測試一般客家人除了在家中有較高說客家話的機率之外，於一個較接近內團體的公共場合中，其語言選擇受到哪些因素之影響，有助於瞭解人與外界互動形成的語言選擇機制。

表 3-1：影響客家民眾和酒席鄰座陌生人說客家話機率之因素

	原始係數		標準化係數		
	β	標準誤	Beta	t	Sig
性別	-6.56	2.18	-0.13	-3.01	0.01
年齡	0.57	0.07	0.36	8.36	0.01
教育	-3.18	0.96	-0.16	-3.32	0.01
收入	-0.15	0.81	-0.01	-0.18	0.86
$R^2change = 0.19$；$Sig = 0.01$					
客家話聽能力	-0.29	0.67	-0.03	-0.43	0.67
客家話說能力	2.73	0.60	0.39	4.58	0.01
$R^2change = 0.08$；$Sig = 0.01$					
收看客家新聞	0.23	0.06	0.18	4.17	0.01
看客家連續劇	-0.04	0.04	-0.04	-0.93	0.36
收看客家綜藝	0.12	0.06	0.11	2.18	0.03
$R^2change = 0.05$；$Sig = 0.01$					
家人說客話機會	0.12	0.03	0.16	3.42	0.01
朋友說客話機會	0.50	0.05	0.53	10.99	0.01
$R^2change = 0.23$；$Sig = 0.01$					
客家人比例認知	0.15	0.07	0.07	2.02	0.04
客話佳比例認知	-0.03	0.04	-0.02	-0.67	0.51
$R^2change = 0.01$；$Sig = 0.11$					

　　表 3-1 係一般客家人在酒席中和鄰座陌生人聊天，主動開口說客家話的因素有哪些？多元迴歸統計分析結果顯示，男生比女生（ β =-6.56，

p＜0.01）明顯地會主動以客家話與鄰座陌生人攀談，年齡愈大者
（β=0.57，p<0.01），教育程度愈低者（β=-3.18，p<0.01）愈常主動以
客家話和鄰座陌生人攀談。

在酒席間會不會主動開口說客家話和一個人的客家話說得好不好
有顯著的關聯（β=2.73，p<0.01），和聽力則毫不相關（β=-0.29，
p=0.67）。

Gerbner，Gross，Morgan & Signorielli（1980）觀察到七Ｏ年
代美國人深受電視文化影響，認為電視的內容會產生一種「涵化作用
（cultivation）」，傳遞並影響閱聽眾產生共同的世界觀和價值觀。這個
理論是否及於一個人的語言選擇和判斷呢？亦即愈常看客家電視者，其
電視所建構的世界充滿客家話環境，是否會使其對外在世界之客家話普
及程度有比較多的想像與期待，正如 Signorielli（1990）的研究發現愈常
看電視的人，易將電視中的暴力情節投射到對真實世界的感知中，因而
愈會認為治安愈差一般。表 3-1 顯示，愈常看客家電視新聞的客家人，
的確明顯地比較會主動以客家話和酒席中鄰座的陌生人攀談（β=0.23，
p<0.01），常看客家電視綜藝節目者亦復如此（β=0.12，p<0.05）。從表
中之標準化係數得知，收看客家新聞與主動以客家話攀談間的關聯性大
於收看客家綜藝的影響力，收看客家連續劇則不具有關聯性。

一般客家人和家人及朋友間是否常以客家話交談，成為影響其是否
會主動以客家話和鄰座陌生人攀談的重要因素。表 3-1 顯示，平常和家
人說客家話的機會愈多，愈可能主動和陌生人開口說客家話（β=0.12，
p<0.01）。朋友同儕間的互動關係，是介於家庭和一般公共領域間的中介
情境，一個客家人若常與朋友以客家話溝通，表示其與客家朋友互動頻
繁，對照於第二章中表 2-11 之調查資料顯示，僅有 38.9% 的客家人比較
習慣與客家人在一起做朋友，常與朋友以客家話交談的客家人屬於客家
認同較高的一群人，迴歸分析的結果證實了愈常和周遭朋友說客家話的
客家人，其在酒席中以客家話與鄰座陌生人攀談的機率愈高，且這兩者
間呈非常顯著的正相關（β=0.50，p<0.01）。從標準化係數 Beta 得知，

和朋友說客家話的頻率比和家人說客家話的頻率具有更顯著預測與陌生人說客家話的機率。

　　語言氣候的感知會影響一個人對該語言是否主流、是否普及，以及是否易被接受的臆測，而這種臆測會影響其語言選擇，誠如沈默螺旋理論所述人會依據所感知的意見氣候決定是否要公開表達其意見一般。因此，一個客家人愈感受到其孤立於其他語言文化中，愈不會想開口說母語，因為其對語言環境的感知會本能地促使他說比較主流的那個語言；相反地，若他認為周遭的人都和他一樣能熟練的使用母語，則他自然地選擇說母語的機率就會大增。表 3-1 的結果顯示，這樣的研究假設僅成立了一部份，多元迴歸的數據說明一般客家人對台灣目前客家人口所佔比例之感知，會影響其在酒席場合中主動開口說客家話之機率，而對於客家話說聽都很流利的人口比例之感知之間則毫無關聯性。研究結果顯示，認為客家人口比例愈高的客家人，其主動開口和酒席鄰座陌生人說客家話的機率愈高（β=0.15，p<0.05）。

　　由這項研究的結果可以清楚看出，一般客家人在介於家庭和社會間的中介場域，如具有宗親成份的社交場合中，幾種可能反映語言氣候的參考團體將影響其說客家話的動機：(1) 客家電視 (2) 家人與朋友 (3) 客家人口。客家電視的新聞與綜藝節目中的世界，可能涵化閱聽眾對語言環境的感知，家人與朋友所塑造的客家話環境亦為衡度語言氣候的參考團體，對於客家人口所佔的比例反應了對客家話普及程度的臆測。這些都是螺旋是否沈默的關鍵因素。

　　因此，塑造一個兼具族群活力與語言活力的公眾形象，強化客家電視語言文化傳播之功能、健全學校和社團中客家文化和語言之復興功能，以及透過各種行銷活動置入社會大眾對客家之正面意象，將有助於力阻弱勢語言沈默螺旋之形成。

　　威爾斯為了振興母語教育，推動了一項全面結合家庭教育、學校教育、社區教育和媒體教育的母語推廣計劃（張復聚，2004）。將此計劃應用到全面推動客家語言和文化的執行層面上，特別是以新竹、苗栗縣等

廣義定義之客家人口佔四分之三以上之縣份及新竹縣北埔鄉、峨嵋鄉、橫山鄉，苗栗縣獅潭鄉、銅鑼鄉、公館鄉、三灣鄉及高雄縣美濃鎮等具有單一認定客家人口九成以上之鄉鎮，應為全面推動客家語言及文化的極佳場域，且為保存客家庄語言和文化，鞏固客家參考團體之有效措施：

(1)於婦女懷孕時寄發手冊、錄影帶等文宣品，提醒為人父母者，傳承母語的重要性，並激發其使命感。

(2)於鄰里或鄉鎮活動中心闢專屬空間，並有母語教師專責輔導學齡前的小孩參加客家語言文化教學活動，以活潑的課程及教法，鼓勵孩童唱客家童謠、畫圖、製作布偶、講故事、舞蹈等。

(3)成立成年人的俱樂部，提供瑜珈、土風舞、山歌、法律服務等純客家話社交活動。

(4)成立少年俱樂部，提供客家話課後輔導、團康活動等教學。

(5)和小學合作提供安親服務，提供下課後孩童遊戲、做作業之環境。

(6)舉辦各式各樣以客家話為主題的卡拉 OK 、搖滾演唱會、益智問答、趣味競賽、文學作品朗誦比賽等中大型活動。

(7)節慶一律以客家話舉辦活動，如公開演講、大型演奏（唱）會、晚會，廣邀其他族裔朋友參加，所有活動都有專人同步即時口譯成國語（或閩南話）。

(8)於假日舉辦各式小型工作坊以客家話教授舞蹈、插花、攝影、書法、街舞等文康活動。

(9)成立客家歌唱戲劇表演工作坊，訓練青少年及適合從事表演工作之人才，以進軍客家電視為目標。

(10)廣邀客籍知名藝人，如小鍾、芭比等到學校用母語演講，讓孩童產生粉絲模仿效應。

(11)舉辦以客家話為主，客家文化為題材的跨族群或跨鄉鎮的聯誼康樂競賽。

(12)比照威爾斯的「協助兒童計劃（children in need project）」，提供

　　　需要特殊教育或經濟困難的兒童特殊教育、急難救助及休閒社交
　　　之機會。

⒀在商業場所提倡說母語運動，以縣（鄉鎮）政府認證的標誌廣發
　　　至說母語的營業場所，並製作導覽宣傳商業手冊，予以廣為行
　　　銷，鼓勵商業活動廣用客家話。

⒁於社會團體、志工服務社團，推廣並提供免費客家話教學，使社
　　　會服務體系能使用客家話。

⒂培養即時翻譯人才，添購即時同步口譯器材，使得公共場合中得
　　　以不必遷就強勢語言，亦不會造成溝通障礙。

⒃欲擺脫客家話和客家戲曲音樂是上一代或守舊文化的刻板印象，
　　　應多舉辦以青少年為主的客家搖滾演唱會、電影、音樂會等。

⒄開設類似社區大學提供的課程，並給予政府認證結業證書，課程
　　　包括以客家話上課的文史、電腦、烹飪、攝影、有氧舞蹈、插
　　　花、防身術等。

⒅比照威爾斯語言法規定公部門均要擬訂語言服務計劃一般，要求
　　　縣（鄉鎮）轄公務部門必須以說客家話為主。倘若冾公者不會聽
　　　客家話，才說其他語言，並且參照威爾斯國家認證中心規定六大
　　　行業—商業管理、托育、休閒娛樂、外燴、顧客服務以及護理必
　　　須通過客家話認證。

⒆結合地方文史藝術工作者，製作客家話錄影帶，提供學校、地方
　　　組織及社區有關地方觀光、資源、娛樂、服務之相關資訊。

⒇設立客家文化資訊中心提供當地客家文化與客家話教學之資源，
　　　例如，山客班教唱、客家文化導覽、客家史籍文物等。

　　　語言是一種社會行動（social action），也是社會文化的實踐行為
（Schieffelin, 1990）；它不唯獨是一個表達和溝通的工具，更是用來
建構社會事實（social reality）的重要工具與媒介（Hill & Mannheim,
1992）。因此，客家話的失傳可以被視為是世界上面臨滅絕的 5000 種語

言中的一種，也可以只是在台灣面臨轉移和死亡的眾語言之一，實則它亦是一種族群的社會行動力的消失，真正令人感到憂心的是客家作為一個族群，它失去了建構社會事實的重要媒介與工具，面臨任憑其他族群或文化主導詮釋權，以其認知和方法詮釋或者不詮釋「客家」。一個必須嚴肅面對的意義是：一個將近一千年的族群文化承載的工具就將如此消失，豈非人類文明史上之一大憾事！

注釋

1　維基百科。
　　http://zh.wikipedia.org/w/index.php?title=%E5%A4%9A%E8%AA%9E&variant=zh-tw（上網日期 2009/2/9）

2　2005 年樣本數為 4,231；2006 年樣本數為 5,874；2007 年樣本數為 5,073。

3　圖 3-2 至圖 3-7 係依據行政院客家委員會委託研究調查報告 94 年、95 年度及 96 年度「台灣客家民眾客語使用狀況調查研究」重新繪製而成。

4　第七屆立委屬客家籍計有 12 名，分別為：林郁方（北市第 5 選區）、廖正井（桃園縣第 2 選區）、吳志揚（桃園縣第 3 選區）、呂學樟（新竹市）、邱鏡淳（新竹縣）、徐耀昌（苗栗縣第 2 選區）、鍾紹和（高雄縣第 1 選區）、傅崐萁（花蓮縣）、鄭金玲（不分區）、趙麗雲（不分區）、劉盛良（不分區）、及邱議瑩（不分區）。客家籍立委占立委總數的 10.62%。

5　個別訪談資料係綜合整理最近四年（93 年度至 96 年度）行政院客家委員會委託研究報告「台灣客家民眾客語使用狀況調查」深度訪談及焦點團體座談之資料，95 年度僅執行量化調查，故略去。

6　這項研究之調查方式採用電腦輔助電話訪談（computer assisted telephone interview, CATI），於民國 2004 年 11 月 25 日至 2004 年 12 月 2 日進行調查，共計八日。調查地區僅限於台灣本島，不及於澎湖及金馬地區；而調查對象以居住在調查地區，年滿十歲以上觀眾，且家中裝設有線電視者。本次調查總共成功訪問了 611 戶客家民眾，成功訪問率為 75%，本次調查是按各縣市十歲及以上人口的比例分配訪問樣本，所以完成之初步樣本居住縣市別分配及性別結構與母體分配無顯著差異，但初步樣本之年齡與母體分配有顯著差異。

第四章

語言使用與收視行為

壹、電視媒體的語言選擇

貳、收視動機與收視調查

參、語言使用習慣與收視率

肆、客家電視的語言政策

伍、數位時代的語言新思維

壹、電視媒體的語言選擇 [1]

　　2003 年 7 月 1 日開播的客家電視，是台灣有史以來第一個以客家話發音的全頻道。由於特殊的文化因素與歷史情境，使得客家電視的特殊性不同於一般的電視頻道。長期以來，政策性地打壓國語以外的各種母語，使得包含客家話在內的其他母語逐漸流失，以致於出現弱勢族群文化認同危機（黃宣範，1991；黃娟，1995；張錦華，1997）。1949 年以來，北京話透過政治力成為唯一被允許於公開場合使用的語言。當國語被政治力定義之後，除了北京話以外的語言，在正式場合中於焉消失；從 1962 年台視的首播開始，語言沒有選擇性，製播國語節目成為一個「前題」，也是一個「常數」。之後的四十年中，閩南話節目一直被當成政策性的點綴功能，播出的時數比例一直不超過百分之十；至於客家話節目，在 1988 年客家人「還我母語運動」大遊行發出怒吼之後的第二年開始，在三台以每天十五分鐘到一小時不等的時間帶狀播出客家話發音的節目；至於原住民語言則完全被忽略。1993 年有線電視合法化後，市場延續著製播慣例仍以國語節目為主，閩南話節目仍然擺脫不了其點綴性的角色；至於客家話節目，直到 2003 年 7 月 1 日客家電視開播之前，也只在公共電視中塊狀的零星呈現。在有線電視加入戰場之後，台灣的電視市場由寡占市場進入形式上的完全競爭市場；雖然三台仍享有無線電視及傳統資源延續的優勢，然而基本上從收視競爭及廣告市場的角度觀之，台灣的電視進入了全新的商業電視時代。

　　商業電視時代來臨並未立即結構性地改變電視的語言文化。在戲劇節目方面，兵家必爭之地的八點檔以國語發聲仍然是三台的唯一選擇，至於透過有線電視系統播出的衛星電視台和無線台，包括三立、八大和民視開始陸續製作低成本的閩南話戲劇節目，這些節目鴨子划水似的經營手法，竟然常常包辦戲劇節目的收視率前三名，直到 2003 年三立的閩南話連續劇「霹靂火」創下台灣有線電視史上第一次突破兩位數收視率的佳績之後，「閩南話」這個元素才被廣為認同為可能影響收視率的一個

變數。至於在新聞與政論性節目中，國語仍是絕對的主流，閩南話發音的相關節目也只有民視一個台播出，直到 2004 年總統大選前，閩南話發音的「台灣心聲」創造了政論節目有史以來的最高收視率，其它各台才開始陸續出現混合國語閩南話雙聲帶的政論性節目。這個現象在國語文化獨霸了五十年的台灣電視文化中，是個異數，更是值得研究的課題。

　　2003 年 7 月 1 日客家電視開播使得台灣電視的語言生態在國、閩、英、日語之外加入了一個新的語言。2005 年 7 月原住民電視台成立，再加入了幾種語言，使得台灣的電視在語言使用上邁入了一個形式上多元化的紀元。

　　原住民電視台除了族語新聞之外，礙於各族語言差異性很難定調之現實，大部分節目仍以國語播出，這種在自己頻道上仍不得不然的語言妥協，亦顯示原住民族語言傳承上比客家存在更大的危機。相較於原住民電視台，客家電視台以客家話發聲的原則仍被堅持不做妥協，每每有些節目礙於來賓不會講客家話而使主持人夾雜其它語言時，總會接到來自觀眾的抗議。身為客家電視督導單位的客家電視諮議委員會更在 2008 年第四次委員會中做成決議：「凡委託播出的政府或公益廣告皆必須是客家話版本，其它語言一概不予播出。」，這樣的信念和堅持來自於：「台灣客家話頻道僅佔總頻道數的百分之一，台灣社會需要一個純客家頻道，讓僅聽得懂客家話的觀眾有知的權利。」。

　　也因此，客家電視台的出現，使近半個世紀台灣電視史中第一次加入了一個新的語言，也使得「語言」這個變項是否會是收視動機之一個因素，成為一個值得探究和在客觀上可以檢驗的題材。

　　在台灣，以客家話為主要語言的人口比例僅佔所有人口的百分之五左右，亦即客家人中只有三分之一以客家話為主要語言。在實體上，客家語言、客家文化、甚至客家人口都在逐漸的模糊化；在情感上，客家認同、族群危機意識、文化傳承使命則在部分客家人心中形成了一種糾結而複雜的意識形態。客家電視正是這些因素衝擊下的產物；也因此，客家電視被賦予必須肩負起客家主體再現、傳承客家文化、滿足鄉親期

望，以及重塑客家形象的多重使命。客家電視台的開播，被視為是「弱勢族群獲得台灣主流社會支持，並建立其呈現集體情感、記憶、意志及文化內涵機制的具體實踐」（巴蘇亞．博伊哲努，2003）。客家電視台有別於一般商業化或者公共頻道之處，在於它扮演著「傳承推廣客家母語，發揚客家文化，凝聚族群共識」的獨特角色（陳清河與林佩君，2004）。

媒介使用與滿足的相關理論中，對於閱聽眾使用媒體的動機和回饋已有成篇累牘的探討，然而對於特殊族群媒體的使用模式卻鮮少著墨。找尋代表族群標記中重要的族群意識在媒體使用中所扮演的角色，特別是探索什麼因素會讓觀眾在現有已目不暇給的七十幾個頻道中，選擇規模、內容均不及主流頻道的客家電視？屬於客家人壓抑多時的客家意識如何影響他們對重振客家語言文化的期望？語言的熟稔度、學習客家話的意願，以及對文化復興的期望又如何相互影響？這些客家元素如何互動產生觀眾對客家電視的認同？而單獨聚焦於語言這個要素，客家話的危機意識和客家話普及率低的現實之間，又有什麼樣的互動影響？是值得研究卻付之闕如的議題。

貳、收視動機與收視調查

一、收視動機與行為

收視動機與行為的研究橫跨了傳播學、社會心理學及認知心理學。使用與滿足理論的發展從由閱聽人主動尋求訊息以滿足需求的古典論述（Lin, 1993; Katz, Blumler & Gurevitch, 1974; Hawkins & Pingree, 1986），到晚近發展以滿足追求（gratifications sought）和滿足獲得（gratifications obtained）互動回饋機制為研究重心（Lin, 1993；Palmgreen, Wenner & Rosengren, 1985; Wenner, 1986）。滿足追求不再單純的被解釋為選擇媒體的唯一機制，進而強調滿足追求會與滿足

獲得互相影響形成一個回饋機制，兩者的互動關係影響了媒體的使用（Palmgreen et al., 1985）。這些研究從情感釋放（McQuail, Blumler & Brown, 1972）、現實探索（Katz, Blumler & Gurevitch, 1973）、社會整合價值（Katz et al., 1973; Palmgreen & Rayburn, 1985）及社會補償（Finn & Gorr, 1988;；Weaver III, 2003）等面向解釋觀眾的媒體選擇動機。

　　電視收視行為的研究還包括了結構性因素及非結構性因素的分析。結構性因素包含了內容的可得性（Barret, 1999）、頻道間的競爭互斥關係（Barret, 1999; Barwise, 1986; Webster & Lichty, 1991），以及相鄰節目共同擁有的觀眾群（Barwise, 1986; Cooper, 1996; Webster, 1985；Webster & Phalen, 1997; Webster & Wang, 1992）；非結構因素的研究則發現觀眾的習慣性（Abelman & Atkin, 2000; Barret, 1999; Rosenstein & Grant, 1997; Webster & Wang, 1992）、需要、喜好等心理狀態（Rosengren, Wenner & Palmgreen, 1985; Zillmann & Bryant, 1985），以及對頻道、電視網或特別種類的節目之特殊忠誠度（Wakshlag, Agostino, Terry, Driscoll & Ramsey, 1983）。從收視慣性的角度觀之，閱聽人亦可以區分為內容導向的閱聽人及時段慣性的閱聽人（Zubayr, 1999）；從收視動機區分，則有頻道歸屬感低且動機多元的儀式化觀眾（ritualized viewers）以及對頻道或電視網高忠誠度的工具型觀眾（instrumental viewers）（Abelman & Atkin, 1997）。研究發現超過四十歲的人較傾向儀式化的收視行為，且在美國、德國和英國所做的研究皆發現年長的人及女性看較多的電視（Zubayr, 1999）。

　　McQuail et al.（1972）將閱聽人的動機區分為 (1) 藉以遠離日常瑣務，尋求情感釋放的轉化型（diversion），(2) 尋求社交話題或取代人際傳播的社交型（personal relationship），(3) 尋求價值的強化（value reinforcement）、自我認識（self-understanding）、及探索現實（reality exploration）的信念型（personal identity or individual psychology），以及 (4) 尋求可以影響閱聽人的資訊或協助其達成某項任務的守望型（surveillance）四大類。Katz，Gurevitch & Haas（1973）進一步將閱聽

人動機分為獲取資訊和知識的認知需求（cognitive needs），包含情緒、娛樂、美學上的情感需求（affective needs），強化信心、地位、穩定度的自我整合需求（personal integrative needs），強化和朋友、家人聯繫的社會整合需求（social integrative needs），以及逃離現實和多樣釋放的壓力釋放需求（tension release needs）。

使用與滿足理論（user and gratifications）的相關研究結果指出，人們使用媒體不是為了媒體所載播的內容（如資訊或娛樂），就是為了使用媒體過程的經驗（如嘗試使用科技或是瀏覽），這兩個面向分別被稱為內容滿足與過程滿足（Cutler & Danowski, 1980; Stafford & Stafford, 1996）。內容滿足著眼於媒體所負載的訊息，而過程滿足則著眼於真正的媒體使用本身（Cutler & Danowski, 1980）。此外，相關研究強調了個人動機如何影響從新聞媒體中學習的重要性。最常見的新聞媒體使用動機，被稱為守望（surveillance）（e.g., Becker, 1979; McLeod & Becker, 1981）。研究顯示把守望當作收看新聞動機的觀眾比起因為其它原因（如消遣、娛樂、打發時間等）收看新聞的人從中學習到更多（Gantz, 1978; McLeod & McDonald, 1985; Neuman, 1976; Perse, 1990）。

Finn & Gorr（1988）認為電視收視動機分為社會補償動機（social-comepensation）及心情管理動機（mood-management）兩大類，其中社會補償動機較高者，傾向於從收視的電視內容中，找尋可以彌補心中失落或缺乏的遺憾。後續的研究進一步發現，害羞、孤立、缺乏社會支持的人之電視收視行為，傾向於社會補償動機（Finn & Gorr, 1988; Weaver III, 2003）。Palmgreen & Rayburn（1985）認為期望、信念、及價值會影響滿足追求，且相對地影響媒體的選用；而使用媒體之後的回饋會強化或改變閱聽人的滿足認知。Katz, Blumler & Gurevitch（1974）強調人類來自於社會的以及心理的基本需求會產生對媒體的期望，因而產生不同型態的媒體使用行為，藉此獲得滿足，閱聽人在媒體使用的過程會透過比較滿足的程度而在眾多競爭者中選擇需要的頻道和內容。

沈文英（2001）以線性結構模式（structural equation modeling）分

析空中大學學生使用媒體的動機，發現學習動機影響媒體使用，媒體使用則影響學習動機的滿足與否。這項研究發現學習動機影響媒體使用最顯著的兩項途徑是由 (1) 提昇自我、興趣等學習動機影響到情意、認知、條件、及儀式等媒體使用動機，以及 (2) 透過學習動機影響到情意及認知取向之媒體使用動機及使用程度。這項研究進一步指出，當學習動機為決定媒體使用動機的先決變項時，媒體使用動機同時扮演收視取向的角色，既是滿足學習動機的結果，又是媒體使用程度的前因，並且和學習動機之滿足獲得互為因果關係。

　　Wakshlag，Agostino，Terry，Driscoll & Ramsey（1983）發現觀眾對於頻道、電視網或特別種類的節目如新聞節目有忠誠度和習慣性，即使頻道所附屬的電台轉換，他們仍持續收看轉換前所看的頻道。相關的研究亦發現工具性的觀眾在電視使用上具有高度電視網傾向（network-oriented），他們的選台行為是跟著電視網走的（Abelman & Atkin, 1997）；這些現象反映在某些電台成功塑造電台的形象並且建立起社群觀眾對它的倚賴性，這種電台和跟其新聞特性與地方節目一起成長的觀眾容易建立起超越歸屬變遷（affiliation change）的連結（Barret, 1999）。

　　然而遙控選台器的誕生，使得觀眾收看電視的行為變得隨性和無常。它的複雜程度和不可預測性，往往超越了古典傳播理論的論述。遙控選台器使得觀眾的收視行為漸趨以下特性：(1) 時段收視性：即觀眾往往會在固定作息中的某段時間收看電視，不斷變換頻道之際並不確定自己想看什麼（Aviva & August, 1997）；(2) 不特定內容性：在迅速轉台之際尋求娛樂及消磨時間的動機遠超過對特定內容之興趣（Robin, 1993）；(3) 頻道區塊習慣性：由於在快速選台中，前後頻道轉台比輸入特定頻道來得容易，因此收視習慣容易固定於特定的頻道區塊間。

二、電視收視率研究方法

　　收視率調查是電視人的最愛與最痛。它提供了廣告購買前幾乎是唯一的參考數據，卻往往因為數據不合邏輯或不符合期望而被嗤之以鼻。

　　當它的數據足以讓製作團隊切蛋糕慶祝時，它被奉為圭臬；當它的數據不符合期待時，它又成了眾矢之的。對於觀眾而言，只在乎節目好不好看，並不太在乎其他人看不看，但是一旦抱怨媒體不公或羶色腥時，收視率又成了全民公敵。它不得不然的不透明性及市場上的獨占性，使得它又像國王的新衣一般，讓人想戳穿卻又投鼠忌器。

　　台灣最早期的收視率調查公司是潤利和紅木。潤利公司成立於 1977年，從 1981 年開始提供電視收視率調查，調查方式是以電話調查法針對大台北地區家庭為調查對象。紅木公司則於 1983 年成立，其收視率調查先後採取三種方式：電話調查、留置日記法、個人收視記錄器調查。其中，電話調查是以家庭為調查對象，留置日記調查法和個人收視記錄器調查則是以個人為調查對象。隨後聯亞公司（SRT）引進個人收視記錄器，採用了較為準確的調查方法，1982 年 AC Nielsen 在台灣成立分公司並併購聯亞。1993 年 AC Nielsen 引進個人收視記錄器（people meter）調查法，以裝在電視機上的儀器蒐集樣本戶每分鐘的收視率數字，將收視率調查方法帶入了一個新的紀元。2001 年 1 月和日商合資的廣電人市場研究股份有限公司成立，加入收視率調查的戰場，以個人收視記錄器調查法及較精準的抽樣方法提供收視率數據，自此打破了以收視記錄器測量收視率的獨占市場；然廣電人不敵市場壟斷已久的現實下，於 2005年的 4 月因不堪虧損結束營業；台灣電視收視率調查又回到 Nielsen一家獨大的局面（梁世武、郭魯萍，2000；江文軍，2008；鄭明椿，2003）。

　　相較於 Nielsen，廣電人因為後加入市場，其調查抽樣方法較為精進，調查機制也較為公開透明。調查方法係以 TT-Rating 收視檢索軟體，「固定樣本戶、安裝儀器、自動傳送資料」的方式，由安裝於樣本家戶之 People Meter（廣電人稱之 Win Win Meter System）所回傳的資料於伺服器中進行統計分析。其樣本建置和調查作業可分為以下幾個方面來說明：

（一）操作性定義

以行政院主計處的戶口普查區清冊為抽樣架構，抽樣範圍僅限於台灣本島，金門、馬祖、澎湖、蘭嶼、琉球及綠島等離島地區皆不列入，共包含台灣 20 個縣市及 2 個院轄市，總計 350 個鄉鎮市區。排除軍事單位、醫療院所、學校、職訓中心、宿舍、監獄、工寮、旅館、寺廟、船舶、社福機構、矯正機關等特殊共同生活戶。此外，為避免影響資料的公正性，樣本的親朋中如有從事與電視收視率調查相關的行業者，如廣告公司、電視公司、調查公司、媒體工作等亦不列入調查範圍。調查對象為所有四歲以上的常住人口。常住人口定義為一星期之中平均至少要居住四個晚上以上，且一年內必須住滿半年，不可以連續三個月不在。蒐集收視資料之電視機指家戶成員用來收看電視節目者，不包括營業用、汽車用、和攜帶式電視機。

（二）抽樣方法

廣電人電視收視率調查的樣本戶數於 2001 年時為 1,200 戶，抽樣方法採用系統抽樣法（systematic sampling）之等距抽樣方式，以行政院主計處 2000 年戶口普查所建立的台灣地區戶口普查區為抽樣架構，首先將本島二十二個縣市依地理位置排序，然後在各縣市之內依其鄉鎮市區普查區教育指標排序，每一鄉鎮市區再依其村里普查區之行政編號排序，在全台灣地區排序工作完成後，以 2000 年戶口普查總戶數除以預定抽出樣本戶數（6,711,600/1,200=5,593）得出全島抽出間隔為 5,593 戶，自 1 至 5,593 以隨機方式抽出一個亂數 R，也就是排序第 R 戶中選，其後每間隔 5,593 戶的戶中選，一直到第 1,200 戶中選為止。由於樣本戶建置作業需要取得中選樣本的同意，而事實上不可能所有的原始中選戶都會同意裝機，所以抽樣工作的標準作業程序是原始中選戶及其後連續 19 戶都是樣本建置員說服之對象，在原始中選戶說服工作確定失敗之後，樣本建置系統會自其餘 19 戶之中逐一以統計卡方檢定程序，排定說服工作優先次序建立樣本。

（三）樣本輪換

固定樣本、按裝機器、長期觀察是維持樣本品質的三原則，因為樣本勢必會面臨疲乏、僵化、無法反映時代變遷等問題，因此樣本的建置規劃採用輪換機制，每年輪換三分之一亦即 400 個樣本戶，具體作業流程則是每個月輪換 33 到 34 個樣本戶。

（四）抽樣誤差的估算

抽樣誤差的估計採用獨立隨機分組（independent random groups）的方法，以兩組獨立的半樣本（half-samples）進行估計，具體的作法則是以相同的抽樣程序獨立抽出一組樣本數為 600 戶的半樣本，稱為 A 組樣本，另一半的樣本戶則為 B 組樣本，然後針對所有的調查變項分別計算各組半樣本的統計值（收視率）與兩組統計值的變異數，以此來估算每一項收視率調查數據的抽樣誤差。由於計算的項目非常多，通常都以平均的設計效果（design effect），亦即本抽樣設計下統計值的變異數除以簡單隨機抽樣設計下統計值的變異數來表示。以兩組獨立半樣本來估算抽樣誤差除了提供收視率調查數據的可靠度佐證之外，同時也可以做為資料蒐集流程的品質管制機制。

（五）收視率計算方式

收視率的定義為在樣本中收看某個或某些節目的人，佔全部可能收看那些節目的人之百分比。計算幾種主要收視率的方法如下：

1、收視率（TV rating）

於特定時段中，收看電視的人口比例（樣本中在看某節目的人除以樣本數），也就是某一特定時段的平均收視率。其計算方式為每分鐘收視率合計後，除以其總分鐘數而得之。

2、每分鐘收視率

每分鐘收視率為此方法蒐集到收視率數據的最小單位。

3、節目平均收視率

節目平均收視率等於播出時間內每分鐘收視率總和除以播出總分鐘數。

4、收視推估千人數（TVR'000）

為 TV rating 推估千人數（Potential（'000）），表示在某時段中收看電視的平均個人數。TVR'000=TVR*21256 千人。

參、語言使用習慣與收視率 [2]

筆者以 2004 年上半年做為調查分析台灣觀眾語言使用習慣與收視率的時間點，具有幾項特殊意義：

(1) 這個時間點為客家電視開播後的半年至一年之間，對於客家話節目收視觀眾的穩定性測量相對為較合宜的時間；因為半年至一年時間對於開播看熱鬧的觀眾而言新鮮度已不再，對於較認真收視具有一定頻道黏著度的觀眾而言忠誠度亦未消退之際，是觀察語言效應的理想情境。

(2) 這段時間在新聞方面，市場上同時有國、閩、客、英四種語言供應，戲劇節目則是國語劇、本土劇、客家劇、中國大陸劇和外語劇百花齊放的戰國時代，以語言差異為觀察之變數，此其時也。

(3) 2004 年上半年是第一次政黨輪替的第一階段結束，到第二階段開始的時期，本土意識高漲，台灣社會有比較公平競爭的語言市場，是觀察語言對收視率影響的較理想時空。

以語言的角度分析國內所有新聞節目如表 4-1。在 2004 年一至六月間，各語言的播出時間分配極不平均，國語新聞佔所有新聞節目的 94.9％，壓縮了其它語言的播出時間，其它語言總播出時間只佔了 5.1％，客家新聞佔 2.75％居次，閩南話新聞佔 1.98％，英語新聞佔 0.34％。以新聞節目表現觀察，這半年來閩南話新聞的每日平均收視率（0.66％）高於國語（0.41％）。若以語言收視報酬率（收視率佔有率除

以播出佔有率之值）觀之，閩南話新聞的收視報酬率高達國語新聞的 77
倍（27.78 比 0.36）。客家話新聞的每日平均收視率僅 0.07%，然相較之
下，其收視報酬率為 2.12，是國語新聞的 6 倍；英語新聞收視率 0.06%，
但其總共播出時間少，其收視報酬率僅次於閩南話新聞，為 15.63。

表 4-1：2004 年 1-6 月份全頻道新聞節目分析 [3]

	國語新聞	閩話新聞	客家新聞	英語新聞
總播出（分）	1684976	35188	48791	5655
播出佔有率	94.9%	1.98%	2.75%	0.34%
日平均 TVR	0.41%	0.66%	0.07%	0.06%
TVR 佔有率	34.17%	55%	5.83%	5%
收視報酬率	0.36	27.78	2.12	15.63

註：總播出（分）＝各語言新聞節目六個月內總播出分鐘數
　　播出佔有率（%）＝各語言新聞播出時間／全頻道各種語言新聞播出總時間
　　日平均 TVR（日平均收視率）＝一至六月之平均每日 TVR（收視率），單位為 %
　　TVR 佔有率 (%)＝一至六月某種語言新聞之平均每日 TVR／一至六月四種語言新聞之
　　平均 TVR 總和
　　收視報酬率＝效益／成本＝TVR 佔有率／播出佔有率

　　再從各月的每日平均收視率比較，表 4-2 顯示，閩南話新聞在每個
月中的平均收視皆為第一，平均每分鐘收視千人數也最高，值得注意的
是在一、二月國閩南話新聞的收視差距達 0.43% 及 0.41%，三到六月則
在 0.16%-0.19% 之間；閩南話新聞在一、二月的每分鐘收視千人數高達
93.4 及 91.7，三月以後降至 55.2 至 77.5 千人之間，此一現象可能之原
因在於選舉因素，選前兩個月選擇收看閩南話新聞的人數大幅增加，究
竟是國內國語新聞和閩南話新聞在政治立場上的迥異，造成部份觀眾收
視選擇的明顯改變？抑或是在此特定時期內，觀眾對閩南話有異於平常
之依賴？則需要進一步以微觀資料（micro-level data）分析才能推論。

　　客家話新聞的收視率則始終徘徊在 0.07% 和 0.08% 之間，其小眾及
分眾收視的特性至為明顯，半年內收視率十分穩定，不為外在環境因素

影響，比較像是一群忠誠度很高的特定收視群；英語新聞的收視率和其變化性與客家新聞頗有相似之處。

表 4-2：各語言新聞節目日平均收視率及平均分鐘收視千人數月報表

	收視率	收視千人數	收視率	收視千人數	收視率	收視千人數
月份	一月		二月		三月	
國語	0.39%	54.9	0.41%	56.9	0.5%	77.5
閩話	0.82%	93.4	0.82%	91.7	0.69%	77.5
客話	0.08%	12.8	0.07%	11	0.07%	12.9
英語	0.05%	9.2	0.06%	11	0.08%	12.9
月份	四月		五月		六月	
國語	0.4%	60.5	0.36%	55.2	0.35%	53.3
閩話	0.59%	64.2	0.52%	58.8	0.51%	55.2
客話	0.07%	11	0.08%	12.9	0.07%	11
英語	0.06%	11	0.05%	7.4	0.05%	9.2

註：平均每分鐘收視千人數＝總收視千人數（人）/Dur（min）

綜觀國內戲劇節目如表 4-3，其播出時間仍然以國語為最多，但不似新聞節目語言比重的嚴重傾斜，國語戲劇節目佔所有戲劇節目播出時間的 42.60%；閩南話戲劇節目佔 26.31%，客家戲劇節目佔 3.03%，中國戲劇節目佔 22.28%，外語戲劇節目佔 5.78%。

然而從觀眾的主要習慣使用語言觀之如表 4-4，國語使用者佔 41.5%，閩南話使用者佔 55.6%，客家話使用者佔 2.4%，其它語言佔 0.5%。比較表 4-3 和表 4-4，現今國內戲劇節目的語言和觀眾習慣使用的語言間，存有相當大的落差。單從語言的角度觀之，閩南話戲劇節目明顯供不應求，這也反映在閩南話戲劇節目收視報酬率為國語戲劇節目五倍的現實當中；客家話戲劇節目由於播出時間比例極低，收視報酬率居所有語言別戲劇節目中最高；另外，中國的戲劇節目佔國內戲劇節目頗大的比例（22.28%），但從收視報酬率觀之，則是明顯供過於求。從

表 4-3：2004 年 1-6 月份全頻道戲劇節目分析

	國語	閩話	客話	中國	外語
總播出（分）	595861	368058	42357	311602	80857
播出佔有率	42.60%	26.31%	3.03%	22.28%	5.78%
日平均 TVR	0.36%	1.2%	0.04%	0.11%	0.11%
TVR 佔有率	19.78%	65.93%	2.20%	6.04%	6.04%
收視報酬率	0.46	2.51	0.73	0.27	1.04

註：總播出（分）＝各語言戲劇節目六個月內總播出分鐘數

　　播出佔有率（％）＝各語言戲劇播出時間／全頻道各種語言戲劇播出總時間

　　日平均 TVR（日平均收視率）＝一至六月之平均每日 TVR（收視率），單位為 %

　　TVR 佔有率(%)＝一至六月某種語言戲劇之平均每日 TVR／一至六月五種語言戲劇之
　　平均 TVR 總和

　　收視報酬率＝效益／成本＝TVR 佔有率／播出佔有率

表 4-4：2004 年 1-6 月各語言使用者推估人數百分比

	國語使用者	閩話使用者	客話使用者	其它
百分比	41.5%	55.6%	2.4%	0.5%

註：推估人數＝樣本比例 *21256 千人

節目別來比較各語言的不同如表 4-1 與表 4-3，國語新聞與國語戲劇節目半年來的日平均收視無很大差異，閩南話戲劇節目的收視率為閩南話新聞的近兩倍，足見同為閩南話播出，戲劇的受歡迎程度遠高於新聞；這或許說明了長期收視國語新聞的習慣不易改變，或也顯示閩南話戲劇節目吸引觀眾之處，不僅在於母語的習慣性，也包括了劇情中流露的文化感情因素。

從月份來觀察戲劇節目如表 4-5，其語言別上的差異與新聞節目有相似之處，例如閩南話戲劇節目在各月中表現皆為第一。特別的是台灣三種主要語言的戲劇節目收視表現在三月都有下滑的現象，這或許是受到選舉月觀看新聞節目排擠效應的影響；客家話戲劇節目在一、二月有不錯的收視率，甚至和中國劇不相上下；中國及外語戲劇節目的收視率雖

不高，但收視變化不大，顯示觀眾群相當固定。

表 4-5：各語言戲劇節目日平均收視率及平均分鐘收視千人數月報表

	收視率	收視千人數	收視率	收視千人數	收視率	收視千人數
月份	一月		二月		三月	
國語	0.41%	51.3	0.38%	56.9	0.27%	36.9
閩話	1.22%	192.3	1.26%	194.5	1.18%	177.1
客話	0.11%	20.1	0.13%	19.9	0.01%	3.7
中國	0.11%	18.3	0.14%	22	0.12%	18.4
外語	0.04%	9.2	0.04%	9.2	0.05%	14.8
月份	四月		五月		六月	
國語	0.5%	36.7	0.26%	40.4	0.31%	44.1
閩話	1.34%	168.8	1.11%	161.8	1.11%	161.9
客話	0.04%	9.2	0.07%	12.5	0.05%	11.2
中國	0.09%	16.8	0.11%	18.4	0.11%	18.5
外語	0.06%	14.7	0.07%	14.7	0.07%	14.7

註：平均每分鐘收視千人數 = 總收視千人數（人）/ 總 Dur（min）

表 4-6：2004 年 1-6 月份《無線五台》各語言節目播出分鐘數

	台視		中視		華視	
語言別	國語	閩話	國語	閩話	國語	閩話
總分鐘數	42729	42734	107905	8417	95524	0
百分比	50%	50%	93%	7%	100%	0%
	民視		公視			
語言別	國語	閩話	國語	閩話		
總分鐘數	54749	82678	69083	5056		
百分比	40%	60%	93%	7%		

　　單獨觀察國內無線五台節目的語言分配如表 4-6，2004 前半年台視
的所有節目國語、閩南話各佔一半；中視與公視都以國語節目為主，佔

93％；華視全為國語節目；民視則是唯一閩南話節目多於國語者（60％
比 40％），民視全頻道的語言播出比例最接近觀眾的語言使用比例（閩
話 55.6％、國語 41.5％，見表 4-4）。各無線電視台播出節目的語言使
用，或可反映出電視台內管理及製作階層的偏好，至於逆市場操作的語
言選擇，是否為意識型態的產物，值得進一步作組織及決策的分析研究。

　　從客家電視與公共電視這兩個公共頻道的觀眾屬性（包括主要使用
語言、年齡、居住地區、學歷、家戶收入）分析中如表 4-7，發現兩個
電視台的多數使用者皆以閩南話為主要語言，而客家電視台的觀眾中，
客家話使用者的比例佔 32％，竟然少於閩南話使用者（41％），這或許
反映大部份客家人最流利的語言或最常用語言往往不是客家話的現實。

表 4-7：2004 年 1-6 月《客家電視》《公共電視》觀眾屬性分析比較

Target	客家電視	公共電視	Target	客家電視	公共電視
常說國語	27%	43%	小學及以下	44%	33%
常說閩話	41%	54%	國／初中	11%	15%
常說客話	32%	3%	高中／職	28%	30%
15-24 歲	6%	13%	大專以上	17%	22%
25-34	10%	15%	0-29 萬	15%	6%
35-44	14%	24%	30-44	21%	12%
45-54	19%	24%	45-54	17%	14%
54+	51%	24%	55-64	6%	14%
北基＋宜蘭	21%	36%	65-84	7%	16%
桃竹苗	33%	18%	85-104	15%	23%
中彰投＋花蓮	12%	18%	105-124	6%	5%
雲嘉南	8%	13%	125-154	8%	6%
高屏＋台東	26%	15%	155-249	5%	4%
			250 萬＋	0%	0%

　　另外，客家電視的主要收視群居住在桃竹苗地區，也就是大部分客
家人居住的縣市，而公共電視的收視群則多在北基宜蘭地區，應與此地

人口比例較高有關。另外，客家電視的收看人口有 51% 是 54 歲以上，有客家話使用者平均年齡較高的現象，公共電視的主要收看人口則大多平均分布於 35 歲以上。從教育水準觀之，這兩個公共頻道的收視群竟都是以小學學歷為最多，這和高齡收視群間或有一定關聯性，而退休在家的高齡族群在家時間較多，或也可說明一部份收視率來源的因素，不過這個比例數字頗值得進一步檢視是否為樣本建置之代表性有偏誤所致。

　　語言所代表的不只是語言的本身，它還反映出文化和情感的因素，因此製作節目若忽略收視者的語言文化需求，恐將遭到市場法則的懲罰。掌握收視市場的語言需求，將是創造收視率的一個重要因素；而語言對收視的影響是否因節目型態而異，更值得深究。

　　在新聞方面如表 4-8，國語新聞在不同語言使用者間的收視率差別並不大，也就是說不論是何種語言的使用者，對國語新聞都有一定比例的收視習慣，其收視率介於 0.28%-0.38% 之間；而閩南話新聞則可明顯看出受到閩南話及客家話使用者的特別偏好，收視率分別為 0.7% 及 0.62%；客家話新聞除了客家話使用者的收視率高達 0.29% 外，其餘語言使用者對客家話新聞的收視率都很低，在 0.03%-0.04% 間；國語使用者看國語、閩南話新聞的收視率相去不遠，分別為 0.28% 和 0.23%。不論在國語或閩南話使用者中，其本身使用語言所對應的新聞節目都是收視率最高的；只有在客家話使用者中，收視率最高的是閩南話新聞，母語的客家話新聞收視反而殿後；至於其它語言的使用者，收視最多的還是國語新聞。

表 4-8：2004 年 1-6 月不同語言使用者新聞收視率

	國語使用者	閩話使用者	客話使用者	其它
國語新聞	0.28%	0.33%	0.3%	0.38%
閩話新聞	0.23%	0.7%	0.62%	0.28%
客話新聞	0.03%	0.04%	0.29%	0.04%

註：收視率即日平均 TVR

　　從不同語言的新聞觀眾群語言使用情形的結構觀之如表 4-9，國語新聞觀眾群中，各語言使用者的分布情形和樣本中之平常語言使用分布（推估百分比）最為接近，而閩南話新聞觀眾群中，平常習慣使用閩南話者的比例高達 77.7%，比樣本中閩南話慣用者的比例（55.6%）高出甚多，顯示平常習慣使用閩南話的觀眾是閩南話新聞的主要收視群，閩南話新聞鮮少獲得習慣說國語或客家話觀眾的青睞；客家話新聞觀眾群中平常使用語言以閩南話居多，國語次之，說客家話者僅佔 17%，這也相當程度地反映了許多客家人平常不說客家話的現象。

表 4-9：2004 年 1-6 月三種語言新聞之觀眾群使用語言百分比

	國語新聞	閩話新聞	客話新聞	推估百分比
國語使用者	37.4%	19%	30%	41.5%
閩話使用者	59.8%	77.7%	53%	55.6%
客話使用者	2.2%	3%	17%	2.4%
其它	0.6%	0.3%	0%	0.5%
總和	100%	100%	100%	100%

　　從不同語言使用者收看連續劇的平均收視率觀之如表 4-10，閩南話戲劇節目是各種不同語言使用者共同的最愛，收視率明顯高出國語劇二到四倍；其中說閩南話和說客家話的觀眾明顯偏好閩南話戲劇節目。從總量觀察，說閩南話和客家話者明顯比起說國語者愛看戲劇，而其中閩南話戲劇節目又是他們的收視最愛，無怪乎近幾年來閩南話連續劇的收視率總是囊括前茅。

表 4-10：2004 年 1-6 月不同語言使用者戲劇收視率

	國語使用者	閩話使用者	客話使用者	其它
國語戲劇	0.3%	0.3%	0.26%	0.34%
閩話戲劇	0.61%	1.32%	1.18%	0.79%
客話戲劇	0.01%	0.02%	0.13%	0%

註：收視率即日平均 TVR

　　從不同語言戲劇節目之觀眾群常用語言的結構觀之如表 4-11，國語劇觀眾群中，各語言使用者的分布情形和樣本中之平常語言使用分布（推估百分比）最為接近，而閩南話戲劇節目觀眾群中，平常習慣使用閩南話者的比例高達 72%，比樣本中閩南話慣用者的比例（55.6%）高出甚多，顯示平常習慣使用閩南話的觀眾是閩南話戲劇節目的主要收視群，閩南話戲劇節目相對地較少獲得習慣說國語觀眾的青睞；客家話戲劇節目觀眾群中平常使用語言以閩南話居多，國語次之，說客家話者僅佔 17.5%，不過與樣本中以客家話為主要語言之人數僅 2.4% 相較，仍為相對之顯著多數。至於為何客家話戲劇節目的主要收視群為閩南話使用者呢？這應該與許多客家人平常仍然以說閩南話為主有關。

表 4-11：2004 年 1-6 月不同語言使用者戲劇收視人數百分比

	國語戲劇	閩話戲劇	客話戲劇	推估百分比
國語使用者	41.7%	24.8%	22.5%	41.5%
閩話使用者	55.7%	72%	60%	55.6%
客話使用者	2%	2.8%	17.5%	2.4%
其它	0.6%	0.4%	0%	0.5%
總和	100%	100%	100%	100%

　　此外，由收視行為資料可以清楚看出市場的真實現象，它在一定的抽樣誤差範圍內反映台灣觀眾的收視偏好。將完整記錄的收視資料和詢問所得之語言使用習慣資料作總體分析，可以推論語言在收視行為的概括關聯性：

(1) 新聞方面：國語新聞仍是市場主流，播出時數高達各種語言總新聞時數的 95%；客家話新聞因為客家電視的成立躍居第二，閩南話新聞在市場佔有率上則相對弱勢。然而平均收視率則以閩南話新聞拔得頭籌，日平均收視率高出國語新聞不少（0.66% vs. 0.41%），這個數據並不能據以證明閩南話新聞較國語新聞受歡迎，因為閩南話新聞節數甚少，且都在黃金時段播出，相較於國

語新聞台全天候播出，平均收視率被冷門時段稀釋有一定關聯。不過從收視率和市場佔有率的比例觀之，閩南話新聞還有成長空間，特別是在政治議題發酵期，觀眾收視閩南話新聞的需求明顯增加。

(2) 戲劇方面：戲劇市場是閩南話的天下，閩南話戲劇節目的平均收視率是其它包含國語、客家話、外語、和大陸劇平均收視率總和的兩倍。收視報酬率以客家話戲劇節目最高，導因於客家話戲劇節目最少的緣故；國語劇和中國進口戲劇明顯供過於求，可以從這兩種劇的收視報酬率頗低看出。

(3) 無線五台節目語言比例：無線五台中只有民視的閩南話節目比例和收視群習慣使用語言比例最接近，台視的比例亦相去不遠，事實上 2004 年上半年收視率和廣告收入，也相當程度的回饋了它們對於市場的敏感度。然而 2004 年上半年，華視國語播出的比例是百分之百、中視和公視均為百分之九十三，這與觀眾群的習慣語言使用比例相去甚遠，恐將面臨市場的考驗。

(4) 語言使用習慣與收視習慣的關聯：日常生活中語言使用習慣和語言收視習慣有著相當顯著的關聯。唯獨在客家電視收視群中，平常以客家話作為主要語言的反倒是少數，客家人在國閩兩大語言為主的環境中，逐漸失去使用母語的機會，可見一斑。從收視語言的排他性觀之，習慣說國語者收看其它語言的電視播出比例最低，習慣說客家話者接受閩南話或國語節目的比例最高。

若欲進一步從觀眾日常語言使用習慣和收視節目語言中找尋關聯性，必須借助微觀的個人資料和收視資料方能更為精確；然而從本研究語言使用與收視率的分析採取的「廣電人市場研究」的資料中，僅能分析總體資料，是一缺憾；另外，資料中僅有常用語言而沒有族群屬性，致使無法進一步分析語言使用和族群的關係；這些都是後續研究值得努力的方向。

肆、客家電視的語言政策 [4]

電視所形塑的台灣語言社會是一個雙語又雙言的情境，亦即絕大部分的人都會國語，也通閩南話；其中，客家話的角色是客家族群獨有而無法和其他族群對話的方言。台灣社會朝雙語又雙言發展的趨勢亦呈現在電視媒體的語言使用中，愈來愈多的節目主持人用語以及節目及新聞中的聲刺（sound bite），混合使用國語及閩南話。

客家電視經由制度性和政策性的支持，將睽違已久的客家話打入電視媒體的領域，除了提供娛樂、新聞、教育等一般電視台的功能之外，更重要的是其社會心理上的作用（張學謙，1999）。客家電視不同於一般商業電視台或公共電視的是其具有特殊的目的與使命，亦即將客家文化與促成客家文化傳承與發展的元素，透過對內（客家族群）與對外（其它族群）的文化行銷，使客家意識凝聚形成族群認同，提升社會對於客家文化的瞭解與重視。

從產製面觀之，客家電視節目製播常必須夾在叫好、叫座和公益之間，也因此無論在頻道經營方針、節目呈現方式、觀眾定位、市場區隔，甚至語言使用腔調，都必須兼顧各方的期望甚至壓力。也因此在頻道定位與節目製作方針上，什麼是客家人？是籍貫論、語言論、認同論，還是使命論？什麼是客家文化？是傳統遺留下什麼樣的文化？還是應該發揚什麼樣的文化？客家電視使命感是什麼？是做好有客家內涵的電視？還是固守一個可以保存客家意識的頻道？客家元素應該佔多少比例？是應該做客家人的電視？還是讓人了解客家的電視？這些夾雜著意識型態和經營專業的問題總是反覆的被辯論著。

一、客家電視的語言保存功能

客家電視以客家話為主要傳播語言，同時提供客家人與其它族群學習客家話的機會以提升客家話能力；越多人學習客家話，客家話使用的領域和機會就愈大，如此，便能促成一種使用客家話的氛圍，進而有效

的提升客家人對客家話的族群語言活力（ethno linguistic vitality），並且藉由語言活力的活化來增進族群認同、激發捍衛母語的決心和行動，最終促進語言的保存與發展（張學謙，1999）。

　　客家電視在傳承客家話的功能上，可以透過對家長積極宣導家庭母語教育的重要性，讓上代瞭解母語的價值和其能夠維繫族群文化的功能，並激發他們願意以實際行動傳承母語；亦可針對各個階層的觀眾設計特定的節目，特別是年輕化、實用性的節目以吸引年輕族群的目光，進而提升學習客家話的意願（張學謙，2003）。此外，客家電視亦被賦予提升客家話地位的期望，希望藉由專屬客家話頻道，拉近客家話與其它語言在頻道上曝光率之落差，進而提升客家話之熟悉度，扭轉客家話一向弱勢的地位。

二、客家電視的語言發展功能

　　由於客家電視中各類節目皆使用客家話，使得客家話必須從農業社會的語言擴充至工商業社會的語言，才足以因應各種專業範疇的需要。新的詞彙甚至外來語都會因需要而被創造，客家電視的成立不僅使得保存固有語言的重要使命得以實現，語言的創新與時代性亦得以兼顧。

　　客家電視節目內容涵蓋新聞、戲劇、綜藝等多面向，使得節目內容提供者、客家話教師、客家耆老、及客家藝人之間的互動頻繁化，對於因多腔調發展而漸失一致性的客家話得以重新訂調，透過強勢的電視傳播力量，系統性地扮演語言演進中的整合功能。范振乾（2003：36）亦指出有了客家電視以後，客家族群應藉此穩固其主體性並忠實地呈現與反應客家文化，「不但讓客家人本身知道客家是什麼，為什麼這樣，哪裡有客家、客家和其它族群文化的差異與互動情形，客家文化的豐富內容與精緻面向」。

　　綜言之，客家電視對客家族群扮演溝通不同腔調、更新時代語彙的功能，對其它族群則具有客家語言教育及傳播的角色。然而對觀眾而言，收視客家電視則具有一定的語言門檻；針對客家族群而言，熟悉的

客家用語多半是農業社會的語彙，轉換成現代社會傳播使用的新語彙需要適應；對於非客家族群而言，想要透過客家電視節目接觸客家文化，首先必須面臨的是語言的問題。雖然有字幕可以輔助，但是在眾多頻道的競爭下，觀眾是否願意看一個「聽不懂」的頻道，則要看節目內容對他的吸引力以及有多強的收視動機支撐而定。易言之，語言熟悉程度是研究客家電視收視行為一個不可忽略的重要因素。

三、文化使命與市場機制

　　黃宣範（1993）依照「言」為兩族群間互不懂的語言及「語」為兩種可以互相聽懂的語言為定義，將台灣語言社會區分為「雙語且雙言」、「雙言非雙語」、「雙語非雙言」、以及「既非雙言也非雙語」四種類型。五十年來台灣的廣播電視將單一國語主流化、其他語言邊緣化的做法，使得今天不分族群絕大部分的人都可以聽說國語。而近十年來，台灣的語言社會伴隨民主發展，逐漸由一語獨大變成雙語並存；台灣主要的語言社會是一個雙語單言的語言系統，雙語指的是大部分人都可以相互溝通的國語和閩南話，而單言則是流通在客家族群間的客家方言，至於原住民的語言，則逐漸成為連族人間能充分溝通之方言都稱不上的消失語言。

　　對於客家族群而言，客家電視是文化橫遭打壓半個世紀後的遲來正義，是「千呼萬喚始出來」的產物。收視客家電視具有一定程度找尋「可以彌補心中失落的遺憾」的社會補償動機；也是一種期望和信念影響滿足追求，並且透過媒體使用的回饋強化滿足認知與追求的互動循環。由客家意識為中心的客家元素，可以有效的建立族群觀眾對客家電視的「超越歸屬變遷」的依賴性；這應該是客家電視忠實觀眾願捨棄其它商業頻道，成為客家電視重度使用者的重要因素。

　　製作商業電視節目的人，很難擺脫收視率的挾制；一個節目是否叫座，幾乎成為商業電視中能否生存的唯一法則。大部份的節目製作人製作新聞節目時，想的是主播是否有人氣？新聞是否獨家？鏡面設計是否

吸引人？編排是否流暢且有節奏？戲劇節目的製作人關心的，不外乎卡司夠不夠強？劇本是否有張力？布景外景是否具質感？宣傳是否成功？然而一個影響收視的重要因素 — 語言，卻往往被當成前提而非變項，以致於忽略了它對收視率可能造成的重要影響。

　　究竟是節目內容吸引相近立場觀眾的認同？還是語言的使用迎合了市場的需求？亦或是語言所反射的文化認同爭取了大量觀眾從國語節目回流到母語節目？或者是語言其實是文化和價值認同的重要元素，它始終左右著收視的選擇，只是長期以來國語獨尊的意識型態使電視製作單位忽視了語言這個影響收視行為的重要變項，致使觀眾在單一語言的節目市場中無法顯現其語言偏好？這些兼具學術和市場價值的話題，著實值得市場性的探究。

伍、數位時代的語言新思維

　　大部份關心客家的有識之士談起客家的文化發展和語言命運，總習慣回到五○年代的獨尊國語、母語橫遭打壓的情境脈絡中找答案。筆者的建議是「往者已矣，來者可追」，在高倍速的數位化時代中，只有前瞻，掌握潮流，方能保有文化傳統，再造文化精髓，重振文化復興。

　　無論政府如何重視客家，以多少政治、法律、經濟的資源欲重振客家語言文化，吾等必須認知，斷不能走回五十年前以政治力獨尊某種語言的老路。因之，語言文化雖有「容己，排他」的本質（蔡淑鈴，2001），然台灣逐步邁向成熟之多元文化社會之際，客家文化之推動當更謹慎，莫因「尊己」而「排他」，而更應在將客家元素推入主流文化之同時，亦主動吸收其他族群文化之菁華，融入客家文化中，最後將富有客家精髓和時代新意之客家文化，推向流行舞台，在聚光燈下和其他族群分享客家意涵，此乃振興客家之時代新思維：

　　(1)語言可以行銷文化，文化亦可行銷語言，年輕人不愛學客家話乃
　　　　肇因於客家文化沒有讓他們感受到流行感。韓劇在二十一世紀初

曾經在亞洲掀起了一股「哈韓風」，其原因來自於韓劇以時尚、前衛、及生活化之包裝，將原本帶有些保守封閉色彩的韓國文化，成功地行銷國際，成為年輕人爭相討論的流行話題，而學韓文遂一度成為一種熱門的風潮。

(2) 於提昇客家電視品質爭取觀眾認同之際，亦要兼顧將客家語言文化行銷至主流頻道。客家電視的屬性清楚地定義客家話頻道，一般不是對客家文化特別感興趣的觀眾，欲在近百個目不暇給的頻道中駐足客家頻道，並非易事。加上 17 頻道之頻道位置並非主流商業電視台的熱門頻道區塊，因此，要吸引路過的觀眾並非易事。行銷客家除了要加強「吸力」，將客家或非客家族群吸引入客家頻道之外，更要創造「推力」，將客家語言製播的節目或其它語言製播的客家文化節目推廣到主流商業頻道，讓客家話和客家文化，不再是磚牆與紅瓦屋內的文化。

(3) 將實用富趣味的客家話置入主流戲劇、綜藝節目中。以置入行銷或合作製播模式，讓國語或閩南話節目中，主持人或表演者常將幾句客家話掛在嘴邊，讓「言」成為「語」的元素，等到客家話融入主流語的單字和語句漸漸累積至一個數量時，可以產生以量變帶動質變的效果，讓「言」成為「語」的要素，有機會在未來的台灣語言社會中，形成「三語且三言」或者「三語非三言」的生態，讓客家話重返主流舞台。

(4) 語言復甦計劃必須從兒童紮根，對兒童行銷必須寓教於樂。購入最熱門的卡通影片，以客家話配音是最能吸引兒童學習客家話的一項媒體途徑，對兒童而言，看英語發聲的迪士尼卡通和看客家話配音的迪士尼卡通，在本質上是沒有差異性的，能不能吸引孩童之處，不在於聽不聽得懂，而在於好不好看，因此，客家話搭配流行卡通在爭取兒童接觸客家話上將有足夠的吸引力。然而，卡通影片是否流行、是否好看將是重點，因此若如現目前播映於客家電視之卡通，因無足夠預算而播出過時的廉價卡通，則對兒

童的吸引力就會大打折扣。

(5)推出線上遊戲吸引青少年及遊戲愛好者，2008 年 10 月份資策會估計，2009 年台灣線上遊戲市場規模約 114 億，年成長率 8.41%[5]，2006 年的統計數據顯示，全球的線上遊戲玩家約一億一千四百萬人[6]，曾經紅極一時的線上遊戲《魔獸世界》憑單一遊戲就擁有 65 萬名台灣的玩家[7]。行政院客委會於 2008 年底推出線上遊戲《六堆風雲》，以林爽文事件為主軸，設計遊戲場景與人物，全程以客家話發音，搭配中文字幕，遊戲全程自然融入了 500 個四縣腔客家話，遊戲中有 17 項闖關任務，也包含了 30 多項的技能學習，還可以和怪獸戰鬥，增加經驗值或取得虛擬寶物[8]。這個新的嘗試，將客家話的學習潮流化、數位化和年輕化，是一個饒富創意和行銷手法的好點子。然如何將線上遊戲做到成為主流線上遊戲的強勁對手；吸引如《魔獸世界》一般踴躍的玩家，是需要資金、智慧和行銷資源多方結合的。

(6)網路多媒體行銷客家話及客家文化，在網路上透過影音動畫的多媒體科技，行銷客家音樂，活絡客家文化，行政院客委會推出「客家村文化」，共分戲劇、文化、產業、綜合、音樂及新聞等六大主題，截至 2007 年底，已有 670 個站台登錄，其中前十大熱門網站依序是：台灣客家電子報、中興社區發展協會、新竹縣客家音樂發展學會、蘭陽有客、樂陶華坊、第三工作室、鹹菜甕客家文化工作室、桃園縣社區營造協會、硬頸客家工作室、幼幼客家（行政院客委會，2007）。這個已經行之有一段時間的網路串聯行銷客家計劃，對於客家的能見度和文化的分享與整合，確有相當之功效。然值得注意的是，除了保存固有的文化元素，亦莫忘將創新與潮流趨勢結合，特別是結合多媒體創造網路上的娛樂文化（entertainment culture），將客家、音樂、舞蹈、戲劇、MTV、紀錄片等藝術精緻化、時尚化和科技化。方能符合網路年輕人口的使用習慣與喜好。

(7)善用天空中的廉價資源，讓客家話廣播發揮更大的穿透力。行政院客委會於 2003 年至 2007 年間，一共補助了 168 案的客家話廣播節目，平均一年有 30 個以上的客家廣播節目受惠。這項計畫對於各種功率涵蓋不同大小區域的廣播收聽者而言，是一大福音，然而，和電視生態一般，如何將客家話和音樂置入主流廣播節目中，成為空中流行文化的重要元素，是今後努力的重點。

(8)結合新科技，打破時空藩籬，推廣客家話教學。運用網路無遠弗屆的特性和影音電子郵件之便利，可以創造一對多的客家話教學環境。「網路影音電子郵件系統」[9]是一新研發之網路上傳輸影音檔之科技，它可以讓一般不懂電腦的使用者，在任何上網環境皆可輕鬆進入網站 http://www.umaytalk.com ，對著網路攝影機（webcam）說話，不須附加檔案或其他任何繁複之過程，直接寄出郵件。對收件者而言，只要透過瀏覽器上網收信，因為利用伺服器影音串流技術，打開信件閱讀時如同寄件時一般，不需要任何附加軟體或流程，皆可收看對方寄來的影音郵件。這項科技可以應用在一對多的教學上，學習者只要在有空檔的時間上網收信，就可以收到老師寄來的影音教學，然後亦可回信，將練習說的客家話寄給老師，雙向互動又無時間限制，可以提昇語言教學的效能。

(9)行銷客家要立足台灣，放眼國際。世界上的客家人口約有一億兩千萬（林偉聯，2002）。因此，行銷客家應立足台灣，放眼全世界，因為客家話在愈多地方被保存，愈能使客家話在跨文化的場域中互相激發活力，例如澳洲由政府經營的族群電視台（SBS）提供包括北京話和廣東話兩種華語的節目（楊聰榮，2003），另外，美國公共電視台（PBS）亦提供不同族群可以播放節目的時段。客家電視的節目可以借力使力，行銷到這些海外的在地頻道中。

(10)透過好萊塢文化，將客家話和客家文學行銷全世界。好萊塢是資

本主義社會中將藝術和商業結合得最淋漓盡致的舞台之一。在好萊塢的電影行銷手法中，任何一個場景、對白、服裝、道具等，幾乎都可以接受置入性行銷，因此，客家行銷要有進軍國際的企圖心，方能踏上國際流行的浪頭，將客家文化置身聚光燈下，讓年輕人嚮往追求。

注釋

[1] 本章節中之諸多文獻，段落及文字係出自筆者之「行政院客委會客家學術發展計劃」補助研究之結案報告，部分已列載於《廣播與電視》期刊第 24 期 63 頁至 91 頁「客家元素與收視行為結構模式探究」一文中。

[2] 本章節中之諸多數據及分析結果，係改寫自筆者於 2004 年 8 月 5 日於行政院客委會舉辦之「族群與文化發展會議」中所發展之「台灣觀眾語言使用習慣與電視收視行為」論文。

[3] 資料來源係廣電人市場研究股份有限公司之 WinWin System3.1 TT-Rating User Guide〈收視率檢索系統使用手冊〉。

[4] 同註 1。

[5] 鉅亨網
http://news.cnyes.com/dspnewsS.asp?rno=10&fi=%5CNEWSBASE%5C200901
16%5CWEB1263&vi=33930&sdt=20081220&edt=20090119&top=50&date=20
090116&time=22:40:56&cls=（上網日期 2009/1/31）

[6] 新台灣新聞週刊
http://www.newtaiwan.com.tw/bulletinview.jsp?bulletinid=9532 （上網日期 2009/1/31）

[7] 聯合新聞網
http://mag.udn.com/mag/digital/storypage.jsp?f_ART_ID=90846 （上網日期 2009/1/31）

[8] 新浪網
http://news.sina.com.tw/article/20081209/1163898.html（上網日期 2009/1/31）

[9] 「網路影音電子郵件系統」，美國專利商標局公告案號：2008/028129A1；英國專利商標局公告案號：B2449139A；中華人民共和國知識產權局公告案號：CN101312434。

第五章

客家電視的觀眾群像

壹、媒體近用與客家文化

　　語言的使用、族群的認同和文化傳承的使命感三者息息相關。在民主開放的社會中，這三者的發展憑藉自然力，不同語言文化的消長由供需法則決定（Weinstein, 1983）。然而政治力的介入卻往往會使語言迅速的變化或消失；客家話在台灣已有三百多年的歷史，這期間雖然經過平埔話、閩南話、日本話及北京話的影響，但尚都能保留大部分的原音；直到政治力介入之後的四十多年來，使得 1970 年代以後出生的客家子弟，大多已經無法完整地說自己的母語（羅肇錦，1991）。

　　這些政治力的介入，包括了從 1960 年代至開放廣電媒體以來，各機關學校規定說國語、禁說方言，且對廣電媒體方言節目的比例嚴加限制，導致了台灣的語言文化喪失教育權、使用權和傳播權，也使得台灣人母語的能力逐漸衰微（洪維仁，1992；劉幼琍，1998）。在當時政策刻意壓制的情境下，客家族群的媒體近用權完全被剝奪，因此失去了可增加文化主體性之媒體詮釋權，進而更導致沒有足夠的文化意識與氛圍去爭取應有的媒體近用權。客家文化在主流媒體上長期曝光不足，使得客家話的延續遭受阻礙。然而語言是代表文化表徵之重要元素，客家話在主流媒體上的式微，使得客家文化無法藉由語言融入大眾的生活之中。除了語言傳承的問題之外，缺乏主流媒體曝光的客家文化、習俗與精神，同樣缺乏傳遞與溝通的管道，進而引發了整個客家文化逐漸邊緣化、隱形化的現象。

　　這樣的現象可以從客家話節目播出的時間略窺一二。直到 1991 年起，當時僅有的三家電視台出現一天半個小時的客家話新聞；當時台視總播出節目中，國語節目佔 82.78%，閩南話節目 8.38%，英語節目 7.99%，客家話節目僅有 0.85%（蘇蘅，1993）。1998 年公共電視成立之後，客家話節目重見曙光，但是它的曝光率仍低得不成比例。在有線電視開放後近百個頻道的自製、委製節目總播出時數中，客家話發音的節目所佔的時數比例不及千分之一，相較於百分之十五左右的客家族群人

口比例，其間差異甚為懸殊。

　　媒體的內容多元化反映在社會文化面向上，應是關心社會中不同社群、階層或族群的頻道所有權和接近使用權（McQuail, 1992）。媒體近用權包含了「接近」和「使用」的權利。「接近權」係指民眾得以間接的、有限度的方式改變媒體內容，其中包括答覆權和更正權；而「使用權」則指民眾有權直接擁有媒體、經營媒體或自行製作內容並不需要顧慮新聞事業一般專業規範（陳清河，2001）。聯合國教育科學文化組織曾在 1982 年 12 月，提出國際資訊新秩序（new international information order）的主張，倡導人人都有「傳播的權利」即「由知悉、被知悉、告知、被告知的權利」（Snijders, 1983：3-7）。早在 1960 年代末期美國有線電視系統中就已經開始設置公眾近用頻道（public access channel），免費供公眾使用，特別是弱勢團體可以利用此一公共資源為公益、文化發聲，一部分時段特別被用在社區的活動報導上，使缺乏資源之弱勢團體不再被動等待採訪，可以利用此一公共資源，針對教育、治安、社區消息、社會福利服務、政府資訊等，建議或參與製作節目，反應少數團體的聲音或形塑社區意識（陳清河，2003）。在台灣，近五十年來，客家族群、原住民族群、甚至閩南族群，都面臨媒體接近使用權遭到政治力剝奪的問題。近程的民主化促成了社會大眾對於多元文化的反思與實踐，客家族群在還我母語主張社會運動化之後，爭取媒體接近權、使用權、自主權的呼聲，繼閩南族群後受到了具體的回應，客家電視台的成立只是一個開端。儘管在多元文化的氛圍中，台灣的天空開放，使得二十一世紀台灣的頻道眾多，粗具多樣的雛型；然就整體內容呈現的面向及報導的角度而言，仍流於主流價值所主導的狹隘化，難以擔負起呈現真正社會上多元多樣觀點的媒體責任（陳清河，2003）。

　　媒體將人的感知與現實連結，它扮演了包括「一扇經驗之窗（a window on experience）」、「一個詮釋者（an interpreter）」、「一個舞台（a platform）」、「一個互動鏈結（an interactive link）」、「一個路標（a signpost）」、「一個過濾器（a filter）」、「一面鏡子（a mirror）」和「一

個屏障（a screen）」的多重角色（McQuail, 1987）。電視之於客家文化，其影響力較諸其他形式的媒體，更要來得直接而顯著，因為它負載了影像和聲音，這個特質使其在語言的傳播上，肩負著無可取代的責任，也由於其立即、立體及聲光的傳播特性，使得文化的傳播與感染，變得真實而感人。並將觀眾連結並跨越了近一個世紀的客家文化真空，把久遠而模糊的客家元素在主流文化的環伺下，一塊一塊拼湊出客家的意象圖騰：

(1)一扇經驗之窗：電視的遙控器強化了媒體選擇性暴露（selective exposure）的功能。觀眾可以將媒體內容視為一種經驗和視野的延伸，從中蒐尋資訊，將感知與經驗連結，形成認知、強化經驗或累積知識。對客家觀眾而言，客家電視得以重拾舊時的客家生活回憶，將記憶與情感透過眼前的語言和影像，串聯在當下的生活時空中，對於非客家的觀眾而言，接觸客家電視的內容，會產生強化既有刻板印象，形塑新意象或增加接觸客家文化之動機。

(2)一個詮釋者：電視不唯獨具有字幕上的文字功能，其影像和聲音讓觀眾身歷其境般體驗「真實中的虛擬」和「虛擬中的真實」。對於客家電視的製作團隊而言，其所傳遞給觀眾的，是將採訪所得之完整而連續的親身真實經驗，用每個 3 至 5 秒鐘的畫面剪接串連而成一段數分鐘到數十分鐘的虛擬情境；對於端坐在電視機面前的觀眾而言，其所看到電視中所傳遞的客家風情，其實是透過視、聽覺產生的感知，這種虛擬的介面將感知帶入真實的情境中，觀眾彷彿經歷了一場兼具知性與感性的客家之旅。綜合之，不論是哪一種真實，電視製作群扮演詮釋者角色，用文字、鏡頭、聲音詮釋情境背後的意涵。

(3)一個舞台：演出者身兼詮釋者的角色，將意義透過影像、聲音和文字三合一的符號巨集，放在舞台上，供觀眾自由索閱。如今媒體環境的日益開放及網路數位科技的發達，這個舞台亦提供了觀眾回饋意見、間接參與演出的空間。客家電視幾乎成了壟斷客家

文化展示和交流的唯一電視舞台，其象徵性的意義和實質性的功能，均不言可喻。

(4) 一個互動鏈結：電視透過叩應（call-in）、網路上傳和意見投書機制，連結了產製面（production side）和消費面（consumption side）。其功能可以是內容提供者，如投稿或叩應參與；亦可以是內容製作者，如美國、澳洲公共電視的開放時段或台灣公共電視的公民新聞。相較於其他商業頻道，客家電視與觀眾的互動相對密切頻繁，如同客家電視成立說帖上揭櫫的方針「客家電視頻道作為全民的客家傳播平台，當然不只是一個國語、客家話單向傳播的頻道，更是一個容納其他人客談論客家的雙向頻道，⋯⋯ 要透過客家話詮釋世界，讓世界走進來，讓客家走出去。」（李永得，2003）。客家電視定期下鄉舉辦「傾聽觀眾聲音座談會」、連續劇至客家庄宣傳、客家庄新聞主播體驗營等，將客家電視的觸角伸入客家鄉鎮，產生較緊密的媒體與觀眾鏈結。

(5) 一個路標：媒體議題設定和議題建構功能，不僅替觀眾從每天數以萬計的社會真實世界中，篩選出電視真實世界，告知觀眾該想什麼；甚至透過其詮釋者的角色，提示觀眾該怎麼想。愈是陌生的題材，媒體的路標功能愈能發揮。客家文化對於客家人而言，因為工商社會、都市化及強勢文化的三方衝擊下，已漸式微；對於非客家人而言，由於語言和文化的長期封鎖，更是抽象的片斷。客家電視的路標功能，在替觀眾標示方向，建構議題上，有其指引導覽客家文化之功能。

(6) 一個過濾器：電視透過守門人的機制，篩選了事件、議題、觀點、場景和氛圍，觀眾所看到的電視真實世界，其實是經過過濾甚至再製的社會真實世界。被媒體過濾掉的渣滓，觀眾是無緣看見的，這樣的社會真實除非親身經歷或透過人際傳播，否則將永難呈現在個人的感知中。一個電視新聞畫面要呈現在觀眾眼前，必先經過製作人和採訪主任的題材選取，文字記者的採訪對象和

地點選取，攝影記者的拍攝場景和鏡頭角度篩選，剪接過程的影像和聲刺挑選與組合，最後，整則新聞到了編輯台，還要經過主編的播出與否、播出時段、播出順序的最後過濾。整個新聞產製的過程透過標準作業程序，有目的且系統性地建構了電視真實世界，戲劇、綜藝、娛樂甚至廣告皆大同小異。

(7)一面鏡子：古典的傳播理論希望媒體扮演忠實的紀錄者，不要夾敘夾議，更不要成為「製造業」。科技提昇了媒體功能，亦改變了媒體生態。媒體的本質仍然是一面鏡子，反映社會，呈現人生；然而，篩選的功能，使它成了一面折射鏡，過多操弄，使媒體宛如折射過度的萬花筒；羶色腥的媒體文化使得媒體工作者逐漸分不清資訊和娛樂間的分際，與其說媒體是一面平整的反射鏡子，不如說媒體常會是一面鏡面彎曲的哈哈鏡。客家文化要如何將客家真實世界反射至觀眾的感官和知覺中，是折射、繞射甚或再製後的虛構影像，將影響客家文化的呈現、溝通和傳承。

(8)一個屏障：媒體會反射性地或有計劃地阻擋其所不願面對的社會真實進入電視真實世界中，它的動機常包括自身的商業利益、政治力的誘逼、刻板印象的偏見、主流意識的傲慢等，客家文化在電視上的真實世界，其實充滿了被屏障阻擋的風險。人事成本排擠、政府預算審查及內容干預、製作成本、製作團隊、客家刻板印象下的題材篩選、在主流文化涵化下的陝隘思維等，都是客家真實文化進入觀眾眼簾的屏障。

接近權和使用權的取得，使客家文化具有「被自己人詮釋」和「被他人看見的」雙重效果。然而，電視真實如何連結社會真實是下一個嚴肅而關鍵的課題。

貳、客家意識與收視動機

研究客家電視觀眾的收視動機，極富探索與挑戰性。這類初探式

的研究，不似其他歷史較久之學門領域或調查範疇具有豐富之實證前例，亦缺足夠之理論可以演繹至這個新興的族群媒體之應用層面上。在經驗的推演上，令人好奇亦值得探索的是，為什麼觀眾在近百個頻道中，要選擇製作經費不充裕、製播經驗相對不足、缺乏市場流行元素又沒有主流大卡司擔綱的客家電視？若從主流電視頻道的經營策略而言，一個新加入競爭行列的頻道，沒有足以突圍的殺手級應用（killer application），又囿於語言因素切割了大眾市場，它很難說明為什麼觀眾要習慣收視這樣的頻道。

　　對於一個以逐漸流失的方言為語言，以瀕臨失傳的文化為主體內容的電視台，觀眾對於客家元素的認同和追尋應該是收視的最重要驅力。因此，客家意識、客家話的能力、對於客家電視文化使命的適足性以及學習客家話的動機，被認為是收視客家電視的主要原因。

　　長期以來客家族群的媒體近用權遭到政治力剝奪，導致客家人失去了可以增加文化主體性的媒體詮釋權，在客家電視成立之前，於無線電視及公共電視中以客家話播出的節目所佔比例低於千分之一；從1988年「還我母語」運動到2003年七月客家電視披荊斬棘的誕生，爭取客家話在媒體的發聲權，其背後所代表的客家意識應該是客家元素中的重要精神，也是推動客家電視成立、支持及收視的重要驅力。

　　在台灣雙語單言的主要語言系統中，客家人接觸閩南話和國語的機會頻繁，再加上大眾傳播對於逐漸失傳的客家話之忽略，客家話的能力和客家意識一樣，成為客家元素的重要指標。由於客家話不具有語言的普遍性及功能性，學習且熟稔客家話，似乎成為一種價值和信念的產物；因此，本研究假設，客家話的能力足以預測一個血緣的客家人對於客家電視挽救客家文化的期待程度，亦將影響其對於利用客家電視作為溫故知新學習客家話的動機。收視客家電視節目的動機除了認同、關心及使命之外，亦有其語言能力的門檻；因之，客家話能力亦為客家電視收視的一個重要因素。

　　客家電視被賦予客家主體再現與客家文化復興的期望，由於長期以

來沒有客家的發聲權和詮釋權，客家電視甚至被視為四百年來的第一次客家文藝復興。因此，在客家電視剛開播的初期，客家電視背負的挽救客家文化的適足性和期待，是收視動機的一個重要驅力；同時，學習客家話的動機除了是客家意識的表徵，也是收視客家電視的一個重要驅力。

為了探尋收視客家電視動機之中屬於客家意識之因素，特別選在客家電視開播後之二至三週，亦即 2003 年 7 月 15 日至 2003 年 7 月 19 日的五天中，進行了一項針對台灣本島民眾的客家電視收視動機電話調查[1]，於此時段內調查收視動機，旨在隔離節目品質、收視疲乏、市場競爭等因素，期能較精準測量客家電視收視群的認知、期望和動機以及其他潛在的心理因素。

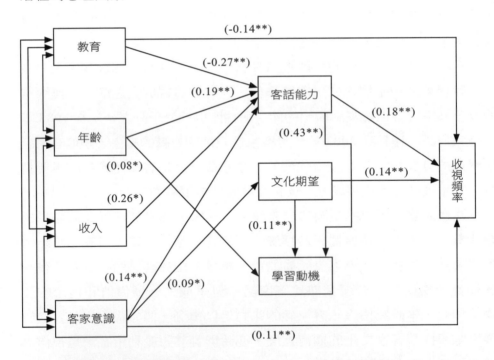

註：係數為標準化之係數，信心水準為 95%，* 表 $p<0.05$；** 表 $p<0.01$。
圖 5-1：客家意識與客家電視收視路徑分析圖

各人口變項及主要變項間的關係[2]，可由圖 5-1 中得知。就直接效果

（direct effect）而言，教育對客家話能力存有負向的影響力（$r = -0.27$，$p < 0.01$），顯示教育水準愈低的客家人，客家話能力愈佳，這可能和正規教育中獨尊國語、壓抑方言的政策有關，於是產生客家話在受正規教育較少的人中反而保有較完整母語聽說的現象。教育對收視頻率亦有負向的影響力（$r = -0.14$，$p < 0.01$），學歷愈低的客家人愈常看客家電視。

　　年齡則對客家話能力及學習動機有正面的影響。客家話的能力在年長者中保存較為完整（$r = 0.19$，$p < 0.01$），年長者對於透過客家電視學客家話的動機也顯著大於年輕人（$r = 0.08$，$p < 0.05$），這種「客家話能力愈好的人愈有心利用客家電視學客家話」的現象，相當程度呼應理論中文化傳承焦慮感的投射現象，但是卻也反映出現實中客家話在世代交替中流失的危機。此外，收入愈高的客家人，客家話的說聽能力愈佳（$r = 0.26$，$p < 0.01$）。

　　在主要變項客家意識、客家話能力、文化期望、學習動機及收視頻率間的結構關係中，本研究預期以客家意識為主要驅力，影響客家話的熟稔程度，而客家話的能力係客家元素中的重要成分，它會直接影響一個人對客家文化的期望，文化期望被預期將投射在學習客家話的意願和行為上，進而影響客家電視的使用行為。

　　本研究建構的基本結構模式，從實證中獲得了相當程度的驗證。圖 5-1 顯示，客家意識對客家話能力產生顯著的影響力（$r = 0.14$，$p < 0.01$），這個現象也說明了在母語遭打壓逾半世紀以來，客家意識是支撐客家人學習並傳承客家話的動力來源。此外，客家意識對文化期望亦有顯著的影響力（$r = 0.09$，$p < 0.05$），顯示客家意識愈強的客家人，對於客家電視台挽救客家文化的適足性有著愈高的期望。至於客家意識愈強的人是否愈願意透過客家電視台的節目學習客家話，路徑分析的結果並未證實，其原因可能來自於客家意識對於客家話學習動機的影響力並非是直接的；它透過影響語言能力和文化期望，間接影響學習動機，圖 5-1 的顯著間接路徑證實了這項推論。至於本研究的核心問題「到底什麼因素可以讓觀眾在眾多主流頻道之外選擇收視客家電視？」數據顯

示客家意識愈強的人，收視客家電視的頻率愈高（$r = 0.11$，$p < 0.01$）。

客家話能力如何影響文化期望、學習動機及收視頻率？路徑分析結果顯示，客家話的說聽能力愈佳，並不會對文化期望產生直接的影響，然而，客家話能力對學習動機確有直接而顯著的影響（$r = 0.43$，$p < 0.01$）。

客家話能力對收視客家電視的頻率亦有直接影響，數據顯示客家話說聽能力愈佳者，收看客家電視愈頻繁（$\beta = 0.18$，$p < 0.01$）。由於客家話從農業時代的語言演進至科技日新月異的今天，其間存在若干的轉化斷層，使得聽懂客家電視需要一定的語言能力門檻，因此客家話能力的好壞也直接影響了觀眾收視客家電視節目的意願。

文化期望對於是否願意付諸行動透過客家電視學習客家話具有直接影響力；數據顯示文化期望愈高的人，確也愈願意藉由客家電視學客家話（$\beta = 0.11$，$p < 0.01$）。另外，文化期望對於收視頻率也有顯著的直接影響（$\beta = 0.14$，$p < 0.01$）。這兩項發現驗證了文化期望在客家元素中扮演了相當核心的角色，也直接影響了其支持客家文化的動機和行為。

由路徑分析中，除了可以看出變數間直接產生的影響之外，亦可計算出各變項間經由路徑中的其他中介變項產生的間接影響，又稱為間接效果；直接效果和間接效果的總和則稱為總效果（Karl Joreskog & Dag Sorbom, 1996）。

表 5-1：各變項間的間接效果

	教育	年齡	收入	客家意識	客話能力	文化期望
文化期望	-0.01 （0.01）	0.01 （0.01）	0.01 （0.01）	0.01 （0.01）		
學習動機	-0.12** （0.02）	0.08** （0.02）	0.12** （0.02）	0.07** （0.02）	0.01 （0.01）	
收視頻率	-0.05** （-3.48）	0.03* （0.01）	0.06** （0.02）	0.04** （0.01）	-0.01 （0.02）	0.00 （0.00）

註：數字表示間接效果，（indirect effect），括弧中的數字為標準誤（standard error）
　　* 表 $p < 0.05$；** 表 $p < 0.01$。

　　雖然教育對學習動機並沒有顯著的直接效果（圖 5-1），但是表 5-1 中卻顯示，教育透過影響客家話的能力進而影響文化期望，而對學習動機產生了顯著的負向間接效果（$I = -0.12$，$p < 0.01$）；教育也透過影響客家話能力，文化期望及學習動機等中介途徑間接影響了收視頻率（$I = -0.05$，$p < 0.01$）；其間的間接效果是教育水準愈低，學習客家話的動機愈強，收視客家電視愈頻繁。年齡則是透過影響客家話能力，進而影響文化期望，對學習動機產生顯著的間接效果（$I = 0.08$，$p < 0.01$）；此外，先前的分析中顯示年齡雖然對收視頻率未產生顯著的直接效果，表 5-1 中的間接效果卻顯示年齡可以透過對客家話能力、文化期望和學習動機三個主要中介因素對收視頻率產生正的間接效果（$I = 0.03$，$p < 0.05$）。收入對學習動機雖無顯著直接效果，但對透過客家話能力影響文化期望再影響學習動機，亦會直接透過文化期望影響學習動機，其間的間接效果是正向且顯著的（$I = 0.12$，$p < 0.01$）。同樣的，收入對收視頻率無直接效果，卻透過客家話能力、文化期望、學習動機及其他中介因素產生顯著的正向間接效果（$I = 0.06$，$p < 0.01$）。

　　在主要變項客家意識方面，先前所檢驗的結果顯示，客家意識對客家話的能力、文化期望及收視頻率均有顯著的正向直接效果。然而在間接效果方面，客家意識對文化期望無間接效果；客家意識係透過影響客家話能力進而影響文化期望，最後形成對學習動機的間接效果；以及先影響文化期望再經由文化期望影響學習動機，由表 5-1 可以看出上述間接效果的顯著性（$I = 0.07$，$p < 0.01$）。客家意識對於收視頻率除了有直接的影響之外，亦有明顯的間接效果（$I = 0.04$，$p < 0.01$）；其效果包含了以下至少七種主要的影響途徑：(1) 客家意識愈強的人，客家話能力愈強，也因此較常收視客家電視；(2) 客家意識愈強，客家話能力亦強，文化期望隨之增加，因而提高收視頻率；(3) 客家意識影響文化期望進而影響收視頻率；(4) 客家意識影響客家話能力，進而影響文化期望，再影響學習動機，最後形成對收視頻率的影響；(5) 客家意識先影響文化期望進而影響學習動機，再影響收視頻率；(6) 客家意識先影響客家話能力，進

而影響學習動機，再影響收視頻率；(7)客家意識透過對學習動機的影響間接影響了收視頻率。

在路徑分析中的總效果方面，總效果等於兩變項間的直接效果加上自變項透過各中介變項間接影響依變項的間接效果，可以代表自變項對於依變項的所有效果之總和。

表 5-2：各變項間的總效果

	教育	年齡	收入	客家意識	客話能力	文化期望	學習動機
客話能力	-0.27** （0.04）	0.19** （0.04）	0.26** （0.04）	0.14** （0.04）			
文化期望	-0.06 （0.05）	-0.01 （0.04）	0.09* （0.05）	0.10* （0.04）	0.05 （0.04）		
學習動機	-0.14** （0.05）	0.15** （0.04）	0.10* （0.05）	0.07 （0.04）	0.44** （0.04）	0.11** （0.04）	
收視頻率	-0.19** （0.05）	0.03** （0.04）	0.07 （0.05）	0.14** （0.04）	0.17** （0.04）	0.14** （0.04）	-0.04 （0.04）

註：數字代表 T（總效果，total effect），括弧中數字為標準誤（standard error）
　　* 表 $p < 0.05$，** 表 $p < 0.01$。

表 5-2 顯示教育對於客家話能力（$T = -0.27$，$p < 0.01$）、學習動機（$T = -0.14$，$p < 0.01$）及收視頻率（$T = -0.19$，$p < 0.01$）均有顯著的負向總效果。

年齡對於客家話的能力（$T = 0.19$，$p < 0.01$）及學習動機（$T = 0.15$，$p < 0.01$）均有顯著的正向總效果。年齡對於收視頻率雖無直接效果，但有間接效果，然而加總之後的總效果（$T = 0.03$，$p < 0.01$）並不顯著。收入的影響發生在對客家話能力（$T = 0.26$，$p < 0.01$）、文化期望（$T = 0.09$，$p < 0.05$）及學習動機（$T = 0.10$，$p < 0.05$）的正向總效果上。

客家意識對於客家話的能力（$T = 0.14$，$p < 0.01$）、文化期望（$T = 0.10$，$p < 0.05$）及收視頻率（$T = 0.14$，$p < 0.01$）分別有顯著的正

向總效果。

客家話的能力對於學習動機（$T = 0.44$，$p < 0.01$）及收視頻率（$T = 0.17$，$p < 0.01$）分別具有顯著的正向總效果。

文化期望則是對學習動機（$T = 0.11$，$p < 0.01$）及收視頻率（$T = 0.14$，$p < 0.01$）均有明顯的正向總體效果。

綜合總體效果的統計數據，本研究可以獲得以下結論：(1) 教育水準愈低者，客家話能力愈好，想藉由客家電視學客家話的意願愈高，收看客家電視的頻率也愈高；(2) 年齡愈長者，客家話的說聽能力愈好，學習客家化的動機也愈強；(3) 收入愈高，客家話能力愈好，愈認為客家電視對於挽救客家文化有幫助，他們透過客家電視學客家話的學習動機也愈強；(4) 客家意識愈強，則客家話的能力愈佳，對客家電視的文化復興功能的期望愈大，也愈常收看客家電視；(5) 客家話能力愈好的人，愈想透過客家電視學客家話，也愈常收看客家電視；(6) 愈對客家電視的挽救文化功能愈具信心和期望的人，也愈願意透過客家電視學習客家話，也愈常收看客家電視。

使用與滿足理論及晚近的收視行為研究發現了現實探索、價值整合、社會補償及功能強化等收視動機；然而這些模式並未清楚解析尋求滿足或補償的機制源自何處，又如何形成。客家電視以其具備「負載四百年來的失落與期望」、「特定文化語言內容」以及「置身於近百個以主流語言文化發聲的電視環境」這三項獨特的條件，提供了這項研究一個探索電視收視行為更細微面向的極佳場域。

從線性結構組成的路徑分析中發現，教育、年齡、收入等人口變項間具有高度關聯性，其間年齡和收入與客家意識具有高度正相關，當客家意識隨著年齡層的下降遞減時，也正透露著客家族群認知出現了世代間的鴻溝與危機。以客家意識為核心的客家元素，還包括了客家話的能力及對於客家電視挽救文化適足性的期望，都是收視客家電視的重要驅動力。如 Wakshlag et al.（1983）研究指出，觀眾對特別種類節目的忠誠度和習慣性具有高度連結頻道的傾向。客家電視應可透過掌握這群以

客家意識為主體的死忠觀眾群發展出對特殊節目（如傳統戲曲、文化、地方特色新聞等）的固定收視族群，進而培養出頻道的基本收視群。此外，Barret（1999）提出的與觀眾建立起超越歸屬變遷的連結，適足以作為客家電視今後如何激發客家意識以發展頻道特色的一個方向。此外，本研究之發現亦呼應了 Palmgreen et al.（1985）提出的觀眾需要及喜好等心理狀態及對頻道或特別種類節目的特殊忠誠度等非結構因素對收視動機不可忽視的影響力。

這項研究發現透過客家電視學習客家話並不是收視的顯著動機，反倒是客家話能力愈佳的人愈多收視客家電視；此一現象也許是因為客家話的學習門檻較高，值得客家電視節目製作群研究如何針對希望學習客家話的收視群而調整節目內容或增闢入門的語言教學節目。再從年齡、學習動機和收視頻率三者的路徑分析看來，年輕的客家人的客家話能力普遍不佳，進而收視客家電視的意願亦因之低落，同時愈年輕的客家人透過電視學客家話的意願也愈低，這不啻是客家語言文化傳承的一大警訊。僅次於客家意識在客家元素的核心地位，文化適足性所投射的文化復興期望，對於從電視中學習客家話的動機到具體的收視行為都具有顯著的影響力。

追根究柢，影響客家電視收視的因素還是客家意識。其中兩項明顯的結構影響力分別是客家意識影響客家話能力進而影響收視行為，以及客家意識影響文化期望進而影響收視行為，這個現象再次強化了本研究提出的「核心的客家元素才是收視客家電視的主要驅力」的觀點。McQuail et al.（1972）有關閱聽人尋求價值強化的動機以及 Finn & Gorr（1988）提出的社會補償動機，都需要後續更多的實證研究，以了解哪一些有關心理和認知的機制或理論，可以解釋觀眾透過失落或缺憾的彌補過程，得以強化期望、信念、及價值，進而影響滿足認知和滿足追求。在實務上，由補償或意識形態產生的信念會維持多久？因此產生的收視行為在面臨其他市場因素的競爭時，收視行為又能堅持多久？都是值得進一步研究的問題。

　　至於收視客家電視能不能增進或養成客家人的客家意識，則需要較長時間的持續觀察方能探知。深入探索族群意識與收視行為間的理論機制以及更多的實證研究，將有助於實務界了解族群電視的製作方向和電視在語言文化復興上的實際功能。

參、客家電視使用與滿足

　　除了意識形態是收看客家電視的一大因素之外，探究客家電視的使用與滿足（uses and gratifications），可以從兩個層面進行：

1. 客家電視觀眾群具有的特質和區辨觀眾與非觀眾及客家與非客家人之收視差異性，得以探索人口變項特徵與客家電視間的連結，對於市場區隔與定位及行銷對象與策略有所助益。

2. 深入分析各種類型節目的觀眾屬性有助於瞭解客家語言、客家文化和節目類型的互動關係在特殊族群頻道上的特殊角色與功能。

　　2008 年 3 月 18 日至 3 月 30 日，客家電視曾經進行一項全台灣民眾及客庄地區民眾兩種樣本之客家電視觀眾使用與滿足調查[3]。表 5-3 顯示，在全國樣本中，客家電視台的觀眾，即過去半年內收看過客家電視者，佔了全體的 25.9%；從性別觀之，男性收看的比重高於女性（28.4% vs. 23.4%）。

　　從年齡層的角度觀之，30 至 39 歲（27.7%）、40 至 49 歲（32.3%）及 50 至 59 歲（33%）的三個年齡層中，收看客家電視的比例相對高出整體收視平均值（25.9%）反倒是 60 歲以上的收視群佔的百分比低於平均值；這與一般人印象中客家電視觀眾群年齡偏高的刻板印象有所出入，但 10 至 19 歲僅有 15.9% 以及 20 至 29 歲中僅有 22% 的觀察是值得關心客家文化傳承之士擔憂的。

　　以居住地區別視之，桃竹苗（35.7%）、宜花東（33.2%）、中彰投（27.4%）均在全部樣本平均值（25.9%）之上，竹苗桃的客家人口比例分居全國縣份的一、二、三名，這些傳統客家縣份收看客家電視的人

表 5-3：一般民眾有沒有看過客台？（依性別、年齡、地區、教育、職業別）

		頻道接觸率		樣本數
		看過	沒看過	
		%	%	
性別	男	28.4%	71.6%	2027
	女	23.4%	76.6%	1995
合計		25.9%	74.1%	4022
年齡	10-19 歲	15.9%	84.1%	640
	20-29 歲	22.0%	78.0%	743
	30-39 歲	27.7%	72.3%	725
	40-49 歲	32.3%	67.7%	737
	50-59 歲	33.0%	67.0%	573
	60 以上	24.6%	75.4%	605
合計		25.9%	74.1%	4022
地區	大台北	22.9%	77.1%	1207
	桃竹苗	35.7%	64.3%	581
	中彰投	27.4%	72.6%	777
	雲嘉南	22.9%	77.1%	607
	高屏澎	21.7%	78.3%	665
	宜花東	33.2%	66.8%	185
合計		25.9%	74.1%	4022
教育	小學或以下	19.1%	80.9%	727
	國初中	22.6%	77.4%	553
	高中職	27.9%	72.1%	1252
	專科	32.7%	67.3%	496
	大學或以上	27.3%	72.7%	958
	未答	14.6%	85.4%	37
合計		25.9%	74.1%	4022
職業	全職	30.5%	69.5%	1954
	兼職	28.3%	71.7%	217
	家管	22.2%	77.8%	563
	無 / 退	24.3%	75.7%	523
	學生	17.6%	82.4%	750
	未答	11.3%	88.7%	15
合計		25.9%	74.1%	4022

口比例排名居首，並不意外，然其比例僅有 35.7％，亦即過去半年內只有三分之一強的桃竹苗人看過客家電視，這是個值得觀察和追根究抵的警訊。

　　學歷是不是收看客家電視的一項顯著因素呢？在全國樣本中，專科學歷者有三分之一為收視群，其他學歷之比例則相差不遠，小學及初中學歷者中，僅兩成看過客家電視，這與刻板印象中，客家電視的觀眾中多為年長者和低學歷者並不盡然符合。

　　職業分類方面，上班族有三成過去半年看過客家電視，高出平均值（25.9％）五個百分點，其餘則相去不遠，倒是學生族群不太看客家電視（17.6％）。這與年輕人不愛看客家電視息息相關。

表 5-4：一般民眾有沒有看過客台？（依族群、語言、腔調、客話能力別）

		頻道接觸率		樣本數
		看過	沒看過	
		%	%	
族群	客家	50.7%	49.3%	529
	非客家	22.1%	77.9%	3493
合計		25.9%	74.1%	4022
常用語言	客家	59.6%	40.4%	367
	非客家	22.5%	77.5%	3655
合計		25.9%	74.1%	4022
客話腔調	四縣	60.3%	39.7%	191
	海陸	61.9%	38.1%	127
	其他/未答	50.8%	49.2%	50
合計		59.6%	40.4%	367
客話能力	完全不會	14.8%	85.2%	2772
	會一點點	46.2%	53.8%	687
	聽佳説一些	53.7%	46.3%	241
	聽説都佳	57.7%	42.3%	322
合計		25.9%	74.1%	4022

　　表 5-4 顯示，在全國一般民眾樣本中，客家人中有一半看過客家電

視（50.7%），非客家人僅22.1%看過，以客家話為常用語言者中有六成看過（59.6%），非以客家語為主要語者中，僅22.5%看過，這與客家電視純客家話發音的台性有密切關連，這個數據倒可供「客家電視究竟應該堅持客家話發聲抑或是以其他語言介紹客家文化亦可」的論辯作為參考，不過，若從避免文化同化的角度，則另當別論。四縣、海陸腔調使用者，幾乎沒有差異，這也說明以四縣主流腔調的客家電視並沒有因此不為海陸腔者接受。以客家話的流利程度之角度分析之，聽說客家話佳者中，收看客家電視之比例較高（57.7%），完全不會客家話的人中，僅14.8%的人在過去半年內看過客家電視。

在顯著性卡方檢定結果如表5-5，整體而言，除了客家話腔調不是收看客家電視台的顯著區辨因素之外，性別、年齡、居住地區、教育程度、工作狀況、族群、常用語言、及客家話能力與收看客家電視與否均有顯著關聯性。

表5-5：一般民眾有沒有看過客台之顯著性檢定

性別	年齡	地區	教育	職業
$x^2= 12.878$ $df =1$ $p= .000$	$x^2= 71.167$ $df =5$ $p=.000$	$x^2= 50.193$ $df =5$ $p= .000$	$x^2= 38.716$ $df =5$ $p= .000$	$x^2= 54.502$ $df =5$ $p= .000$
族群	常用語言	客話腔調	客話能力	
$X^2= 195.947$ $df =1$ $p= .000$	$x^2= 239.865$ $df =1$ $p=.000$	$x^2= 1.805$ $df =2$ $p= .406$	$x^2= 593.681$ $df =3$ $p=.000$	

客家庄民眾當中（如表5-6），男性（52.8%）看客家電視的比例仍高過女性（47.2%），但與平均值（50.3%）比較之，差別不甚明顯，年齡層方面，其年紀效應逐漸顯現，相較於全國一般民眾樣本60歲以上者，僅24.6%為觀眾，客家庄60歲以上民眾當中，有62.4%為觀眾，且明顯地依年齡層遞減而觀眾比例遞減，這個統計數字確實說明了客家

表 5-6：客家庄民眾有沒有看過客台？（依性別、年齡、地區、教育、職業別）

		頻道接觸率		樣本數
		看過	沒看過	
		%	%	
性別	男	52.8%	47.2%	489
	女	47.5%	52.5%	444
合計		50.3%	49.7%	933
年齡	10-19 歲	34.6%	65.4%	156
	20-29 歲	42.2%	57.8%	175
	30-39 歲	48.2%	51.8%	152
	40-49 歲	56.4%	43.6%	174
	50-59 歲	60.5%	39.5%	117
	60 歲以上	62.4%	37.6%	159
合計		50.3%	49.7%	933
縣市	桃園縣	51.3%	48.7%	320
	新竹縣	52.1%	47.9%	208
	苗栗縣	52.5%	47.5%	220
	屏東縣	47.7%	52.3%	77
	其他	41.0%	59.0%	108
合計		50.3%	49.7%	933
教育	小學或以下	52.9%	47.1%	184
	國初中	50.0%	50.0%	119
	高中職	49.9%	50.1%	313
	專科	59.4%	40.6%	114
	大學或以上	44.1%	55.9%	198
	未答	24.5%	75.5%	5
合計		50.3%	49.7%	933
職業	全職	53.7%	46.3%	466
	兼職	57.3%	42.7%	47
	家管	45.3%	54.7%	108
	無/退	62.5%	37.5%	123
	學生	35.1%	64.9%	187
	未答	34.9%	65.1%	2
合計		50.3%	49.7%	933

庄內，年紀愈大者，愈會收看客家電視，對客家庄民眾而言，住在哪個縣市，並非收視與否之顯著因素。

　　教育的影響力影響亦不大。僅不回答學歷選項者，收看客家電視比例偏低，但因其樣本數僅 5 人，故不具統計推論之意義。專科學歷者依然是收看客家電視觀眾學歷層中比例最高者（59.4%），大學或以上學歷者中，看客家電視的比例最低（44.1%），比平均值 50.3% 相較明顯偏低。職業別中，客家庄民眾以無業或退休這個類別中收看者最多（62.5%），學生中僅 35.1% 收看。

表 5-7：客家庄民眾有沒有看過客台？（依語言、腔調、客話能力、使用度別）

		頻道接觸率		樣本數
		有看	沒看過	
		%	%	
常用語言	客家	56.7%	43.3%	721
	非客家	28.6%	71.4%	212
合計		50.3%	49.7%	933
客話腔調	四縣	61.4%	38.6%	386
	海陸	57.1%	42.9%	243
	其他 / 未答	35.8%	64.2%	92
合計		56.7%	43.3%	721
客話能力	完全不會	4.2%	95.8%	29
	會一點點	30.2%	69.8%	113
	聽佳說一些	46.3%	53.7%	156
	聽說都佳	57.0%	43.0%	635
合計		50.3%	49.7%	933

　　客家庄民眾當中依語言、腔調、客家話能力分析之（表 5-7），數據顯示客家庄民眾中，客家人有 56.7% 看客家電視，非客家人中僅有 28.6% 過去半年內看過，差異性十分顯著。

　　客家話腔調方面，四縣腔者中有 61.4％看過客家電視，海陸腔中有 57.1％，其間雖有差異，但與平均值（56.7％）相較尚在合理範圍內；倒是其他腔調或是未回答者中，僅有 35.8％收視客家電視；因為其中未回答腔調別者，恐怕是一群不太會說客家話的人，否則為何會連自己所說的腔調都答不上來，這個部份需要在電訪中進一步追問方可解惑；除此之外，客家電視以四縣、海陸為主的語言策略，恐怕也是其他腔調者相對陌生的原因。

　　就客家話的能力而論，和一般民眾樣本的趨勢相符，亦即聽說客家話愈佳者，其中收看客家電視之比例愈高。

　　表 5-8 呈現卡方檢定之顯著性結果。年齡、職業、說客家話與否、腔調和客家話能力之差別均和收視客家電視與否顯著相關。至於性別和教育與收視與否的相關性，尚屬於邊際顯著的範圍；至於居住縣市別則毫不顯著。

表 5-8：客家庄民眾有沒有看過客台之顯著性檢定

性別	年齡	縣市	教育
x²= 2.554 df =1 p= .110	x²= 36.836 df =5 p=.000	x²= 4.615 df =4 p= .329	x²= 9.484 df =5 p= .091
職業	常用語言	客話腔調	客話能力
X²= 28.906 df =5 p= .000	x²= 50.936 df =1 p=.000	x²= 19.759 df =2 p= .000	x²= 56.430 df =3 p=.000

　　客家電視究竟該多播放哪些類型的節目呢？這是一個從客家電視開台籌備期就反覆思索，不斷辯論的問題。節目播出時段有限，觀眾需求無窮，一但順了姑意，勢必失了嫂意，表 5-9 中的科學統計數據也許能夠釋疑。

表 5-9：一般民眾喜歡節目類型依性別、年齡別（複選題）

		喜歡收看的節目類型								樣本數
		生活資訊	新聞類	紀錄片	音樂綜藝類	戲劇戲曲類	公眾近用	兒童類	不知道未回答	
		橫列%	橫列%	橫列%	橫列%	橫列%	橫列%	橫列%	橫列%	
性別	男	26.7%	28.1%	32.4%	36.4%	19.8%	7.8%	7.5%	12.7%	575
	女	33.2%	18.6%	26.6%	34.7%	32.1%	7.9%	15.3%	14.5%	467
合計		29.6%	23.8%	29.8%	35.6%	25.3%	7.8%	11.0%	13.5%	1042
年齡	10-19	21.0%	23.9%	19.2%	38.4%	20.8%	3.8%	25.8%	8.1%	102
	20-29	33.8%	29.4%	35.6%	43.5%	27.0%	7.3%	11.9%	5.1%	164
	30-39	33.2%	23.7%	31.2%	27.3%	28.2%	9.2%	16.0%	9.7%	201
	40-49	32.1%	22.4%	35.1%	31.7%	26.3%	9.4%	7.2%	15.2%	238
	50-59	31.4%	21.9%	33.5%	39.0%	23.4%	8.9%	4.8%	14.4%	189
	60以上	19.7%	22.4%	15.5%	38.2%	23.4%	5.3%	7.0%	27.4%	149
合計		29.6%	23.8%	29.8%	35.6%	25.3%	7.8%	11.0%	13.5%	1042

　　表 5-9 顯示，在一般民眾收視節目類型的偏好方面，音樂綜藝節目人氣最旺（35.6%），紀錄片和生活資訊類次之（29.8%和29.6%），戲劇戲曲（25.3%）和新聞類節目（23.8%）亦頗有人氣。

　　以性別角度觀之，和平均收視習慣比較，女性偏愛生活資訊、戲劇戲曲及兒童類節目，而男性則較喜歡新聞類（28.1%）、紀錄片（32.4%）。

　　從年齡層區辨之，20 至 60 歲為生活資訊類節目重要觀眾群；20 到 29 歲者當中收看音樂綜藝類（43.5% vs 35.6%）、紀錄片（35.6% vs 29.8%）、新聞（29.4% vs 23.8%）的比例較樣本平均值高出最多；40 至 49 歲這個年齡層中收看紀錄片者的比例亦高（35.1% vs 29.8%）；音樂節目以 20 至 29 歲中比例相對於全樣本均值為較高（43.5% vs 35.6%）；戲劇戲曲類的觀眾年齡層除 10 至 19 歲外，分布較均勻，公眾近用類在 30 至 39 歲及 40 至 49 歲這兩個階層者中收視的百分比（9.2%

及 9.4%）相對於其他年齡層為高。

表 5-10：一般民眾喜歡節目類型依職業、族群別（複選題）

		喜歡收看的節目類型								樣本數
		生活資訊	新聞類	紀錄片	音樂綜藝	戲劇戲曲	公眾近用	兒童節目	不知道未回答	
		橫列%	橫列%	橫列%	橫列%	橫列%	橫列%	橫列%	橫列%	
職業	全職	30.7%	25.3%	34.0%	33.5%	25.1%	9.1%	9.4%	11.2%	595
	兼職	31.3%	16.8%	33.5%	47.8%	30.6%	9.5%	6.8%	9.9%	61
	家管	31.4%	17.6%	26.8%	33.1%	23.9%	7.2%	16.2%	24.7%	125
	無／退	21.9%	25.0%	19.2%	37.1%	26.7%	4.7%	3.8%	22.0%	127
	學生	29.6%	25.3%	22.1%	40.9%	23.9%	4.7%	21.6%	6.0%	132
	未答							34.8%	65.2%	2
合計		29.6%	23.8%	29.8%	35.6%	25.3%	7.8%	11.0%	13.5%	1042
族群	客家	24.6%	29.3%	31.4%	33.5%	30.0%	9.0%	12.0%	14.5%	269
	非客家	31.3%	21.9%	29.2%	36.4%	23.7%	7.4%	10.6%	13.1%	774
合計		29.6%	23.8%	29.8%	35.6%	25.3%	7.8%	11.0%	13.5%	1042

　　從職業類別及族群的角度觀之，表 5-10 顯示，紀錄片（34.0%）、音樂綜藝（33.5%）是上班族的最愛，這與上班族的知性需求以及相關研究中「逃避現實」及「娛樂」為收視電視兩大動機之發現相若；家庭主婦的最愛則是音樂綜藝和生活資訊兩類節目（33.1%及 31.4%）；學生則是明顯偏好音樂綜藝類節目（40.9%）。

　　以族群別區分，客家人比起整體平均值而言，較喜愛新聞類（29.3% vs 23.8%）、紀錄片（31.4% vs 29.8%）、戲劇戲曲（30.0% vs 25.3%）、公眾近用（9.0% vs 7.8%）及兒童節目（12.0% vs 11.0%）。

　　表 5-11 顯示，在客家庄當中，男性最喜歡的節目依序是：音樂綜藝（39.5%）、紀錄片（29.6%）、戲劇戲曲（29.2%）、新聞（29.0%）、生活資訊（25.9%）、兒童節目（7.3%），及公眾近用（6.8%）。女性

表 5-11：客家庄民眾喜歡節目類型依性別、年齡別（複選題）

		喜歡收看的節目類型								樣本數
		生活資訊	新聞類	紀錄片	音樂綜藝	戲劇戲曲	公眾近用	兒童節目	不知道未回答	
		橫列%	橫列%	橫列%	橫列%	橫列%	橫列%	橫列%	橫列%	
性別	男	25.9%	29.0%	29.6%	39.5%	29.2%	6.8%	7.3%	14.0%	258
	女	30.6%	18.2%	22.1%	43.3%	25.2%	2.7%	15.5%	13.9%	211
合計		28.0%	24.1%	26.2%	41.2%	27.4%	5.0%	11.0%	14.0%	469
年齡	10-19	24.3%	33.5%	31.5%	41.5%	26.6%	6.9%	20.0%	6.7%	54
	20-29	27.6%	19.0%	25.3%	43.8%	28.1%		18.5%	9.6%	74
	30-39	37.2%	15.1%	33.4%	33.1%	39.1%	3.8%	14.5%	7.5%	73
	40-49	34.6%	25.9%	35.7%	40.8%	23.0%	10%	9.7%	11.8%	98
	50-59	26.1%	26.6%	25.6%	45.6%	27.1%	3.4%	3.3%	14.2%	71
	60 以上	18.3%	26.1%	9.7%	42.3%	23.4%	4.5%	4.6%	27.8%	99
合計		28.0%	24.1%	26.2%	41.2%	27.4%	5.0%	11.0%	14.0%	469

的排序則略有不同：音樂綜藝（43.3%）、生活資訊（30.6%）、戲劇戲曲（25.2%）、紀錄片（22.1%）、新聞節目（18.2%）、兒童節目（15.5%），及公眾近用（2.7%）。

　　年齡層的效度方面，表 5-11 顯示，10 至 19 歲者最愛音樂綜藝（41.5%），20 至 29 歲者亦如此（43.8%），30 至 39 歲群最愛戲劇戲曲（39.1%），40 至 49 歲、50 至 59 歲及 60 歲以上，皆最喜愛音樂綜藝節目。客家音樂節目在客家庄的受歡迎程度不但跨越性別，亦跨越了年齡層。客家電視應多製作質精的音樂綜藝節目，是最符合不同屬性觀眾需求的一項共識。

　　以職業為類別區分，客家庄民眾的節目類型喜好之研究對於節目時段安排會有所助益，音樂綜藝節目（41.2%）仍是各職業類別的共同最愛。上班族中，戲劇戲曲節目（31.7%）、生活資訊節目（30.9%）及紀錄片（30.9%）皆受青睞；家庭主婦除了最愛音樂綜藝節目（35.8%）

表 5-12：客家庄民眾喜歡節目類型依職業別（複選題）

<table>
<tr><th rowspan="3"></th><th rowspan="3"></th><th colspan="8">喜歡收看的節目類型</th><th rowspan="3">樣本數</th></tr>
<tr><th>生活
資訊</th><th>新聞類</th><th>紀錄片</th><th>音樂
綜藝</th><th>戲劇
戲曲</th><th>公眾
近用</th><th>兒童
節目</th><th>不知道
未回答</th></tr>
<tr><th>橫列%</th><th>橫列%</th><th>橫列%</th><th>橫列%</th><th>橫列%</th><th>橫列%</th><th>橫列%</th><th>橫列%</th></tr>
<tr><td rowspan="6">職業</td><td>全職</td><td>30.9%</td><td>24.8%</td><td>30.9%</td><td>43.3%</td><td>31.7%</td><td>6.2%</td><td>10.5%</td><td>9.3%</td><td>250</td></tr>
<tr><td>兼職</td><td>23.6%</td><td>22.3%</td><td>23.3%</td><td>38.3%</td><td>16.2%</td><td>2.4%</td><td>7.7%</td><td>25.8%</td><td>27</td></tr>
<tr><td>家管</td><td>28.1%</td><td>20.0%</td><td>19.0%</td><td>35.8%</td><td>19.3%</td><td>4.4%</td><td>14.8%</td><td>24.4%</td><td>49</td></tr>
<tr><td>無/退</td><td>21.5%</td><td>19.3%</td><td>12.6%</td><td>34.3%</td><td>24.9%</td><td>3.3%</td><td>8.3%</td><td>24.8%</td><td>77</td></tr>
<tr><td>學生</td><td>26.7%</td><td>31.3%</td><td>31.4%</td><td>47.0%</td><td>25.2%</td><td>3.8%</td><td>14.6%</td><td>5.5%</td><td>66</td></tr>
<tr><td>未答</td><td></td><td></td><td></td><td></td><td></td><td></td><td></td><td>100%</td><td>1</td></tr>
<tr><td colspan="2">合計</td><td>28.0%</td><td>24.1%</td><td>26.2%</td><td>41.2%</td><td>27.4%</td><td>5.0%</td><td>11.0%</td><td>14.0%</td><td>469</td></tr>
</table>

之外，也偏愛生活資訊類節目（28.1%）。學生除了最喜歡音樂綜藝節目
（47.0%）之外，紀錄片（31.4%）及新聞類節目（31.3%）亦是所好。

肆、市場定位與觀眾期待

　　一個頻道的經營誠如一個產品在市場上行銷一樣，需要定位，即找
尋理想的顧客群，制定合理的價位以及搭配適合的銷售策略。因為市場
上幾乎不可能以單一產品擄獲所有的消費者，因此必須要明確地市場定
位及市場區隔，將消費大眾分眾化及個人化，以更貼近每一個人的需
求。市場定位和區隔係將市場依消費者所尋求的價值（value）和益處
（benefit）區分成諸多區塊，針對每一個區塊去設計不同的 4P 策略，即
所謂的 Product（產品）、Price（定價）、Promotion（行銷）和 Place（通
路）。

　　在市場定位和市場區隔之前，最重要的就是市場調查，因為，透過
市場調查蒐集到的科學數據，會讓生產者知道消費者是誰，以及他們需
要什麼。市場調查的方法分為定性（qualitative）及定量（quantitative），

定性旨在發掘少數人較深層之想法，定量則著重在調查較大規模的消費者之一般想法。通常一個針對消費者使用與滿足的調查會包括人口變項及消費特性兩大類。人口變項包括性別、年齡、教育、婚姻、居住地區、都市化程度、收入、家中成員、職業等；調查消費特性的變項包括：使用品牌、使用數量、使用時數、購買通路、消費金額、購買原因及未來購買計畫等。

一、電視媒體的分眾市場策略

針對電視媒體的使用行為則應特別注重觀眾輪廓分析、非觀眾輪廓分析、收視節目類型、收視時段、收視動機、收視忠誠度、收視滿意度、頻道接觸度、頻道滿意度等。

(1)觀眾輪廓分析：瞭解觀眾之性別、年齡、教育、居住地區、職業、職務等基本資料，是市場區隔最基本的核心資料，它可以幫助節目製作及行銷企劃人員掌握觀眾群像，知道觀眾是誰及他們在哪裡。

(2)非觀眾輪廓分析：開拓客源和留住客戶對行銷人員而言同等重要，瞭解誰不看節目和誰看節目亦同等重要。收視習慣並非一成不變，要有企圖心將非觀眾變為觀眾群。

(3)節目類型：將節目依新聞、綜藝、娛樂、資訊、戲劇、兒童等性質區分類型，逐一發掘每一類型之不同市場定位及市場區隔，瞭解它們的觀眾分別是哪些人，又哪些人不收看哪些類型的節目，為什麼？有沒有可能改變？是節目內容的問題還是類型的問題？

(4)收視時段：每一種不同類型的觀眾，他們有空收視的時間為何？習慣收視的時間為何？收視時段是否會改變？哪些因素影響收視時段？

(5)收視動機：觀眾收看節目與否的動機不一而足，有學習、消遣、逃避、蒐尋、發洩、興趣等，深入瞭解不同觀眾的收視動機，對於節目內容、方針甚至演員的安排皆有相當助益。

(6)收視忠誠度：瞭解觀眾的收視行為是隨機的還是有目的性的，而有目的性的觀眾又可以區分為有忠誠度的及沒有忠誠度的；沒有忠誠度的觀眾僅收看可以滿足其當下目的的節目收看，譬如想消遣娛樂、打發時間，他（她）可能隨著搖控器蒐尋有趣的、好玩的節目即可；有忠誠度的觀眾則會對某些電視的元素系統性地產生興趣，例如某個演員的粉絲、某個導演的作品、某種風格的節目等。

(7)收視滿意度：如同產品滿意度一般，光瞭解顧客是否購買並不夠，還要進一步知道顧客使用該產品後的想法和滿意程度，因此，滿足（gratification）是使用（use）的結果，亦是使用的前提，針對節目安排、內容、演員、劇情等細節的滿意度實乃節目製作時最為倚重的資訊。

(8)頻道接觸度：頻道接觸度的重要性猶如品牌知名度。一個好的品牌可以為產品帶來超額的附加價值，對電視頻道經營者而言，亦復如此，因為節目隨時會變動，只有頻道才是營運的基礎，讓觀眾習慣收視某個頻道要比觀眾習慣收視某個節目要來得有商業上的價值。

(9)頻道滿意度：頻道滿意度是頻道忠誠度的來源。頻道行銷包括了頻道定位、頻道形象、頻道訴求和頻道包裝。以客家電視台為例，17 頻道客家電視的意義遠大過某一個節目或某一種節目類型，因為，成功行銷客家頻道，不但行銷了節目、行銷了品牌，亦行銷了客家意象。

(10)組合行銷研究：上述諸多因素的組合可以產生更多細緻的市場資訊，將什麼人在什麼時段看什麼類型的節目、發自什麼動機、產生什麼感想加以組合，成以更具市場價值和科學意義的市場訊息。

二、客家電視的市場定位

對於客家電視而言，反覆思辯的市場定位問題，包括了：

(1)究竟要將資源聚焦在主要收視群，亦即客家話能力較佳且對客家
文化傳承較有使命感的年長觀眾，還是客家話能力不佳、收視依
節目內容導向且較有傳承意義的年輕族群？

(2)究竟是要堅持純客家話發聲，以客家觀點報導客家文化，還是客
家話、客家觀點或客家文化三者擇其一搭配主流媒體元素即可？

(3)綜合以上二者，客家電視究竟是客家人看的電視還是讓所有人瞭
解客家的平台？它要強調和主流頻道的差異性還是和主流頻道競
爭？

研究客家電視之節目和行銷策略，可以從以人為中心、以時段為中
心及以節目類型為中心，三個主要面向思考之：

(1)以人為中心：觀眾群依使用頻度可以區分為重度收視者（heavy
viewer），即涵化理論中會受媒體建構之世界影響個人感知世
界的一群人，以及中度收視者（medium viewer）和輕度使用者
（light viewer）。這三種不同使用頻度之觀眾群之收視習慣、收
視動機和市場貢獻度皆迴異。

(2)以時段為中心：客家觀眾的收視時段習慣與一般人略有不同，特
別是客家庄生活形態和都市化生活形態的差異會造成觀眾主要使
用電視之時段差異，且客家電視中之高年齡層及無業或退休人士
偏多，亦影響時段習慣。故以時段為中心，可以明確區隔觀眾之
可得性（availability），更可以培養觀眾收視之時段黏度。

(3)以節目類型為中心：客家電視節目主要可以區分為生活資訊類、
新聞類、紀錄片類、音樂綜藝類、戲劇戲曲類、公眾近用類、兒
童類等。從產製面觀之，每一種類型節目之製作人才、製作經
費、製作過程、行銷方式皆有所差異；就消費面觀之，不同類型
的節目有不同的訴求和不同的受眾，以節目類型為中心的製作和

行銷策略可以區隔節目風格、觀眾屬性和製作資源。

(4) 組合式思考：將人、時段和節目類型形成之多種組合，例如：不同使用頻度之觀眾在不同時段收視不同類型的節目，會產生何種收視滿意程度，將更可以落實市場定位和市場區隔。

三、客家電視的觀眾忠誠度與滿意度

　　在將近百個頻道的台灣電視生態中，頻道忠誠度不易養成，觀眾手持遙控器遊走於各台間的收視方式，使得頻道忠誠度的培養成為難以達成的理想。不過，客家電視的語言特殊性及由文化失落感產生的特殊意識形態，倒是可能凝聚頻道向心力，培養頻道忠誠度的重要因素。

　　將客家電視的收視群區分為：(1) 重度收視者，即每週收視客台總時數[4]在 3 小時以上者；(2) 中度收視者，每週收視客台總時數在 30 分鐘至 3 小時之間者；(3) 輕度收視者，為每週收視客台總時數在 30 分鐘以下者，表 5-13 即依此分類，分析重度、中度、輕度收視者的屬性差異。

　　在全國一般觀眾的樣本中，以性別為面向分析，相較於整體平均，女性的重度收視者較多（51.2%），男性的中度收視者較多（58.4%）。

　　以年齡層觀之，10 至 19 歲、50 至 59 歲及 60 歲以上之重度收視者的相對比例偏高（11.7%、19.9%、22.8% vs 10.4%、18.0%、13.4%），其中 60 歲以上的重度收視者（22.8%）比例明顯高於年齡層之平均值（13.4%）。

　　居住地區中，桃竹苗的重度收視者（30.4%）明顯高於人口比例（21.6%），其他如大台北地區、中彰投、雲嘉南及宜花東均為輕度收視者居多；這個調查數據十分清楚地說明客家電視的觀眾以客家縣份民眾比例居多。

　　在全國一般民眾當中，小學或以下學歷者之重度收視比例（24.8%）遠高於該學歷層之人口比例（13.3%），大學以上學歷者，則恰好相反，輕度收視者的比例（33.4%）明顯高於正常比例（24.5%）。

　　在職業類別上，家管及無業或退休者在重度收視群中的比例（14.8%

表 5-13：一般民眾收視客台頻繁程度分析（依性別、年齡、地區、教育、職業別）

| | | 看客台程度 | | | | | | 樣本數 | 直行百分比 |
| | | 輕度收視者 | | 中度收視者 | | 重度收視者 | | | |
		N	直行%	N	直行%	N	直行%		
性別	男	142	52.5%	180	58.4%	69	48.8%	392	54.3%
	女	129	47.5%	128	41.6%	73	51.2%	330	45.7%
	合計	271	100%	308	100%	142	100%	722	100%
年齡	10-19 歲	26	9.5%	32	10.5%	17	11.7%	75	10.4%
	20-29 歲	60	22.2%	37	12.1%	13	8.8%	110	15.2%
	30-39 歲	49	18.1%	68	21.9%	25	17.9%	142	19.7%
	40-49 歲	65	24.0%	76	24.7%	27	18.9%	168	23.3%
	50-59 歲	47	17.4%	55	17.7%	28	19.9%	130	18.0%
	60 及以上	24	8.8%	40	13.0%	32	22.8%	97	13.4%
	合計	271	100%	308	100%	142	100%	722	100%
地區	大台北	77	28.5%	74	23.9%	35	24.5%	186	25.7%
	桃竹苗	43	16.0%	69	22.5%	43	30.4%	156	21.6%
	中彰投	66	24.4%	70	22.7%	22	15.3%	158	21.9%
	雲嘉南	35	13.1%	35	11.4%	16	11.5%	87	12.1%
	高屏澎	35	13.0%	48	15.4%	20	14.2%	103	14.3%
	宜花東	14	5.1%	12	4.0%	6	4.0%	32	4.4%
	合計	271	100%	308	100%	142	100%	722	100%
教育	小學或以下	22	8.0%	39	12.5%	35	24.8%	96	13.3%
	國初中	29	10.6%	39	12.6%	17	12.0%	85	11.8%
	高中職	85	31.4%	119	38.6%	43	30.4%	247	34.3%
	專科	43	15.9%	47	15.3%	24	16.7%	114	15.8%
	大學或以上	91	33.4%	64	20.7%	22	15.6%	177	24.5%
	未答	2	0.7%	1	0.2%	1	0.5%	3	0.4%
	合計	271	100%	308	100%	142	100%	722	100%
職業	全職	161	59.5%	182	58.8%	61	42.9%	404	55.9%
	兼職	21	7.9%	20	6.6%	8	5.5%	49	6.8%
	家管	26	9.7%	41	13.3%	21	14.8%	88	12.2%
	無/退	24	8.9%	27	8.8%	34	23.7%	85	11.8%
	學生	37	13.6%	38	12.3%	19	13.1%	94	13.0%
	未答	1	0.4%	1	0.2%			2	0.2%
	合計	271	100%	308	100%	142	100%	722	100%

及 23.7％）明顯高於該職業類別之人口比例（12.2％及 11.8％）。

　　綜合人口變項的分析，在全國一般民眾中，桃竹苗地區、小學以下學歷、無業或退休以及 60 歲以上年齡者，是客家電視重度收視者的主要輪廓。

表 5-14：一般民眾收視客台頻繁程度分析（依族群、語言、腔調、客話能力別）

		看客台程度						樣本數	直行百分比
		輕度收視者		中度收視者		重度收視者			
		N	直行％	N	直行％	N	直行％		
族群	客家人	55	20.3％	85	27.6％	67	46.9％	207	28.6％
	非客家人	216	79.7％	223	72.4％	75	53.1％	515	71.4％
	合計	271	100％	308	100％	142	100％	722	100％
常用語言	客家話	46	16.9％	64	20.8％	58	41.0％	168	23.3％
	非客家話	225	83.1％	244	79.2％	84	59.0％	553	76.7％
	合計	271	100％	308	100％	142	100％	722	100％
腔調	四縣	28	61.8％	26	40.7％	32	55.7％	87	51.6％
	海陸	12	26.8％	26	40.8％	23	39.5％	62	36.6％
	其他/未回答	5	11.4％	12	18.5％	3	4.8％	20	11.8％
	合計	46	100％	64	100％	58	100％	168	100％
客話能力	完全不會	121	44.8％	110	35.5％	31	21.7％	262	36.3％
	會一點點	81	30.0％	93	30.0％	41	28.7％	215	29.8％
	聽佳說一些	39	14.5％	41	13.4％	15	10.9％	96	13.3％
	聽說都佳	29	10.6％	65	21.1％	55	38.7％	149	20.6％
	合計	271	100％	308	100％	142	100％	722	100％

　　表 5-14 係將全國一般民眾區分為重度、中度和輕度收視客家電視三個類別後，以族群、常用語言、腔調和客話能力進行交叉分析之結果。重度使用者中，客家人的相對比例（46.9％）明顯高出族群人口比例（28.6％），相對的，輕度使用者中，非客家人的比例（79.7％ vs 71.4％）亦顯著偏高。

　　常用語言中，說客家話者在重度收視者中之比例（41.0％）顯然高

於平均（23.3%），常用語言為客家話以外之其他語言者，在輕度收視者中之比例（83.1%）則高出平均值（76.7%）。

腔調效應則出現耐人尋味的結果，不論是四縣（55.7%）或海陸（39.5%）在重度收視者中所佔的比例均高於平均值（51.6%及36.6%）；然在輕度使用者中，四縣腔調者所佔的比例（61.8%）明顯高於該腔調之人口比例（51.6%），而海陸腔（26.8%）則是明顯低於正常比例（36.6%）

在客家話能力方面，全國一般民眾當中，重度收視群中聽說客家話都佳者，其所佔的比例（38.7%）大幅超前聽說都佳者在人口中的比例（20.6%），完全不懂客家話的人是輕度收視群中的主要成份（44.8%）。

以客家庄民眾為樣本，更能貼近客家電視台的核心收視區塊，瞭解客家族群的收視習慣。表 5-15 中，輕度收視群中，男性相對比例偏高（57.3% vs 54.2%），女性則以中度收視群比例偏高（48.1% vs 45.8%）。

客家庄的客家電視重度收視群，明顯集中在 50 歲到 59 歲及 60 歲以上兩年齡層，特別是 60 歲及以上者，在重度收視群中所佔的比例（32.8%）明顯高出該年齡層的人口比例（22.1%），其他年齡層在輕度收視者中的比例則相對偏高。

居住地區方面，苗栗縣民在重度收視群中的比例（28.3%）高於苗栗縣民的樣本人口比例（24.7%）最多，桃園、新竹、屏東在輕度收視群中的比例均相對偏高。

教育水準方面，客家庄之重度收視群中，初中學歷者（15.1%）和小學以下學歷者（29.8%）所佔之比例，明顯高於該等學歷層之人口比例（13.5%及20.2%）。大學以上學歷者在輕度收視者中之比例（30.3%）則是高出平均值（18.5%）甚多。

職業類別方面，客家庄民眾仍以家庭主婦和無業／退休兩類族群佔重度收視群中之比例較高，特別是無業或退休者佔了 25.4%，高出該類別佔客庄總樣本比例之 16.5% 甚多，而學生依然是輕度使用者中相對偏

表 5-15：客家庄民眾收視客台頻繁程度分析（依性別、年齡、地區、教育、職業別）

		看客台程度						樣本數	直行百分比
		輕度收視者		中度收視者		重度收視者			
		N	直行%	N	直行%	N	直行%		
性別	男	53	57.3%	71	51.9%	82	54.4%	207	54.2%
	女	40	42.7%	66	48.1%	69	45.6%	175	45.8%
	合計	93	100%	137	100%	151	100%	381	100%
年齡	10-19 歲	13	14.3%	13	9.5%	19	12.7%	46	11.9%
	20-29 歲	19	20.1%	20	14.8%	14	9.1%	53	13.8%
	30-39 歲	19	20.3%	31	22.6%	14	9.0%	63	16.6%
	40-49 歲	21	23.0%	29	21.3%	27	18.1%	78	20.4%
	50-59 歲	8	8.4%	22	15.7%	28	18.4%	57	15.0%
	60 歲及以上	13	13.9%	22	16.0%	49	32.8%	84	22.1%
	合計	93	100%	137	100%	151	100%	381	100%
縣市	桃園縣	37	39.4%	48	34.9%	45	30.1%	130	34.1%
	新竹縣	24	25.5%	30	21.8%	38	25.1%	91	24.0%
	苗栗縣	18	19.2%	34	24.6%	43	28.3%	94	24.7%
	屏東縣	8	8.7%	12	8.5%	10	6.7%	30	7.8%
	其他	7	7.2%	14	10.1%	15	9.9%	36	9.3%
	合計	93	100%	137	100%	151	100%	381	100%
教育	小學或以下	10	11.1%	22	15.7%	45	29.8%	77	20.2%
	國初中	12	13.1%	16	11.9%	23	15.1%	51	13.5%
	高中職	31	33.5%	47	33.9%	48	31.8%	126	33.0%
	專科	11	12.0%	27	19.5%	18	11.8%	56	14.6%
	大學或以上	28	30.3%	25	18.1%	17	11.5%	70	18.5%
	未答			1	0.9%			1	0.3%
	合計	93	100%	137	100%	151	100%	381	100%
職業	全職	56	60.7%	86	62.7%	60	39.9%	203	53.2%
	兼職	4	3.9%	6	4.2%	6	4.2%	16	4.1%
	家管	7	8.1%	12	9.1%	25	16.3%	45	11.7%
	無 / 退	9	9.2%	16	11.5%	38	25.4%	63	16.5%
	學生	17	18.1%	17	12.1%	21	14.2%	55	14.4%
	未答			1	0.4%			1	0.2%
	合計	93	100%	137	100%	151	100%	381	100%

多者（18.1％ vs 14.4％）。

　　客家庄的民眾和一般民眾相似之處在於，年長者、低學歷及無業 / 退休和家管仍是客家電視收視群中相對之主流。

表 5-16：客家民眾收視客台頻繁程度分析（依語言、腔調、客話能力別）

		看客台程度						Total	
		輕度收視者		中度收視者		重度收視者		樣本數	直行百分比
		N	直行％	N	直行％	N	直行％		
常用語言	客家	82	87.8％	123	89.8％	139	92.3％	344	90.3％
	非客家	11	12.2％	14	10.2％	12	7.7％	37	9.7％
	合計	93	100％	137	100％	151	100％	381	100％
腔調	四縣	43	52.9％	72	58.6％	90	64.5％	205	59.6％
	海陸	31	37.8％	41	33.0％	40	29.0％	112	32.5％
	其他 / 未答	8	9.4％	10	8.4％	9	6.5％	27	7.9％
	合計	82	100％	123	100％	139	100％	344	100％
客話能力	完全不會					1	0.8％	1	0.3％
	會一點點	9	9.7％	2	1.6％	8	5.1％	19	4.9％
	聽佳說一些	18	19.7％	32	23.0％	16	10.7％	66	17.3％
	聽說都佳	66	70.6％	104	75.4％	126	83.4％	295	77.4％
	合計	93	100％	137	100％	151	100％	381	100％

　　客家庄樣本當中，以客家話為主要語言者佔重度收視群之比例（92.3％）高於其常態比例（90.3％），而非以客家話為常用語言之族群佔輕度收視者比例偏高（12.2％ vs 9.7％）。

　　不同於一般民眾樣本的是，採四縣腔之客家民眾在重度收視群中之比例（64.5％）明顯高出平均者（59.6％），而海陸腔者則在輕度收視群中相對比例偏高（37.8％ vs 32.5％）。

　　客家話聽說都佳者為重度收視群中之主流，而自認為客家話只會一點點的客家庄民眾僅佔 381 名受訪樣本中的 19 人，其統計數據無法呈現足夠之代表性。

表 5-17：一般客台收視觀眾的滿意度分析（依性別、年齡、地區、教育、職業別）

		對客台的整體表現滿意度為何？		
		N	平均數	標準誤
性別	男	529	80.46	0.49
	女	414	79.76	0.61
	合計	943	80.15	0.39
年齡	10-19 歲	99	84.61	1.05
	20-29 歲	164	80.26	0.88
	30-39 歲	188	78.33	0.86
	40-49 歲	219	80.73	0.83
	50-59 歲	165	79.60	0.96
	60 歲及以上	109	78.76	1.13
	合計	943	80.15	0.39
地區	大台北	242	79.58	0.78
	桃竹苗	190	80.19	0.81
	中彰投	203	80.03	0.87
	雲嘉南	121	80.21	0.98
	高屏澎	130	81.19	1.02
	宜花東	55	80.40	1.90
	合計	943	80.15	0.39
教育	小學或以下	108	80.95	1.34
	國／初中	110	81.93	1.25
	高中／職	318	80.13	0.61
	專科	154	79.60	0.97
	大學或以上	249	79.45	0.72
	未答	4	76.82	7.20
	合計	943	80.15	0.39
職業	全職	551	79.86	0.49
	兼職	56	80.45	1.32
	家管	103	78.65	1.42
	無／退	103	78.09	1.20
	學生	129	84.06	0.93
	未答	1	85.00	0.00
	合計	943	80.15	0.39

　　一般民眾對客家電視台的滿意度在以滿分為一百分的問卷尺度下衡量，結果如表 5-17 所顯示，男生平均對客家電視台的滿意度分數（80.46分）高於女生（79.76 分）。最滿意客家電視台表現的年齡層為 10 至 19歲（84.61 分）其次依序為 40 至 49 歲（80.73 分）、20 至 29 歲（80.26分）、50 至 59 歲（79.6 分）、60 歲以上（78.76 分）及 30 至 39 歲（78.33 分）。其中，佔重度使用者較多的高齡人士，對客家電視台的滿意度卻低於平均值，是客家電視經營團隊值得重視的一個警訊。

　　在地區別方面，住在高雄、屏東、澎湖的一般民眾，給予客家電視台的評價最高（81.19 分），住在大台北地區的民眾給予之評價最低（79.58 分），其餘地區則在伯仲之間。

　　初中學歷和小學以下學歷之一般民眾給客家電視的評價相對高於其他學歷者，分別是 81.93 分和 80.95 分，大學以上學歷者，給予的評價最低，為 79.45 分，低於平均值的 80.15 分。

　　學生給客家電視的評價（84.06 分）遠超過一般觀眾平均值（80.15分），家庭主婦和無業／退休這兩大客家電視收視群卻給了最低的分數（78.65 分及 78.09 分）。

　　整體而言，表 5-18 顯示客家人給客家電視的評價（79.97 分）竟然低於非客家人（80.22 分），雖然差距並不明顯，然而這究竟是「躬自厚而薄責於人」的美德使然，還是「因瞭解而分開」，值得深究。

　　然而，另一個指標 — 常用語言，則出現了相反的趨勢。以客家話為主要語言之一般民眾對客家電視台的評價（80.94 分）略高於非客家話族群（79.94 分）。

　　海陸腔調者對客家電視台滿意度（81.39 分）高於四縣腔者（79.96分）。聽說都佳者（80.26 分）和完全不懂客家話者（79.03 分）對客家電視的滿意度都相對偏低。

　　重度收視之一般民眾給予客家電視的評價最高（81.85 分），中度收視者次之（80.96 分），輕度收視者最不滿意客家電視（78.93 分）。

表 5-18：一般客台收視觀眾的滿意度分析（依籍貫、語言、腔調、客話能力、收視程度別）

		您對客台的整體表現滿意度為何？		
		N	平均數	標準誤
籍貫	客家	246	79.97	0.78
	非客家	697	80.22	0.44
	合計	943	80.15	0.39
常用語言	客家	200	80.94	0.81
	非客家	743	79.94	0.44
	合計	943	80.15	0.39
腔調	四縣	108	79.96	1.14
	海陸	70	81.39	1.32
	其他 / 未回答	22	84.21	2.26
	合計	200	80.94	0.81
客話能力	完全不會	365	79.03	0.65
	會一點點	289	81.13	0.69
	聽佳說一些	125	81.03	1.00
	聽說都佳	163	80.26	0.90
	合計	943	80.15	0.39
看客台程度	輕度使用者	251	78.93	0.77
	中度使用者	287	80.96	0.65
	重度使用者	132	81.85	1.07
	合計	671	80.38	0.46

　　從客家庄的樣本中，表 5-19 顯示，女性對客家電視的滿意度（82.62分）高於男性。不同年齡層的滿意度排序依次為：10 至 19 歲（85.68分）、20 至 29 歲（82.46分）、60 歲以上（81.46分）、40 至 49 歲（81.25分）、30-39 歲（79.95分）及 50 至 59 歲（78.82分）。年輕人不吝於給客家電視高分，倒是 50 到 59 歲者對客家電視的評價最低，但 60 歲以上客家庄觀眾的平均滿意度（81.46分）尚略高於平均分（81.42分），不若一般樣本顯示之年齡層愈高滿意度愈低之趨勢。

表 5-19：客家庄客台收視觀眾的滿意度分析（依性別、年齡、地區、教育、職業別）

		對客台的整體表現滿意度為何？		
		N	平均數	標準誤
性別	男	240	80.47	0.77
	女	191	82.62	0.84
合計		432	81.42	0.57
年齡	10-19 歲	50	85.68	1.65
	20-29 歲	71	82.46	1.00
	30-39 歲	69	79.95	1.36
	40-49 歲	93	81.25	1.32
	50-59 歲	67	78.82	1.56
	60 歲及以上	81	81.46	1.38
合計		432	81.42	0.57
縣市	桃園縣	154	81.40	0.98
	新竹縣	100	83.44	1.07
	苗栗縣	106	79.96	1.19
	屏東縣	33	79.78	2.31
	其他	39	81.66	1.64
合計		432	81.42	0.57
教育	小學或以下	79	81.05	1.51
	國／初中	52	84.61	1.64
	高中／職	146	81.62	0.96
	專科	67	80.18	1.27
	大學或以上	87	80.62	1.24
	未回答	1	63.00	0
合計		432	81.42	0.57
職業	全職	240	80.22	0.72
	兼職	23	80.04	2.27
	家庭主婦	42	83.93	1.58
	無業／退休	63	82.10	1.79
	學生	63	84.11	1.57
合計		432	81.42	0.57

　　客家人口比例最高的新竹縣客家庄民眾給客家電視的評價最高（83.44 分），客家人口比例全國第二高的的苗栗縣客家庄民眾則給予客家電視低於平均分（81.42 分）之 79.96 分。教育程度方面，客家庄民眾和一般民眾一樣，仍是以高學歷層所給的評價最低（專科 80.18 分，大學或以上 80.62 分），其中，初中學歷者最滿意客家電視（84.61 分）。

　　和一般民眾樣本一致，客家庄的學生最滿意客家電視（84.11 分）。此外，家庭主婦次之（83.93 分），無業退休這個主要收視群給了高於平均分（81.42 分）之 82.10 分。

表 5-20：客家庄客台收視觀眾的滿意度分析（依語言、腔調、客話能力、使用程度別）

		您對客家電視台的整體表現滿意度為何？		
		N	平均數	標準誤
常用語言	客家話	376	81.38	0.60
	非客家話	56	81.68	1.81
合計		432	81.42	0.57
腔調	四縣	220	81.01	0.81
	海陸	125	82.10	0.98
	其他／未答	31	81.15	2.01
合計		376	81.38	0.60
客話能力	完全不會	1	80.00	0
	會一點點	33	83.98	1.92
	聽佳說一些	69	84.23	1.02
	聽說都佳	329	80.58	0.68
合計		432	81.42	0.57
看客台程度	輕度使用者	87	78.37	1.19
	中度使用者	127	81.61	1.01
	重度使用者	140	84.43	0.90
合計		355	81.93	0.60

客家庄民眾中，非以客家話為主要語言者給客家電視的評價（81.68
分）稍稍超過說客家話者（81.38 分）。操海陸腔之客家民眾（82.1 分）
比四縣腔之民眾（81.01 分）滿意客家電視。完全不會說（80 分）和聽
說都很好（80.58 分）的客家庄民眾對於客家電視的滿意度較差，倒是聽
力佳、但只能說些許客家話的客家庄民眾最滿意客家電視（84.23 分）。
值得客家電視台團隊欣慰的是，不論是一般民眾或客家庄民眾，客家重
度收視者的滿意度（84.43 分）均高於中度收視者（81.61 分）及輕度收
視者（78.37 分）。

伍、客家觀眾的期待與失落

研究媒體與觀眾的關係，常落入刻板印象中，例如：媒體是「傳播
者」，觀眾是「接收者」；媒體是「生產者」，觀眾是「消費者」；媒體是
「製碼者」，觀眾是「解碼者」。在這樣的二元對立中，觀眾始終被媒體
當成是欲瞭解及研究的「他族」。而研究觀眾的動機則是以市場導向的消
費者行為調查為主，這樣的調查呈現若干值得思考的盲點：

(1)量化的迷思：從廣告主和廣告購買者的立場觀之，收視率等同於
媒體購買的價值，「數大便是美」是市場的法則，捕捉了多少眼
球幾乎是決定購買廣告的唯一標準；因此，單位時間內多少人看
節目，永遠是媒體、廣告主、廣告購買者、市場研究者這個食物
鏈中的唯一語言。然而，這種百分比的概念往往忽略了媒體做為
一個文化產業帶給觀眾的影響力。

(2)群眾的迷思：觀眾常常被視為是一群同質的群眾，因此統計學上
的平均值常常被用來當做研究觀眾行為的測量方法。雖然競爭日
益激烈的廣告市場開始重視分眾市場的重要性，收視率調查亦朝
向觀眾屬性交叉分析的方法，試圖將觀眾和廣告產品的差異化連
結。然而只要存在量化的平均值演算概念，真正的差異化便難以
達成。

(3) 媒體的迷思：媒體對於其觀眾之研究，總是出自於以媒體為中心的思維。因此，媒體只重視觀眾「看什麼」，很少在乎觀眾「想什麼」；媒體只重視「多少觀眾在看」，很少在乎「多少觀眾不看」；媒體只重視「哪些人在看」，很少在乎「哪些人不看」；媒體只重視觀眾「為什麼看」，很少在乎「為什麼不看」。

欲充分瞭解媒體的效果，必須加強針對觀眾群的質性研究，將觀眾群視為一個個體的組合，而非一個群體。特別是針對負有文化使命的客家電視，收視質應比收視率來得重要，數字看不見的意涵，往往比數字看得見的事實，來得細膩深刻；對標榜「延續客家母語，復興客家文化，關懷客家傳播權益，促進族群溝通」為宗旨的客家電視而言，傾聽觀眾的聲音要比看觀眾的投票結果來得深具意義。

2008 年 4 月 27 日至 2008 年 6 月 29 日，客家電視台分別在花蓮、屏東、新竹、苗栗、桃園、台中等地舉辦了七場「傾聽觀眾的聲音」座談會，由客家電視諮議委員會委員輪流主持，邀請不同領域的學校機構、社會、演藝及文化學術團體參加，七場座談會共有 307 位來賓與會。與會觀眾對四大議題表達之建議及其他意見整理歸納如下[5]：

一、對節目類型與製作內容之建議

（一）對客家電視台定位及製作方向的期待如下：

(1) 深客化：客家電視台肩負族群頻道的社會責任，觀眾期望能製作更多、更深入的客家文化及客家人物介紹，藉由節目傳播客家文化，透過媒體的力量，不但要讓客家人了解客家，更要讓其他族群更了解客家。

(2) 多元化：客家電視台應定位為多元、創新、有活力的頻道，製播思維不應拘泥於客家話教學，節目製作應更豐富，在多元文化中加入客家元素，得到非客家人的認同。節目內容不一定要「都是客家」，建議融入多族群的節目，讓客家族群了解其他不同族群的文化，也可藉此吸收非客家族群觀眾。

(3)在地化：客庄分布於台灣各縣市鄉鎮，節目製作與新聞報導應貼近各地區客家觀眾，呈現地方特色，例如：介紹地方產業協助觀光及地區發展；客家人以農為生，多播一些有關農民生活及農業生態的節目、介紹地方人物和產業、加強地方文化創意產業及客家傳統工藝文化的推廣。

(4)國際化：客家台應該要有全方位的節目策略，不只關心語言，也應該關心國際事務、現代文化、科學、天文、地理等。客家台應製作介紹國外觀光經驗與民情風俗的節目，擴大客家國際觀。介紹在世界各地生活的客家人，探索客家人融入其他文化，甚至幫助其他國家發展的事蹟與過程。因應兩岸開放，可以製作原鄉探索的節目，開啟客家觀眾的國際視野。

(5)年輕化：現在年輕人使用客家話的機會和頻率愈來愈少，為避免客家話傳承出現斷層，應思考如何讓年輕人認同客家、喜歡客家、進而習慣使用客家話。目前客家電視台缺少適合國中以上學生收看的節目，建議可規劃大專院校客家話歌唱比賽，吸引這個年齡層的客家人參與，或製作如知識性、文化性、偶像劇等節目吸引年輕人收看。

（二）對各類型的節目建議如下：

1、音樂性節目

(1)對「鬧熱打擂台」的建議：觀眾對音樂性節目討論最多，其中對客家電視台長青節目「鬧熱打擂台」提出許多建議，例如：希望注入參賽新血，避免重複比賽的老面孔、多至各地舉辦選秀會、比賽曲目不要多是老歌、由資深且具音樂權威的老師擔任評審、評審時的公正性甚為重要……等，也希望客家電視台在其他節目中也提供優秀的參賽者表演舞台，以增加參賽者的參賽意願並鼓勵客家表演人才。

(2)增加音樂節目時數：音樂節目比例太低，愛唱歌的客家歌手表演

平台減少，連帶影響創作者發表空間，客家電視台應重視客家音樂的發展，多提供音樂平台。

(3)兼顧傳統與創作：對於歌曲類型，有觀眾認為老人家不愛聽搖滾音樂，也有人覺得傳統歌曲無法吸引年輕人，因此世代需求應兼顧平衡還是策略性必須有所取捨，應有縝密的研究與策略規劃。

(4)協助解決音樂著作權問題：有些客家歌曲由於版權問題，無法傳唱與流通，客家電視台應協助解決版權問題，才不會讓商業考量阻礙了客家音樂的流通性。

(5)保留音樂文化資產：客家電視台應多發掘客家山歌、平板戲曲、八音等文化資產，保留即將消失的客家文化。

2、新聞性節目

(1)以地方訊息為主：客家電視台新聞應以服務客家為優先，多報導地方新聞及客庄活動，東部及南部觀眾則希望能做到地區新聞平衡報導。

(2)與社會脈動連結：客家電視台新聞不應只侷限在客家元素，取材範圍要廣泛，讓聽國語有障礙的老人家能從客家電視聽到各種的新聞內容。

(3)播報品質再加強：觀眾反應播報速度有改善，但還是太快，播報時的發音咬字也不夠清楚，此外，翻譯應更口語化，如「柯林頓」、「希拉蕊」等外國人名，可直接用國語念出。

(4)新聞腔調問題：希望能增加少數腔調主播，如果播少數腔調造成其他腔調使用者困擾，則可加強字幕輔助之。

3、兒童節目

(1)兒童節目有助於向下紮根：客家電視台以傳承客家話為宗旨，而客家話應從小教起，創造學習的環境，帶動興趣。

(2)思考如何吸引兒童主動收視：兒童對卡通的接受度最高，客家話配音的卡通可以讓小朋友耳濡目染的接受聽客家話、學客家話的習慣。由於現在客家電視台的卡通影片太舊，且多是別台播過

的，無法吸引小朋友。希望多推出小朋友較有興趣的卡通節目，例如一些時下較流行的卡通，教學效果比較好。也可將歷史或人物的故事以卡通的方式呈現，增加小朋友學習上的興趣。

(3) 客家話教育與生活結合：母語教育不應只在學校推行，應由客委會、客家電視台每年定期舉辦親子客家話生活對話的競賽活動，並頒獎給表現最佳的家庭，給予實質鼓勵。邀請客家話家庭上節目，引起學習興趣，並藉此吸引觀眾看電視。

(4) 戲劇系曲節目：觀眾希望節目朝有善念及愛心、友情、溫情方向努力，「美味滿樓」、「菸田少年」都是不錯的製作。希望多製作關於客家傳說故事、客家人打拚的精神與發展的歷史等節目，改良社會風氣。此外，戲曲類節目畫面較為簡單，製作上應再加強。

（三）節目排擋意見如下：

(1) 重播頻率過高：節目重播太多，減低觀眾收看的興趣，間接影響收視率。

(2) 節目編排應配合作息：依觀眾生活作息編排節目，例如：吃飯時間播美食節目、白天安排適合小孩收看的節目、晚上安排給大人看的節目。

（四）增闢新節目

(1) 製作介紹民俗文化節目，例如：敬神祭祖、廟宇淵源、客家禮俗、義民祭、三山國王廟、客家族譜、苗栗火旁龍、客家開口獅……等文化資產。

(2) 轉播山歌班表演，增加觀眾的參與感及認同感。

(3) 舉辦客家小姐選美活動，讓客家女孩展現唱山歌等才藝。

(4) 增加新知類的節目，讓觀眾學習。

(5) 針對銀髮族開闢健康管理相關節目，宣導與傳播健康訊息。

(6)舉辦各地媽媽教室的客家美食大賽，提高觀眾參與度。

(7)由教育界開闢時段製作節目，提高參與力。

(8)轉播國家劇院級的客家團體表演。

二、對語言政策之建議

(1)客家話使用比例：客家電視台是不是一定要百分之百都用客家話發音，在座談會中討論頗多。有觀眾認為全客家話發音節目造成收視率過低，無法拓展客家台的觀眾，客家電視不一定要講客家話，客家的文化不是只有客家語言，重要的是要把客家文化介紹給其他族群，因此應朝更多元發展，加入國語、閩南話，才是真正的多元腔，可以更容易吸引小孩、年輕人，甚至其他族群收看。亦有觀眾持反對意見，認為客家電視與其他頻道定位不同，客家語言傳承是客家電視台首要目的，應先求保存客家語言與文化，再藉由節目內容吸引客家及非客家族群，從中思考創新及擴展收視族群之道。

(2)多元腔調問題：部分觀眾建議節目及新聞應以多數人聽得懂的腔調發音，如四縣、海陸腔，腔調太多也造成學習不易，應以單一腔調為主要教學標的。另外，也有觀眾希望同一節目做很多種腔調，讓觀眾自行選擇聽得懂的腔調收看。

(3)字幕問題：多數與會者建議用大家都看得懂的中文字幕而不要用客家話字幕，用一般中文字幕才讓小朋友或不懂客家話的觀眾了解其中的意思。

(4)發音問題：新聞主播及節目主持人身負客家話的教育責任，發音讀字應標準，用法要正確。此外，配音節目有咬字不清、腔調不正、不對嘴的問題。

(5)翻譯問題：配音節目語言轉換時，應注意語言用法會因文化背景差異而有所不同，例如國外會直呼長輩名字，但客家人不會；在用語應符合客家文化，對白要忠於客家原味。外來語則不宜直接

翻譯成客家話，如外國人名，可用國語或英文直接唸出。

(6)開闢語言教學節目：開闢看電視學客家話的節目，在節目中教導字的發音、文法與音標的介紹，並邀請專家或老師解說，讓客家話的語言與文字結合，增加觀眾對客家話與字的認識。也可針對客家話認證開設相關教學節目，讓觀眾可以藉由電視準備客家話能力檢定，在認證考試前，也可播出考前複習的節目。

三、對地區宣傳之建議

(1)宣傳管道增加：節目或新聞可透過各地的廣播電台連線放送。節目訊息或活動，可請各地廣播電台或有線電視系統跑馬發布消息。

(2)增加節目表發送地點：客家電視台節目表發送給各地是不錯的宣傳方式，讓客家人更貼近客家電視台，節目表寄送地點如再增加，對節目宣傳的效益更大。

(3)在地宣傳：有深度報導題材時，可透過特殊窗口讓在地人知道，將訊息告訴大家以增加收視群。或寄發電子郵件請當地客家事務單位協助宣傳。

(4)協助客家訊息宣傳：客家電視台應主動將客委會或其他客家事務有關的訊息告知地方，例如：客委會目前正在進行客家歌曲甄選，客家電視台卻未將活動消息告知地方客家歌謠團體。

四、人才培育

(1)配音人才培訓：客家電視應定期舉辦配音人才培訓班，招收海陸、大埔、饒平、詔安四種腔調的學員，避免語言斷層而使客家文化消失，也為客家人進一份心力，培訓優秀傳播人才。亦有觀眾反應，配音班通過訓練後，配音的機會太少，就業機會不多。

(2)在地人才培訓：人才培訓改以在地培訓的方式，於各個客家鄉鎮舉辦，或將現有人才培訓的資源轉換為培養地方上的人才。

(3) 提供表演平台：吸引人才的動力是提供表演舞台，地方培養了很
多音樂、藝術團隊，希望客家電視台提供展現才藝的機會，讓創
作者有足夠的通路及市場。

(4) 與學校合作培育人才：建議與大專院校的影視相關傳播科系學生
合作，播放學生作品，培養傳播人才。

(5) 培育節目製作人才：希望客家電視台培育製作、編劇、配音、演
員等人才，注重人才培育，建立起豐沛的客家人才庫。

五、其他對客家電視台之建議

(1) 增加客家電視台經費：客家電視台節目經營需支應各類型節目；
自製節目經費明顯不足，委外製作節目也因預算少而難以維持品
質，鄉親認為客家電視台製作經費比起其他電視台相對較少，政
府單位應多給予經費上的支持。

(2) 提供相關資源作為教材：由於鄉親在教學時會用到 DVD 做為輔
助教材，希望客家電視台提供節目 DVD，或將教學節目的課程
放在網頁上。

(3) 協助觀眾訊號接收：為方便家中未安裝有線電視的觀眾，希望客
家電視台朝無線電視台的目標去努力，讓觀眾可以直接收看，或
補助偏遠地區的客庄裝設小耳朵接收電視訊號。

(4) 進入主流頻道行銷客家：製作好的節目吸引贊助廣告、將客家電
視台製作的節目推廣到其他電視台播放。

注釋

1　這項調查由筆者與客家電視共同設計策畫，委由故鄉市場調查公司執行。本
研究採用電腦輔助電話訪問，以行政院客家委員會 2002 年「全國客家認同與
客家人口之抽樣調查研究」中所篩選出的客家戶為抽樣清冊（約三千戶），抽
樣方法採分層隨機抽樣方法，依各縣市客家人口數比例分配樣本數；調查對

象為居住在台灣本島（不含澎湖、金馬等離島），年滿十歲及以上觀眾，且家中裝設有線電視者。樣本戶內，年齡在十歲及以上者若有二人以上，則以隨機方法抽選一人，做為訪問對象。這次資料蒐集，成功訪問客家樣本616人，成功訪問率67%。初步樣本性別結構與母體分配無顯著差異，經加權調整後，年齡與母體分配亦無顯著差異。

2　這項研究的變項包括人口變項、客家意識、客話能力、文化期望、學習動機與收視頻率等，分別詳述如下：

(1)人口變項包含了教育、年齡、收入三項。教育分為五個選項：小學及以下、國中或初中、高中、職（含五專前三年）、專科、大學及研究所以上。收入為個人每月平均收入；選項包含無經常性收入、二萬元以下、二萬元至未滿三萬元、三萬元至未滿五萬元、五萬元至未滿七萬元、七萬元至未滿十萬元、以及十萬元及以上七個次序類目。年齡則紀錄受訪者之實際年齡。(2)「收視頻率」為一星期平均收看客家電視的總時數，即受訪者一星期平均收看幾天客家電視台的節目與平均一天看幾小時客家電視節目之乘積，再換算成以分鐘為單位。「客話能力」的測量方式是以受測者之自我評估為依據；量表分為「無法聽與說」、「略微聽懂但不會說」、「略微聽懂也會說一點」以及「說聽流利」四個次序類目。(3)「客家意識」的測量係以受訪者對於客家電視台各項節目所使用的語言，客家話應該佔的百分比作為測量指標。「文化期望」是以詢問客家電視台對於挽救客家文化有沒有幫助作為測量指標。「學習動機」是以詢問受訪者想不想藉由客家電視台的節目學客家話作為測量指標。學習動機及文化功能採用李克式五點量表（Likert five-point scale）。

3　這項調查是由客家電視台委託觀察家行銷研究有限公司以集中式電腦輔助電話訪問系院進行調查。受訪對象為10歲以上之居民，台灣地區樣本係以台灣23縣市民眾組合成之住宅電話號碼電子檔為抽樣架構，客庄地區為客家族群人數比率高的鄉鎮，包括桃園縣新屋鄉、觀音鄉、中壢市、平鎮市、楊梅鎮、龍潭鄉；新竹縣竹東鎮、芎林鄉、湖口鄉、新埔鎮、竹北市、新豐鄉、北鄉、峨眉鄉、橫山鄉、關西鎮、寶山鄉；苗栗縣三義鄉、西湖鄉、卓蘭鄉、苗栗市、造橋鄉、頭份鎮、三灣鄉、大湖鄉、公館鄉、獅潭鄉、銅鑼鄉、頭屋鄉；台中縣東勢鄉、石岡鄉、新社鄉；南投縣國姓鄉；高雄縣美濃鎮、杉林鄉；屏東縣竹田鄉、麟洛鄉、內埔鄉、長治鄉、佳冬鄉、新埤鄉、高樹鄉；花蓮縣鳳林鎮；和台東縣關山鎮。採用分層系統隨機及電話號碼尾數一亂碼數隨機播號方式進行抽樣。有效樣本數為台灣地區全體受訪者4,022人，其中客家人有529人，非客家人有3,497人，受訪者當中在過去半年內收看過客家

電視者，被歸納為客家電視觀眾，有 1,078 人；另一樣本為客庄地區樣本，有效樣本為 1,417 人，其中客家人為 933 人，屬於客家電視觀眾者有 521 人。台灣地區全體受訪者：95％的信心水準下，抽樣誤差值為 ±1.5％；客家電視台觀眾：95％的信心水準下，抽樣誤差值為 ±3.0％。客家庄地區：全體受訪者：95％的信心水準下，抽樣誤差值為 ±2.6％；客家人受訪者：95％的信心水準下，抽樣誤差值為 ±3.2％；客家電視台觀眾：95％的信心水準下，抽樣誤差值約為 ±4.3％。

4 「每週收看的時數」為問卷中「每天收看的時數」乘以「每週收看的天數」而得。

5 摘自 2008 年客家電視台第二屆第六次諮議委員會會議記錄之「傾聽觀眾的聲音座談會結案報告」附件。

第 六 章

客家媒體與客家意象

壹、傳播媒體的意象形塑功能

一九二〇至四〇年代主張媒體萬能的學派認為媒體對閱聽人的影響像是皮下注射（hypodermic needle theory）（Berlo, 1960）或子彈（bullet theory）（Schramm, 1971）一般，使大眾無法抗拒地接受媒體灌輸的意識形態和價值。媒體霸權論則認為社會中有權力掌控社會資源的控制階層會透過掌控媒體，去製造、傳播並創造該階層的觀點、價值和利益，藉以強化該階層對社會的控制（Sallach, 1974）。一九四〇至六〇年代的傳播理論，則推翻了媒體萬能的思維，這個時期的主流學派強調在閱聽人的自主意識和社會及教育多層面的影響下，媒體的巨大影響力其實是言過其實的，因為閱聽人會主動選擇暴露（exposure）、注意（attention）、感知（perception）、及記憶（memory）媒體訊息（Klapper, 1960）。直到一九七〇年代至今的傳播效果論，將媒體效果研究的焦點從全面性轉移到條件性以及從單向性轉換到互動性（Mcleod、Kusicki & Pan, 1991），其中議題設定（agenda setting）、議題建構（agenda building）、框架（framing）和先入效應（priming）理論對於閱聽人認知、理解或形塑媒體訊息的過程、機制和論述，有其影響力。二十一世紀網路世界的到來，新興傳播科技顛覆了傳統媒體，創造了多方互動與快速變動的傳播平台和模式，改變了傳播的風貌，更直接挑戰了傳統媒體的效果理論。

一、議題設定與議題建構

每天發生在社會上的事件或議題數以萬計，媒體選擇哪些事件或議題製作成媒體訊息，決定了閱聽人「知的方向」。媒體要報導桐花祭、榮興劇團演出、或是客家美食展，記者、編輯等守門人的事件選擇功能，決定了閱聽人知道、忽略、甚或不知道什麼；客委會的預算被刪和眷村改建預算付委哪一個重要，媒體有權透過守門人機制的篩選，決定刊載或播出與否、以及曝光的強度和頻率多寡，進而影響了閱聽人對這些議題的重要性認知。

McComb & Shaw（1972）發現 1968 年美國總統大選期間，媒體所設定的議題和社會大眾心目中的議題重要性認知之間，有顯著的關聯性。在 1986 到 1989 年間美國毒品氾濫的情況獲得控制、毒品使用人口比例逐漸下降之際，民意調查卻顯示社會大眾對於毒品問題的關心逐漸升高；研究發現，社會大眾的這項認知其實是來自於媒體，因為該時期布希總統透過媒體大力宣導掃蕩毒品。

議題建構假設（agenda building hypothesis）認為媒體的影響力不僅止於標示議題的重要性，更具有「賦予意義」和「影響認知」的建構功能（Lang & Lang, 1983）。媒體特別強調一些事件或是活動會使這些議題被凸顯，例如每年的桐花祭在行政院客委會的賣力宣傳下，透過電子和平面媒體的廣為宣傳，使得已經盛開了幾個世紀卻漠漠無聞的台灣桐花，成了炙手可熱的觀光景物。此外，媒體會塑造或賦予一個事件或活動特定的意義，使閱聽人能夠朝特定方向去認知或理解該事物（件），例如，「還我母語運動」是一個多元文化自省運動，還是一個狹隘的族群抗爭，一般社會大眾的理解常來自於媒體的議題建構方向。Lang & Lang（1983）的研究並指出，媒體常將議題與次級符號相連結，使閱聽人容易辨識這些次級符號。一般閱聽大眾在媒體篩選、排序並形塑客家議題之後，從媒體上得到的客家意象或客家認知，可能已經是議題設定或（和）議題建構下的產物，而讀者甚至傳播者都往往不自覺。

綜合 Lang & Lang（1983）的研究發現及客家族群在台灣社會中的現況，媒體在客家議題上的建構方式，可以歸納整理如下：

(1)媒體具有凸顯某些特定的議題或事件的功能，使得這些經過選擇的議題或活動在每天發生的眾多事件中，被報導、聚焦、討論，進入公共政策論述，甚至形成行政決策。對於亟欲擺脫隱形族群枷鎖，積極發聲爭取自主權的客家而言，「能見度」是一個力爭的標的，媒體如何設定議題，如何建構議題，對於客家意象如何被呈現，如何被解讀，甚為關鍵。

(2)不同議題需要不同形式和數量的新聞，方能引起社會大眾足夠的

注意，依 Lang & Lang（1983）的分類方式，硬性新聞或複雜度高的新聞為「高門檻」的新聞，需要高強度或密集式的曝光，才能凝聚足夠的公共注意力。以 1988 年 12 月 28 日推動的「還我母語」運動，號召萬人走上街頭，即是創造事件的強度，使媒體必須面對原本會忽略的弱勢族群議題，將此客家議題放在聚光燈下。而持續的社會運動，即或單一事件的強度不足，但因密集式的曝光，特別在網路訊息流通便利的今日，亦可收到設定議題的功效。

(3)事件或活動必須被形塑成一種大眾能理解的意義，方能達到設定議題的功效。因此，若還我母語運動被媒體設定成一種狹隘的族群主義或激進的社會運動，則訴求難獲社會大眾共鳴。若被設定為語言文化因不公平政策導致失傳而引發之不平之鳴，則較容易獲得社會大眾的聲援，進入主流的公共論述中。

(4)媒體的遣詞用字會影響該事件重要性的認知。Lang & Lang（1983）指出美國水門事件中媒體最初將這個事件定調為政客玩弄的一個小手段（caper），到其後事件愈牽扯愈廣，真相一一曝光，最後稱之為"醜聞（scandal）"，使得這個議題的重要性頓時倍增。這說明了媒體的用詞會將事件的重要性定調，決定事件的影響層面。因此客家運動，被定調為一個「群眾抗爭」抑或是一個「社會運動」，亦反映了截然不同層次的訴求和內涵。

(5)媒體具有將議題與次級符號連結的功能，使得一個新聞事件透過這些次級符號得以較容易為閱聽人所辨識。例如還我母語運動被連結到"語言平等是人權的一部分"及"文化的傳承有賴語言的保存"即為閱聽人較易辨識及接受的次級符號，則其成為公眾關心的議題之機會方能增加。

(6)議題建構會因為較知名或較值得信賴的人為議題發言或倡議而聚焦。因此客家議題需要慎選「代言人」，使其具有公眾說服力，一方面容易獲得媒體青睞，進入議題設定的機制中，一方面亦容

　　易獲得公眾認同，形成社會大眾的顯著議題。

　　隨著媒體互動性的增加，媒體不再單純的是訊息的提供者，一般人亦可能是訊息的提供者，訊息的影響力變得多元而複雜。Jacobs（1999）認為今天大眾傳媒的影響渠道不再是一個以文字或影像傳遞訊息至被動閱聽眾的單向流動，而是閱聽眾將媒體傳遞的訊息運用於他們的社會網絡和環境的雙向流動關係。雖然媒體可能無法成功的告訴閱聽眾該如何想或想什麼，但是媒體在形塑閱聽眾思考與討論的議題上，無疑是做到了。

二、媒體的框架功能

　　和議題設定、議題建構相近的理論還包括了「框架」（framing）效應及「先入」（priming）效應。媒體的議題設定功能可以進一步區分為第一階層的議題設定（first-level agenda setting）及第二階層的議題設定（second-level agenda setting）。第一階層指的是媒體透過內容的取材及篩選凸顯了議題或事件主題（issues or subjects）的重要性；而第二階段則指媒體具有進一步凸顯事件中屬性或特徵的功能（attributes of issues）。框架效果和第二階段的議題設定相近，它強調新聞媒體會提供具有情境脈絡（context）的中心概念（central organizing idea），並透過選擇、強調、排除和詳細說明來設定議題的內容（Tankard Jr, Hendrickson, Silberman, Bliss & Ghanem, 1991）。Entman（1993）認為媒體的框架效果會透過篩選記者所認知的新聞現實中某些觀點或角度，然後在媒介的內容中凸顯該觀點，促進（promote）特定問題的定義（problem definition）、因果解釋（causal interpretation）、道德評估（moral evaluation）、以及（或）建議問題解決方案（treatment recommendation）。Gamson（1992）認為媒體會提供精簡的符號（condensing symbols），包括標語（catchphrases）、標籤（taglines）、示範（exemplars）、暗喻（metaphors）、描繪（depictions）、視覺意象（visual images），以及理解機制（reasoning devices），包括因和果

（causes and consequences）、原則訴求（appeals to principles）或道德主張（moral claims）等，這些符號和機制遂框架了閱聽人對媒介訊息的認知與理解。

　　建構主義者（constructionist）主張媒體的內容其實是一個由人（記者、編輯等）、機制（新聞編採製播流程）及閱聽人互動下所製造的社會真實（Gorp, 2007）。以媒體的框架（framing）功能為例，其之所以能具備影響閱聽人認知的潛力，乃是因為它與社會大眾所熟悉的文化框架相連結。易言之，媒體是人類文化環境中的一個環節，其對於閱聽人的影響大部分是與一個人知識及價值體系中的既有元素互動的結果。Gorp（2007）將框架詮釋為一種文化現象，認為它不唯獨影響閱聽人，也影響了記者與編輯，因為「框架是他們共同享有的記憶範圍的一部分」。框架是記者將其所感受到的現實，經過篩選後，轉換成為較顯著的傳播內容，而這些內容並不僅侷限於文字，還包括了圖片及影像（Messaris & Abraham, 2001）。平時閱聽人不知不覺在閱讀媒體中略過腦際的文字、圖像或影像，其產製的過程中或多或少都有傳播者的框架作用在其中。

　　美國許多研究媒體在種族問題上的框架效果之文獻均發現，不論是全國新聞或地方新聞均出現因框架作用產生的偏差報導。Gandy 和 Baron（1998）針對美國主流報紙進行內容分析法發現，媒體會以主題式的框架直接比較白人與黑人間的差異，例如在教育、社會福利、公民權利上的議題討論，但卻常在經濟議題上以插曲式的框架手法，以例子或引述方式描繪黑人在經濟上的困境。Messaris 和 Abraham（2001: 221）分析種族與新聞的相關文獻發現，美國主流媒體的新聞報導有「增加使用富意涵的影像圖片去呈現非洲裔美國人的框架訊息之趨勢」，且這些影像圖片通常是用在負面的報導中。Heider 和 Smith 等人（2003）對美國地方電視新聞的內容分析發現，弱勢族群經常在地方新聞中被忽略，偶有相關的報導，則以擴大報導的犯罪新聞居多，對於嚴肅探討種族問題的相關報導幾乎不存在。

　　若非經由學者系統性的觀察及分析，一般人很難察覺媒體的框架作

用。日積月累下，媒體的框架作用會將訊息變成標籤，進而形成一種認知和意識。當媒體選擇將一個事件聚焦在某個觀點上時，框架作用會在此時產生轉換閱聽眾對此一事件的意識和認知的效果，而不同框架的選擇經常導致社會認知的分離（Richardson, 2005）。

在台灣的媒體中，閱聽人亦可輕易地發現不同媒體在同一事件中不同的框架作用，將讀者的認知帶入不同的情境中，形成不同意識形態的分離，客家意象的形塑亦復如此。

三、刻板印象與先入效應

相較於先入效果，刻板印象（stereotype）的相關研究早了近半個世紀，也發展出較多相關的論述和實證結果。

刻板印象會透過與世界產生意義的認知機制、文化中的既定分類、自我與世界區隔的方法、拜物或戀物的心理取向以及意識形態取向的主控意識等途徑產生（Berg, 1990）。

媒體常常不自覺地篩選、分類、描繪、評論一件事物，使其被分類、區隔和定位，這種經過再現或操弄的訊息，會影響閱聽眾的感知，人的感知能力是受到一連串心理因素的影響，其中包含了基於過去經驗所作的預設、文化期望、動機需要、心情和態度（Severin & Tankard, 1997）。閱聽眾運用選擇和組織能力，將感官刺激詮釋成有意義且連貫性的圖像來理解學習及與媒體訊息互動（Berelson & Steiner, 1964）。

Grandy（1998）認為大眾傳播媒體之語言和論述提供了一種結構性的影響力，使得刻板印象與種族意識形態得以被再製和延續。族群刻板印象的啟動階段常發生在由過去的經驗累積所形成不知不覺的印象，此種印象自然且不易更改；而其應用階段則發生在人們需要應用刻版印象作某種價值判斷時，人們會不多思考地將過往存取之刻板印象反射到情境中（Devine, 1989；Dovidio & Gaertner, 2000；轉引自李美華、劉恩綺，2008）。

美國對於族裔刻板印象的相關研究頗豐，其中媒體常被引述為形成

刻板印象的成因。有色人種常在美國的電視新聞中被忽略、扭曲或套入刻板印象中（Heider & Smith et al, 2003）。

Etman（1994）發現黑人經常與負面報導和犯罪連結；黑人領袖則是常以批判政府和政策或被控為罪犯的角色出現在媒體中，且黑人專家學者提出的資訊通常都用在與黑人相關的報導中，而在一般非黑人的報導中極少出現。Mastro（2008）則發現美國主流媒體對於拉丁美洲裔族群有個性上的批評及對主流社會缺乏貢獻等刻板印象。

Iyengar 和 Kinder（1987）亦在一項控制實驗中發現媒體有標示總統候選人評估標準之優先順序的「先入效應」（priming effect）。看過強調某些特定議題的實驗短片之受測者，他們在評估總統候選人時，那些媒體特別強調的議題，就會成為重要的衡量指標，兩者之間的高度相關使人懷疑媒體不但具有設定議題重要性的功能、形塑事件影響閱聽人認知的功能，亦具有標示某種形象之評估標準的作用。

媒體的形塑功能使得媒體成為了社會趨勢設定者、品味決定者及下標籤者，也成了社會大眾每日對話的話題創造者（Browne, Firestone & Mickiewicz, 1994）。大眾傳播媒體可以透過語言論述、符號及圖像產生一種結構性的置入力量，往往使得族群的刻板印象被不斷地延續與再製（Grandy, 1998）。因此，閱聽人對於客家的印象可能在不知不覺中，被媒體有意或無意呈現的人物、情節、場景或對白給形塑了。

「海角七號」電影中的客家人「馬拉桑」身上那種勤奮、身段軟弱、善於鑽營、又帶點算計的性格，對於沒有太多和客家人相處的親身經驗或參考團體的一般人而言，「馬拉桑」往往會成為連結「客家」的一個標語、標籤、描繪、範例及意象。至於在認知形成的過程中，對於一個形象或概念的正負面印象如何作用，是分別形成記憶，還是相互抵銷，抑或是綜合成為一種混合意象，則需要更多認知科學的理論和實證，這將有助於理解客家意象是如何形成的。

貳、客家意象的形成與發展

　　從五○年代至今，稍具有影響力的客家媒體僅有 1987 年 10 月創刊的《客家風雲》雜誌，1994 年起地下發聲的「寶島客家電台」及 2003 年 7 月 1 日開播的「客家電視台」。這三個分別代表平面、廣播及電視的媒體，大致上仍僅流傳於客家族群中；其中，客家電視台算是最接近主流媒體區塊，閱聽眾較易收視的媒體。然而，由於語言的限制，非客家的觀眾也僅佔總收視觀眾的百分之十左右；至於其他兩者，雖然歷史較久，然由於財力、語言及議題的限制，仍屬於族群間的小眾媒體。

　　客家媒體對於客家事務的報導，側重於議題的探討居多。《客家風雲》雜誌成立，源起於深感客家族群發聲權常被政府及其他族群忽視，因此特別注重於客家發言權、尊嚴、意識及基本權益的爭取（邱榮舉，1994）。寶島客家電台於 1996 年 7 月由地下轉為合法，其訴求則以強調語言的復興及保障弱勢族群的傳播權益為主（陳香如，2006）。這兩個以族群內閱聽人為主的媒體，主要訴求是在客家族群中對內凝聚向心力，對外共同爭取客家權益。

　　直到客家電視台的成立，大量製播客家文化、風俗、音樂、戲曲等節目，並透過雅俗共賞的節目散播客家意象，因為所有節目皆有中文字幕，也因此讓非客家族群得以接近客家文化。雖然在台灣逾百個頻道的激烈競爭下，收視率偏低顯示其普及性仍不足，然而至少在一個一般觀眾可以輕易觸及的頻道內充分掌握了客家意象的詮釋權。長久以來，非客家族群能夠接觸客家文化的大眾傳播管道，僅剩下報紙。除了親身經歷客家的人、事、物之外，報紙如何形塑、詮釋及再現客家，幾乎成了過去五十年中，壟斷客家意象傳播的唯一管道。

　　在研究和出版方面，從 1946 年到 1987 年的四十餘年間，台灣所有客家研究相關的碩博士論文，一共僅有 53 篇，而 1988 至 1998 的十年間，增加為 88 篇[1]；然而 2003 年至 2006 年短短四年間，客家相關的碩博士論文就累積了 72 篇[2]；以出版品而言，1946 年至 1987 年累積了

353 冊書籍，1988 至 1998 的十年間累計有 1100 冊客家相關的書籍 [3]；2003 年及 2004 年這兩年，就有 216 件以客家為主題的出版品 [4]（王甫昌，2003）。

表 6-1：近六十年來客家研究相關之出版品數目

	1946—1987	1988—1998	2003—2007
碩博士論文總數	53	88	72
碩博士論文年平均	1.3	8	14.4
書籍總數	353	1100	216[5]
書籍年平均數	8.4	26.2	36

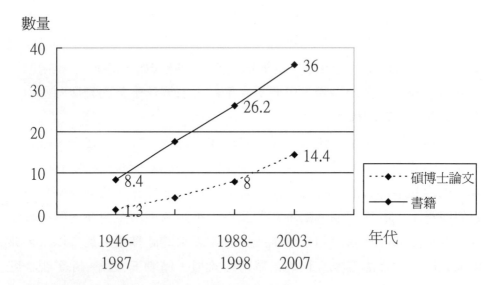

圖 6-1：近六十年來平均每年客家出版品成長趨勢圖

　　從 1946 到 1987 年這四十二年間，台灣在政治戒嚴、出版檢查、族群不平等、母語被壓抑的環境中，平均每年與客家研究相關之碩博士論文僅有 1.3 冊，每年僅出版相關書籍 8.4 本，到解嚴後的十一年間，每年平均出版的客家博碩士論文大幅增加至 8 冊，出版書籍亦成長至 3 倍，

成為 26.2 本；自 2001 年 6 月 14 日陳水扁總統落實其競選政見，成立行政院客家委員會開始至 2007 年止，客家碩博士論文更成長至每年平均14.4 冊，出版書籍亦成長為每年 36 本。日益增加的客家出版品，使客家的能見度大增；然而，從隱性過渡到顯性的過程中，客家的意象如何被篩選、描繪、甚至形塑，不只影響到社會大眾如何認識客家，亦影響了客家族群和客家文化的被接受度與開拓性。

　　曾逸昌（2003）在其《客家概論》一書中，整理了十餘種文獻中對客家人特有的性格之描述。其中包括了「樂意互相幫助、克服大自然艱困的環境、愛護家庭、刻苦耐勞、有嚴格的道德標準」[6]、「具革命性、充滿進取、強悍性格、不侮弱小不畏強暴、勤勞、剛毅、愛國又熱情」[7]、「好動、勇猛、熱情有勁、堅忍不拔、無畏無懼、忠義精神、硬頸精神」[8]、「刻苦耐勞、勤奮創業、團結奮鬥、不畏強暴、崇文尚武、衛國保家、解放婦女、渴望自由、自立自強、質樸守信、崇宗孝祖、溯源尋根」[9]、「勇於開拓、艱苦創業、勤儉質樸、革命進取、愛國愛鄉、誠摯團結、敬祖睦宗」[10]。

　　范揚松（1994）則提出了綜合正負面評論的客家性格，包含了「現實入世精神」、「家庭倫理觀念」、「重義輕利作風」、「名節面子主義」、「勤儉樸素傳統」、「忠誠正直的態度」、「人際與人情取向」、「保守中庸性格」及「重功名輕實業」的特質。張維安、謝世忠（2004）整理歸納出的客家性格，包括權威、保守、勤勞、儉樸、順從、堅忍、冒險、安分、務實。曾逸昌（2003）亦整理了文獻中對客家性格的若干侷限及批評，包括了「重鬼神」、「信天命」、「心胸狹窄」、「剛愎自用」、「狷介」、「悍勁」、「獷訐」、「好鬥」、「意氣用事」、「尚空談」、「不易協調」、「缺少變通」、「孤傲清高」、「重男輕女」等。他同時引述了吳錦發對客家人「兩面性格」的觀察，例如「既保守又激進」、「既含蓄又開放」、「既寬容又固執」、「既自卑又自大等」。

　　從這些客家人或非客家人所描繪的客家意象往往是一般人認識客家性格的來源，它可能來自於過往對客家人、事、物之經驗產物，或可能

是因為價值信念而深化或選擇了經驗的投射，也可能是一種過份類化的以偏概全或標籤化。

在大多數的情況下，一般人視為「真實」的事物，不是他們本身的「真實」，而是由人們發展出來對事物的想法，使我們以為真實即是如此（Johnson, 2002）。意象的形成即來自於這種「個人信以為真」的主觀感知，而其中人們對於外在訊息所傳遞的價值系統亦非靜止不變的，而是外界訊息與意象動態形成的一種持續不斷相互傳遞篩選的長期過程（Boulding, 1956）。因此，意象是一種認知經驗的累積，也是一種與記憶和期望相關的感知，甚至有一部份即是訴說著意象本身的形成歷史（Boulding & Boulding, 1995）。

從客家意象生成的歷史脈絡與權力意涵之角度觀之，客家意象的產生必然與和其他族群的遭逢與對話相關。王甫昌（2003）認為文化與族群的關係是因為今天區分人群的需要才使人們追溯歷史，並強調某些歷史細節與文化內容。客家意象正是因為「他者」的存在，以及感受到自身在政治及文化環境中的弱勢與不受重視，而產生自我認同的需要，因而開始積極有系統地建構客家意象。也因為與其他族群的遭逢經驗，使客家族群產生了主觀上對外的異己感及對內部的基本情感聯繫，這種「我族」與「他族」的拉扯，讓客家意象有機會重新畫出其「客家邊界」。長期以來，客家人在認同上逐漸模糊，而客家意象在模糊的認同中更容易被操弄，從歷史脈絡和文獻中，客家意象彷彿是一個充滿想像的形塑空間，而這個空間卻被未經過嚴謹實證的溢美和汙衊的標籤所充滿（王雯君，2005）。也因此，尋找客家意象的過程不應只是透過歷史的挖掘，以選擇性的記憶或結構性的失憶去揀選客家的圖騰，而是應該在客家的記憶拼圖中重組的客家認同與情感上注入時代的新意。亦即，客家意象形塑的歷史脈絡與記憶過程，不應僅侷限於資料文獻的本身而已，還應著重其詮釋權，因為「在歷史脈絡和權力之間詮釋下的客家，成為客家族群想像與集體記憶的認同焦點，有可能因社會結構與媒體傳播而重複強化」（王雯君，2005：120-122）。

參、民眾客家意象的想像與詮釋

張維安教授與謝世忠教授主持的《經濟轉化與傳統再造：竹苗台三線客家鄉鎮文化產業》，調查了十五個鄉鎮包括了關西、橫山、新埔、竹東、北埔、峨眉、寶山、芎林、三灣、頭份、南庄、獅潭、公館、大湖和卓蘭，時間為 2003 年 10 月至 12 月，總共回收 632 份問卷，其中居民 232 份，業者 138 份，以及消費者 262 份。與客家意象相關的題目，是一開放式問題「您覺得客家文化的特色是什麼？」。結果顯示，在描繪客家文化的 191 種開放式答案中，與客家族群性格相關之描繪佔最大宗，共有 75 種，其次是以客家食物或名產的描繪，佔 37 種（王雯君，2005）。整理歸納各種對於客家族群特性之描繪，並區分為正面及負面意象，依出現次數多寡排列如次：

表 6-2：竹苗地區針對「客家族群特性」之正面意象調查結果排行 [11]

名次	族群特性（正面）	次數
1	勤儉（含節儉、勤勞、勤快、努力）	232
2	刻苦耐勞	119
3	純樸（含樸素、敦厚、老實、單純、簡單）	96
4	熱情好客（含人情味、溫馨親切）	76
5	傳統保守（含懷舊、飲水思源）	34
6	硬頸	17
7	團結	13
8	持家	8
9	誠實（含誠懇）	8
10	擇善固執	4

表 6-2 顯示，在以客家人為主的竹苗十五個鄉鎮的居民、業者及旅遊此地的消費者中，對於客家族群特性的最主要印象排名前兩名皆為與「勤儉」、「刻苦耐勞」相關之人格特質，包含「勤儉」、「勤勞」、「勤

快」、「努力」、「刻苦耐勞」在內的描述，一共有 351 次，佔了所有開放式問卷回收之答案總數 [12]（共 694 次）的一半以上。這個特質的凸顯，清楚地反應社會大眾（含客家人）對於客家族群的主要意象。其次，「純樸」的相關形容詞，包含「樸素」、「敦厚」、「老實」、「單純」、「簡單」，一共出現了 96 次，排名第三位。「熱情好客」的相關形容詞，包含「人情味」、「溫馨親切」共有 76 次，也是主要意象之一。排名第五以下的意象，在次數上明顯地少於排名前四名的主要意象；包含「懷舊」、「飲水思源」在內的「傳統」意象，與常伴隨「傳統」而來的「保守」意象，一共出現了 34 次。象徵「堅持」、「執著」、「不向命運低頭」、「不服輸」、「不示弱」、「不屈不撓」的硬頸精神，是客家人常自詡和自傲的特質，亦是一般人常提及的客家性格（鍾肇政，1998），在這項調查中，「硬頸」出現了 17 次，排名第 6。「團結」出現了 13 次，「持家」和「誠實」各出現了 8 次 [13]。

對於客家族群的負面特性，以「小氣」、「自私」、「吝嗇」為排名第一的主要負面意象（見表 6-3），這或許與客家族群過去社經地位弱勢，因貧苦而不得不節儉的生活背景有關。排名第二的是「防禦心重」，則顯示了一般人認為客家人與他人的互動中具有「防人之心不可無」的距離感；然而，弔詭的是，這與前述排名第四的正面特質「熱情好客」似有若干矛盾之處。負面意象中排名三至五名的是出現了 4 次的「不懂推銷」、出現了 3 次的「沒創意」以及出現了 2 次的「不夠積極」，這些特性與列為正面意象第五名的「傳統保守」有若干相近之處，可視為是一種廣泛定義下的特質之不同角度觀察，值得後續研究者以更清楚之面向和指標區隔其間之異同處。至於出現了一次的包括了「大男人」、「重男輕女」、「頑固」、「短視」、「不重外表」、「不知休息」和「招搖」 [14]。

這項混合了客家鄉鎮居民、業者及過往的遊客所做成的調查結果，雖不具隨機抽樣的代表性，無法精準反應一般台灣民眾的印象；然而這樣的取樣方式，倒可以某種程度地反映一種「內團體」（in group）的認知，亦及受訪者具備了對客家族群及文化一定程度的熟稔及親近性的特

表 6-3：竹苗地區針對「客家族群特性」之負面意象調查結果排行 [15]

名次	族群特性（負面）	次數
1	小氣自私（含吝嗇）	7
2	防禦心重	5
3	不懂推銷	4
4	沒創意	3
5	不夠積極	2
6	大男人	1
6	不重外表	1
6	短視	1
6	頑固	1
6	不知休息	1
6	招搖	1
6	重男輕女	1

質。

　　正面意象中,「勤儉」包含了「勤勞」和「節儉」兩個面向,這與一般人對於客家人的刻板印象頗為符合。其中勤勞、勤快、刻苦耐勞等特質,一如「海角七號」電影中的「馬拉桑」使出渾身解數推銷他的小米酒,給觀眾留下的那種深刻印象一般。而「節儉」這個客家特質則在不同的詮釋面上,形成了「儉省」和「小氣」兩種一正一負的意象。和「小氣」類似的意象,包括了「吝嗇」和「自私」,形成了一般人對客家人的主流負面印象;在上述調查結果中,這樣的意象,在負面排行榜中,即排名第一。

　　然而對照於正面意象中排名第四,累計次數 76 次的「熱情好客」,則頗耐人尋味。表面上看來,「小氣」和「熱情好客」似乎是互相矛盾的概念,一個熱情好客的人,怎麼可能小氣?或是一個小氣計較的人,如何可以熱情好客,「車馬衣裘與朋友共,蔽之而無憾。」?從更深層的文化面觀察之,不難發現客家人平日儉樸待己,亦錙銖待人,在金錢或物

資相關的價值觀上，與朱熹《治家格言》中的「一粥一飯，當思來處不易；半絲半縷，恆念物力維艱」頗為相近；其節儉不分彼此，是一種對於物質的珍惜。然而在傳統的慶典中，殺豬公宴客和流水席款宴路人的習俗，又充分展現了客家人信仰中敬天惜福、感恩分享的一面。因此，零星、片斷或標籤式的客家印象，若不能從文化深層與時空脈絡中解析，極易形成「溢美」和「污衊」兩極的意象，此時，持有詮釋權者浸淫客家文化的深度與廣度，往往決定了客家意象被傳播和定位的關鍵。

肆、報紙客家意象的設定與建構

在客家運動戰火點燃的這二十年間，客家意識在社運人士的高舉下，開始萌芽成長，客家話在客家電視台成立之後，得以在電視媒體中傳播；然而，在台灣媒體版圖中，佔有舉足輕重的報紙媒體，它的「客家意識」是否也在增長？是否走出了歷史「隱形」和「噤聲」的包袱？它如何傳遞客家訊息？如何詮釋客家文化？如何形塑客家族群？從傳播理論觀之，它如何設定客家議題（agenda setting）？如何建構客家議題（agenda building）？又如何框架（framing）客家意象？是欲瞭解客家意象如何形成的重要議題。

從 1950 年代至 1987 年《客家風雲》雜誌創刊前，報紙是大眾媒體中唯一可以獲取「客家意象」的管道。亦即，除了人際傳播的個人直接或間接經驗，報紙成了唯一可以負載、傳播及形塑客家訊息或意象的大眾媒體。直到解嚴後，客家、閩南等受政治壓抑的族群文化之報導開始在媒體上逐漸復甦，到了 2001 年 6 月 14 日行政院客家委員會的成立，客家在主流媒體上有了更多的曝光機會，再加上例如桐花祭等相關事件行銷及愈見頻繁的置入性行銷，客家意象由暗轉明。然而，掌握議題設定及意象形塑的媒體守門人功能，在言論的自由市場中，究竟如何呈現客家風貌？欲實證媒體的客家意象如何再現，此其時也。

一、1995 年至 2007 年的實證分析

　　李美華與劉恩綺（2008）蒐集了行政院客委會成立前後各六年，即 1995 至 2007 年的自由時報、中國時報及聯合報，以系統抽樣法抽取2571 篇與客家相關之報導，分析其「報導類型」、「報導主題」、「報導語氣」、「文化形象」、「文化方向」、「人格特質」、「人格方向」、「整體形象」、「整體方向」等九個類目。

　　以報導類型區分，純淨新聞仍為報導客家事務的主要類型，在中國時報及聯合報中，均佔四分之三強，而自由時報則佔了一半（53.3％）。聯合報提供了較多的深度報導（16.7％），這對於進一步探討客家事務有所助益；中國時報相較於其他兩報，則是提供了較多的人物特寫（12.6％）。從傳播的訊息發送者與接收者的角度觀之，無論是純淨新聞、深度報導、人物特寫或新聞評論皆是在編輯室的守門人機制中，由記者或主筆撰述的訊息，亦可視為一種媒體之觀點；唯獨讀者投書是由民眾選擇題材、設定議題、建構觀點。到傳遞意象符號，雖然最後仍然經由報社的守門人機制篩選，然而相較之下，是報紙訊息中最「由下而上」的民意表述內容，也是最容易展現民眾之客家意象的版面。自由時報之客家事務相關報導中，以讀者投書型態出現的總數佔所有客家報導的三分之一左右（30.7％），相較於聯合報的 2.9％及中國時報的 2.5％高出十餘倍。然而，由於該研究並未計算三個報紙各自報導客家事務的總則數，因此無法比較三報重視客家事務的程度。

表 6-4：三家報紙之客家報導類型分析 [16]

報紙名稱＼新聞類型	純淨新聞	深度報導	人物特寫	新聞評論	讀者投書
自由時報	53.3％	6.7％	8.1％	1.2％	30.7％
中國時報	81.8％	2.3％	12.6％	0.6％	2.5％
聯合報	75.8％	16.7％	4.3％	0.3％	2.9％
平均	73.2％	8.9％	8.3％	0.6％	8.9％

　　表 6-5 顯示，在客家相關報導所涵蓋的主題方向，三報皆以包含社區話題、人情趣味、藝文、文教等軟性之社區文化為主，其中中國時報、聯合兩報更高達所有客家報導主題的百分之八十以上。在政治經濟議題方面，自由時報的比重佔了 23%，中時佔了 12.1%，聯合佔 9.8%，其次較主要的報導主題為觀光休閒和客家活動。

表 6-5：三家報紙之客家報導主題分析

報紙名稱　　報導主題　百分比	政治經濟	社區文化	觀光休閒	客家活動	族群關係
自由時報	23.0%	58.1%	7.5%	3.6%	2.5%
中國時報	12.1%	82.8%	1.4%	2.0%	0%
聯合報	9.8%	83.2%	4.9%	1.3%	0.6%
平均	13.6%	77.5%	4.1%	2.7%	0.8%

表 6-6：三家報紙之客家報導價值傳遞分析

報紙名稱　　價值　百分比	正面	中立	負面
自由時報	33.7%	53.5%	12.8%
中國時報	27%	69.2%	3.8%
聯合報	41.6%	54.9%	3.5%
平均	34.2%	60.1%	5.7%

　　報導的語氣往往透露著訊息傳遞者對所報導事物的觀感或評價。表 6-6 顯示，整體而言，六成的報導對客家事物賦予中立的評價，34.2% 為正面評價，5.7% 為負面評價。就各別報紙所傳遞之客家意象所賦予的價值判斷上，聯合報的客家報導正面意象最多（41.6%），中國時報最少（27%）；負面意象則以自由時報的報導最多（12.8%），聯合報及中國時報的客家負面報導比例相近，分別為 3.5% 和 3.8%。這項研究並未說明負面評價判定的字句或印象根據。

表 6-7：三家報紙客家報導之文化形象類目分析

文化形象 ＼ 百分比 ＼ 報紙名稱	自由時報	中國時報	聯合報	平均
客家精神	62.2%	44.1%	60.1%	55.5%
飲食習慣	15.5%	15.2%	23.7%	18.1%
宗教習俗	13.8%	10.4%	14.1%	12.8%
建築居處	11.2%	18.5%	8.4%	12.7%
族群關係	16.2%	5.5%	2.2%	8.0%

　　表 6-7 顯示，在文化形象的類目方面，三報仍以傳統的「客家精神」為報導主軸，平均佔了所有客家報導的一半以上，與客家美食相關的「飲食習慣」居次，佔了近二成。其次分別為「宗教習俗」、「建築」及「族群關係」。三報當中，自由時報的報導所傳遞的客家意象中逾六成與客家精神相關，聯合報的客家意象中亦有 60.1% 負載與意識形態相關之客家精神；相較於其他二報，聯合報對客家飲食習慣較為偏好（23.7%），中國時報對客家建築居處較多著墨（18.5%），而自由時報比中時、聯合較關心族群關係。至於各報傳遞的客家意象迥異，是否會造成不同報紙讀者群對客家意象的感知或想像有所差異，需要較長時間的觀察，並且從讀者面進行深度訪談或認知與閱報行為的關聯性分析方能進一步探索。

　　在人格特質的描述上，表 6-8 顯示「刻苦耐勞」的勤勞形象是各報描繪客家之主要意象，平均將近十分之一。客家所標榜的「硬頸」精神，排名第二，平均為 5.3%；此外，客家人的「節儉」和「純樸踏實」分居三、四名。「傳統保守」、「忠義」和「好客」是分居五至七名的熱門客家人格特質。該項研究並將人格特質區分為「正面」、「中立」和「負面」三種編碼值，結果顯示，三報平均而言，56.9% 的人格特質描述為正面的，41.4% 為中立，僅有 1.7% 為負面描述。

表 6-8：三家報紙客家報導與客家人格特質有關之形容詞分析

報紙名稱 人格特質　百分比	自由時報	中國時報	聯合報	平均
刻苦耐（勤）勞	7.8%	11.2%	8.3%	9.1%
硬頸	5.8%	6.4%	3.6%	5.3%
節儉	3.8%	4.9%	4.4%	4.4%
純樸踏實	2.6%	3.7%	2.8%	3.0%
傳統保守	4.9%	1.3%	0.5%	2.2%
忠義	2.6%	0.6%	0.9%	1.4%
好客	0.7%	0.2%	0.6%	0.5%

表 6-9：三家報紙客家報導傳遞之整體意象之比例分析

報紙名稱 整體意象　百分比	自由時報	中國時報	聯合報	平均
積極維護傳統文化	37.7%	55.7%	45.4%	46.3%
傳統文化內涵優美	18.3%	37.2%	43.8%	33.1%
族群政經地位弱勢	17%	3.7%	3.7%	8.1%
母語流失	11.7%	4.5%	5.8%	7.3%
生活艱苦流離顛沛	8.4%	4.3%	4.2%	5.6%
愛鄉土飲水思源	1.6%	1.5%	4.3%	2.5%
隱形	5.2%	0.4%	1.6%	2.4%
重視教育	1.9%	1.1%	1.8%	2.1%
生活儉樸	5.2%	0%	1.1%	2.1%
山歌優美動聽	1.9%	0.4%	3.6%	1.9%

　　三家報紙所傳遞的客家整體意象分析顯示，「積極維護傳統文化」居首位，其次是「傳統文化內涵優美」，這兩者佔了中時和聯合兩報客家意象的九成和自由時報的 56%。就整體觀之，客家文化的優點和客家人積極維護傳統文化所形成的意象幾乎代表了台灣這三大報客家報導的

全部面貌，這是否過於籠統地描繪客家，抑或是媒體人自身亦不暸解客家，只能就整體面蜻蜓點水，仍需要更深入的內容分析或對媒體人進行深度訪談方能得知。此外，「母語流失」、「政經弱勢」、「生活困苦」等客家族群長久以來的處境亦是三報傳遞的主要意象。另外，「愛鄉土飲水思源」、「隱形」、「重視教育」、「生活儉樸」和「山歌動聽」分居六至十名。

二、2006 年台灣四大報紙之客家意象分析

筆者以簡單隨機抽樣法[17]，將二〇〇六年整年度於自由時報、蘋果日報、中國時報、及聯合報等四大報[18]於網路資料庫中以「客家」、「客委會」及「客語」為關鍵字搜尋到的有關客家文章，進行客家意象內容分析。蒐集得到的中國時報計 915 篇、自由時報 115 篇、聯合報 790 篇以及蘋果日報 70 篇，共 1,890 篇。其中再扣除活動資訊類報導的中國時報 163 篇、自由時報 0 篇、聯合報 54 篇以及蘋果日報 7 篇，共 224 篇的活動資訊，最後剩下之 1,666 篇報導（表 6-10）。再從其中以亂數表隨機抽樣抽出 300 篇報導進行內容分析[19]。

表 6-10：二〇〇六年四大報紙之客家相關總報導數

報導主題 則數 報紙名稱	風土民情	人物	食物	藝術文化	學術	政治社會	娛樂	讀者投書	總計
自由時報	24	4	9	35	6	9	2	26	115
蘋果日報	8	4	27	6	0	12	5	1	63
中國時報	312	49	42	182	22	92	32	21	752
聯合報	220	67	64	215	39	93	19	19	736
總 計	564	124	142	438	67.	206	58	67	1666

該研究主要分析係以「議題類目」和「用詞意象」為標的，觀察單位及分析單位以「則」為主，即以一則新聞為基本單位進行觀察及分

析；另外，含正負面評價之名詞、形容詞之統計分析，則是以「則」為觀察單位，以「詞」為分析單位。

2006 年台灣四大報對「客家」的相關報導，包含許多相關議題，包括桐花季、客家人物、客家美食、族群社會議題、地方新聞…等，因此從事「主題類目」建構時，無法產生單一歸類情形。為符合研究目的，本研究採用「複選式歸類法」以建構主題類目，包含兩個以上主題的文章，即歸入兩個以上的類目。

表 6-11：二〇〇六年四大報紙客家報導則數與版面分布

報紙 版面　　則數	自由 時報	蘋果 日報	中國 時報	聯合報	合計
政治版	1	1	1	0	3
地方版	11	0	100	114	225
娛樂版	0	1	6	2	9
讀者投書	5	1	1	0	7
生活版	7	0	8	2	17
其他[20]	2	11	11	15	39
合計	26	14	127	133	300

表 6-11 隨機抽樣結果顯示二〇〇六年一整年中四大報紙與客家相關之報導依版面區分之則數。就總量而言，聯合報以總篇數 133 則居冠，中國時報 127 則居次，這兩份報紙的客家報導量明顯領先發行量居前兩名的自由時報（26 則）及蘋果日報（14 則）。台灣最受歡迎的兩大報對客家議題的關注程度，就報導量的指標觀之，遠不及發行量僅其一半的另兩報；其所代表的意義為何，耐人尋味。其中，自由時報 26 則報導中，有 11 則（佔 42.3％）見諸地方版；蘋果日報則在 14 篇報導中有 11 則（佔 78.6％）出現於其他分類中；中國時報和聯合報亦均以地方版為大宗。在政治新聞方面，三報皆僅有一篇報導出現在政治要聞版面，它顯示客家事務並不在台灣政治議題的核心中；從大量的地方版和部分

生活版面的露出可以看出，客家事務被報社守門人「地方化」及「軟性化」。

表 6-12：二〇〇六年四大報紙客家報導字數分布

字數	300 字以下	300 — 800 字	800 字以上
則數	60	203	37
百分比	20％	67.7％	12.3％

　　從報導字數可以看出該篇報導的重要性，因此表 6-12 統計出 2006 年四大報紙合計 300 篇的客家報導中字數的分布情形。一般而言，300 字以下的報導屬於「小做」的題材，即記者和編輯、核稿等層層把關下，認定該事件或議題值得報導，但以小篇幅即 300 字以下為之即可，如許多活動通知、公關或人情稿或例行性之事項等；300 字至 800 字之間的報導是較重要之議題或事件，含有較完整之三段以上文字論述，屬於各版面中之重要新聞區塊；至於 800 字以上的報導，係各版面的頭題或主要文章，通常是各版面的焦點新聞或刻意「做大」的事件或議題。表 6-12 統計結果顯示，800 字以上的頭題或版面主要文章共計 37 則，佔了全部客家報導的 12.3％；300 字到 800 字的一般篇幅佔了絕大多數，共 203 則，約三分之二；300 字以下聊備一格的小型報導，共 60 則，佔 20％。

　　報紙的客家報導中，以報導內容的主題類別區分之，客家相關之活動報導為最大宗，共有 92 則（佔 28％），活動內容包括了桐花季（祭）（9 則）、客家文化節（7 則）、義民祭（6 則）、客家新聞獎（3 則）、美食嘉年華（2 則）、吹笛弄獅（2 則）、新丁粄比賽（2 則）、客家把戲（2 則）、客家嘉年華（2 則）、客語／歌謠班（2 則）、客家歌曲創作（2 則）等，其餘出現過一次的報導則是涵蓋範圍相當多元廣泛[21]。與地方相關的事務，佔客家報導主題的第二大宗，計 68 則（佔 20.7％）；以人物為主的人情趣味、耆老典故也是客家相關報導中較為人重視的，佔了 47 則（佔 14.3％），如同以往文獻及研究結果一般，客家美食一向是客家文

表 6-13：二〇〇六年四大報紙客家報導類目比例分析 [22]

分類	則數	百分比
活動	92	28.0％
地方	68	20.7％
人物	47	14.3％
其他	39	11.9％
飲食	31	9.5％
廣編	20	6.1％
政治	15	4.6％
信仰	12	3.7％
產業	4	1.2％
總計	328	100％

表 6-14：二〇〇六年四大報紙出現的客家名詞排行

名詞	次數
客家話（含客語、母語）	342
桐花	283
美食	143
義民	123
族群	108
家族	87
民俗（含習俗、風俗、禮俗、古禮）	86
客家會館（含園區、文物館）	85
歷史	76
祭典（含祭祖、祭祀）	64
聚落	44
伯公	40

化中，最被關注的焦點之一，佔了 31 則（佔 9.5%），排名第五；值得注意的是，以付費之廣告形式刊登的廣編稿佔了 20 則（佔 6.1%）。政治新聞係一般報紙的主要新聞來源，然而在客家報導中，政治類的新聞反倒很罕見（僅 15 則，佔 4.6%），這是否代表客家族群在政治活動上參與不多或不受重視，抑或是客家人強調文化推廣，不喜沾上政治色彩或者是媒體的框架、議題設定作用，實值得更深入觀察與探索。

　　表 6-14 顯示，報紙中最常出現的客家名詞是客家話，共 342 次，這與行政院客委會大力推動客語教學及客語認證有關；而各種文獻中亦顯示，客家話的失傳，是客家文化傳承中，最令人擔憂的一項議題。至於究竟是報紙反覆報導客家話流失的問題引起了客家界的重視，還是客家人對母語流失的憂慮促成了報紙的大量報導，抑或是互為因果，不得而知。「桐花」一詞一共出現了 283 次，僅次於「客語」佔第二位，原本並未為人熟知的桐花，在行政院客委會透過品牌行銷及事件行銷，成功地塑造了一個鮮明的客家意象，成為客家文化中一個具體的意象及符號。

　　「美食」一詞以出現 143 次，位居第三，不論是從問卷調查中顯示之民眾認知或報紙之內容分析，均顯示「美食」一詞已儼然成為客家文化中一個鮮明的意象。除此之外，與義民（123 次）、祭典（64 次）、家族（87 次）、伯公（40 次）、民俗（86 次）相關的名詞出現相當頻繁，合計達 400 次，這也顯示出報紙對於客家文化中有關從傳統信仰中衍生之民俗文化多所著墨。

　　除了表 6-14 所列之外，出現次數在 20 次以上、40 次以下的還包含古蹟（36 次）、宗親（26 次）、三山國王（25 次）、先民（22 次）等。

　　整體觀之，除了「桐花」是文化行銷下的創意產物之外，其餘多為傳統民俗相關之意象。

表 6-15：二〇〇六年四大報紙出現與客家事物有關之形容詞

客家事物形容詞	次數
傳統	180
創意（創新）	81
熱鬧	43
豐富	34
多元	34
盛大	9

　　刻板印象形成的過程中，用來描繪（depiction）、暗喻（metaphor）、或標例（examplar）的形容詞，是提供框架中有關符號的主要元素。從表 6-15 中可以看出，「傳統」是用來形容客家事物的最主要形容詞，共 180 次，佔了所有描繪客家的形容詞總數之一半左右。相較於「傳統」一詞，客家最努力思考、亟欲突破以吸引一般民眾和年輕族群的「創新」和「創意」，則出現了 81 次，不及「傳統」一詞的一半。較值得欣慰的是，「熱鬧」、「豐富」、「多元」、「盛大」等正面的形容詞，亦常見諸於報端。

表 6-16：二〇〇六年四大報紙出現與客家民族特性有關之正面形容詞

客家民族特性形容詞	次數
節儉（含勤儉、儉樸）	16
純樸（含古樸、淳樸、質樸、樸實）	15
熱情	9
親切	9
刻苦耐勞	9
硬頸	7
堅毅	3
勤奮	2
尊師重道	2

　　表 6-16 顯示報紙最常形容客家民族特性之正面詞彙。內容分析編碼統計的結果與「客家文化產業經濟基本調查」大致相符，「節儉」、「勤儉」、「儉樸」是報紙最常用來描繪客家民族特性的形容詞；共出現 16 次；與「純樸」相關的形容詞亦出現了 15 次之多；「熱情」、「親切」、和「刻苦耐勞」分別出現 9 次；「硬頸」精神，也是媒體常用的形容詞，共出現 7 次；「堅毅」、「勤奮」、「尊師重道」等正面的傳統價值，分別出現 3 次及 2 次；除此之外還有敬惜字紙（2 次）、不能忘本（2 次）、好客（1 次）、堅忍（1 次）、敦厚（1 次）、晴耕雨讀（1 次）、腳踏實地（1 次）、樂天知命（1 次）、自然樸實（1 次）、勤學苦讀（1 次）、尊古聖賢（1 次）及勤勞儉樸（1 次）。

　　從報紙內容分析和民眾開放式問卷的結果兩相比較之，民眾認知的客家族群特性中，「刻苦耐勞」是排名第二的主要印象，在報紙出現的形容詞中，遠不及「節儉」和「純樸」，民眾認知中的「團結」及「誠實」等客家特性，則鮮為報紙著墨。

表 6-17：二〇〇六年四大報紙出現之與客家相關負面詞彙排行

負面詞彙	次數
失傳（含消失、流失）	26
不足	16
沒落（式微）	13
不滿	9
不易	8
憂心	8
冷清	5
惡化	2
隱憂	1
消極	1
小氣	1

在形容客家的負面詞彙方面,「失傳」是最常見的一個形容詞,足見報紙經常報導包括客語在內的客家文化逐漸流失斷層的危機;「不足」一詞亦為報紙對客家相關資源缺乏所常用的形容詞,與「失傳」相近的概念如「沒落」、「式微」也是常見的形容詞。由前三大形容詞中得知,報紙報導對於客家事物的主要認知不脫文化的失傳及資源的匱乏。此外,消極和負面的形容詞包括了「不滿」、「不易」、「憂心」、「冷清」等,多半用以形容客家活動及客家事務推動的難處;在前述之開放式問卷調查中得到的客家族群負面特性當中排行第一的「小氣」,則僅在二○○六年一整年中,出現於報端 1 次而已,這或許與四大報紙與人為善,盡量避免於報導中出現類似人身攻擊的負面字眼有關。

伍、電視的客家意象傳達

電視因為發音和畫面,將閱聽眾的感知連結在文字、音符、符號、圖像、畫面、和情境的綜合體上,其所帶來的印象較其他媒體清晰而深刻,對於意象的形成容易產生涵化作用(cultivation)。Gerbner 等人(1980)認為電視幾乎囊括重度收視者(heavy viewer)每天的資訊、想法和感知的來源,經常收視同樣訊息者容易產生一種涵化作用,亦即電視提供的訊息會教育閱聽眾產生相同的價值觀,因此,解碼電視所傳遞的客家訊息對於追溯客家意象的形成,具有相當的實證功能與意義。

文化大學新聞所姜如珮(2003)的碩士論文即以解析公視「客家新聞雜誌」之客家意象為研究主題,以 2001 年 9 月 23 日開播至 2003 年 1 月 26 日這段期間播出的 68 集節目,一共 395 則報導為其內容分析的範圍。

內容分析的結果顯示,「客家美食」一直是一個鮮明的客家意象,而其背後的飲食文化具有相當深遠的歷史脈絡和文化元素,395 則的報導中,以「食」為主題者,占了 94 則,23.8%,其中報導內容偏重於介紹客家的糧作、飲食、種植養殖技術、食材、食具及飲食文化;此外,亦

涵蓋了生產活動、產業經營，政府法規等總體面議題。報導的題目包括了開放民間釀酒、客家福菜醃漬、關山環保養豬及新埔體驗農村等。

表 6-18：客家新聞雜誌報導主題[23] 則數百分比分析

報導主題	則數	比例
食	94	23.8%
人物側寫	78	19.7%
育	59	14.9%
住	51	12.9%
樂	43	10.9%
風俗習慣	31	7.8%
其他	14	3.5%
民族特性	10	2.5%
行	9	2.3%
衣	6	1.5%
共計	395	100%

　　「人物側寫」是比重僅次於「食」的客家主題，佔了總則數的19.7%，報導的範圍涵蓋客家社團人物及特別人士，其中包括了一些奇人奇事，如新竹葬鳥人、老人布馬陣及三義救護志工等。「育」係以報導教育文化活動、組織機構、政令法規及歷史問題為分類依據，佔了14.9%，居報導主題的第三位；其中包含了客家八音傳承、鳳林多校長、米倉藝術、大學客家課程及東海岸玉石產業等單元。

　　以「住」為分類的報導側重於客家聚落、建築、社區環境、環保問題等，佔了12.9%，居第四位。報導過的單元有高鐵毀家園、永安漁港、流浪狗等。與「樂」相關的報導側重於介紹客家活動、器物、產業或相關文化，包括了客家歌謠大賽、泰安溫泉、寶島客家電台等，一共佔了10.9%，居第五位。「風俗習慣」相關的報導內容主要在介紹客家民族之風俗習慣與信仰，或與廟宇祠堂建築相關之探討，播出的單元包含

了東勢新丁粄比賽、新屋葉家掛紙、北埔伯公等，佔了 7.8％。

　　此外報導主題還包含了「衣」、「行」及「民族特性」等，播出的單元有客家藍布衫、美濃紙傘、鳳鳴古道、雲林福佬客及探討客家民族重男輕女的習性等。

表 6-19：客家新聞雜誌報導內容分布（複選）

報導內容題目	則數	比例
價值體系	140	35.4％
族域分布	125	32.6％
生計文化	115	29.1％
文化傳承	104	26.3％
社會困境	60	15.2％
地理環境	41	10.4％
音樂歌謠	38	9.6％
風俗信仰	37	9.4％
當局施政	36	9.1％
台灣開發	34	8.6％

　　進一步分析客家新聞雜誌共 395 則報導的內容類目，該研究發現涉及探討客家民族的價值體系之報導共 140 則，佔了三分之一強，姜如珮（2003）整理了報導中傳遞的客家人格意象包含了正面形象的「重視教育」、「勤儉刻苦」、「樸實含蓄」、「重視倫常」、「忠誠正直」、「進取創新」、「善惡分明」、「團結愛鄉」等，負面或偏向爭議的客家人格意象則包含了「男尊女卑」、「現實功利」、「保守固執」、「自卑怯懦」及「愛好面子」等。

　　和客家民族的遷徙居住及分布相關的報導居第二位，約三分之一，「客家新聞雜誌」製作了一系列的報導，介紹台灣客家人的分布情形。此外，亦從產業勞動面對客家人的經濟活動著墨甚多。在文化傳承方面，約四分之一強的報導涉及了這個主題，包括了語言流失、認同危

機、文化失傳等。「客家新聞雜誌」亦廣泛探討客家人在現今社會中面臨的困境，探討的議題包括了客語師資和鄉土教材不足的困境、客家人生存就業、教育機會、社會福利及地方建設之資源相對貧乏情境，並且亦就政治、經濟、法律、社會等層面，討論與其他族群相較之下的機會與侷限等。「地理環境」相關的報導廣泛探討客家人生活的山林、水文及聚落特性。「音樂歌謠」一直是客家傳統文物中一項鮮明的指標。「客家新聞雜誌」約十分之一的報導中討論了包括客家八音、老山歌、山歌仔、平板、小調等傳統音樂，同時也報導了客家的現代流行樂曲及改編歌謠等。與「風俗信仰」有關的單元，主要報導客家人祭祀祖先和葬禮特有之風俗儀式，包括了掛紙、二次葬等以及客家人於婚宴喜慶及生孩子時特有的儀式，如：拜新燈。

　　從政治面探討客家的報導，包括了「當局施政」和「台灣開發」兩大類目，分別有 9.1% 和 8.6% 的報導涵蓋此類主題。在歷史的脈絡中，客家民族的政治年譜可以區分為：(1)「滿清時期」，即 1644 年滿清皇朝成立至 1895 年甲午戰敗割讓台灣前，政治當局對台灣客家人所採取的政策等。(2)「日據時期」係以 1895 年中日馬關條約割台後到民國 34 年國民黨收復台灣的五十年間，台灣客家人的政治處境。(3)「國民黨政府」時期係 1945 至 2000 年間，國民黨主政的近一個甲子中，其對台灣客家人所採取的政策措施。(4)「民進黨政府」時期係指 2000 年民進黨執政後所採取的客家政策及客家人所處的政治環境。而與「台灣開發」相關的報導係針對上述四個階段的客家民族遷移以及與土地、社區開發及建設相關之議題。

　　在客家新聞雜誌一共兩年半播出的 70 集共 395 則報導中與客家人的性格和價值體系相關之報導有 140 則之多。其中，「積極進取」、「勤儉刻苦」、「崇尚自然」、「慎終追遠」及「重視教育」分居前五名，這和傳統印象中客家人的勤奮、刻苦、重視教育、宗族觀念等幾乎不謀而合。其他的正面形象包括了「樸實含蓄」、「忠誠正直」、「團結愛鄉」、「重視倫常」、「善惡分明」及「熱情善良」。在負面印象方面，重男輕女是客

表 6-20：「客家新聞雜誌」描述客家性格之報導則數及百分比分析（複選）

評價	人格特質	則數	百分比
正面形象	積極進取	36	25.7%
	勤儉刻苦	32	22.9%
	崇尚自然	15	10.7%
	慎終追遠	15	10.7%
	重視教育	12	8.6%
	樸實含蓄	9	6.4%
	忠誠正直	9	6.4%
	團結愛鄉	9	6.4%
	講求倫常	7	5.0%
	善惡分明	7	5.0%
	熱情善良	7	5.0%
負面形象	男尊女卑	6	4.3%
	保守固執	5	3.6%
	功利現實	4	2.9%
	自卑怯懦	3	2.1%

家農業社會中以勞力生產掛帥的生活體系下的產物，「男尊女卑」名列負面印象的首位，並不意外；此外，硬頸精神與負面印象居第二位的「保守固執」常是一線之隔；「功利現實」及「自卑怯懦」則分居負面印象的三、四名。

陸、誰形塑了客家意象

意象的形成不外乎人際傳播和大眾傳播兩個管道。客家意象的人際形成途徑包括了親身經歷、家人、親屬、朋友所傳播的客家印象與經驗，以及透過大眾傳播如書本、報紙、電視、電影等所獲得的符號與感知。

　　自 1970 年代以降的傳播理論，加入了條件性、雙向性及互動性的思考，媒體的影響力由單純的「意象塑造」轉變成複雜的「意象共造」。意象共造是一個動態的過程，由公眾符號、感知及議題和媒體議題相互激盪，彼此影響，形成意象塑造的機制。

　　民主政治體系下的媒體和閱聽眾關係是互動的。媒體具有取材、連結及凸顯的框架功能，亦有分類、形塑、定位的先入效應及重複標籤、影響感知、形成刻板印象的機制，最終提供閱聽眾想什麼和怎麼想的議題設定作用。另一方面，民眾亦透過「輿論」塑造民意、形成議題，使媒體不得不關心報導該項輿論。民主社會中民眾形成輿論的途徑包括社會運動、座談會、公聽會、記者會、特殊事件活動、讀者投書、叩應（call-in）、網路上傳及部落格等。民眾對媒體的影響力，隨著科技進步、媒體多元及閱聽眾自主意識高漲而愈見強大。圖 6-2 是由媒體和公眾互動形成意象共造迴圈（image co-building loop）的機制。

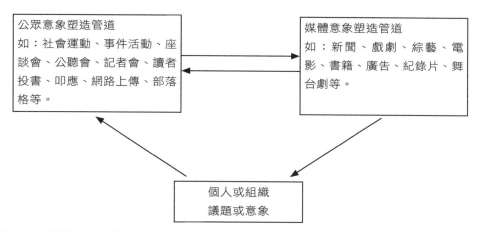

圖 6-2：媒體與公眾互動形成意象共造迴圈

　　1988 年 12 月 28 日還我母語運動以前，主流媒體上不聞客家聲音、不見客家議題，公眾論述中亦不見有組織的客家議題。客家族群、語言和文化在台灣社會中隱形到彷彿不存在，這其間的原因包括了政治力造成的「禁聲」以及客家族群的「噤聲」助長了政治控制的禁聲。還我母

語運動堪稱為客家發聲的分水嶺，透過社會運動的群眾集結，6000餘人走上街頭，製造重大社會事件，並配合演講、投書、座談，主導公眾話題，建構客家話即將失傳的公眾討論議題，同時塑造客家族群弱勢、母語遭受打壓的意象。透過一連串的公共意象塑造活動，影響了媒體的廣泛報導，促使媒體傳達這個公共議題及意象，形成媒體意象塑造作用，影響了廣大的閱聽眾，擴大了公共討論及社會參與，終於促成了一波波的母語文化爭取浪潮，這樣的公眾與媒體互動的過程，促成了多元文化的落實，也透過民意和選舉，催生了行政院客委會，以體制內的公權力保存並發揚客家文化。

　　從范揚松、曾逸昌等蒐錄了古今史冊記載的客家意象，到張維安與謝世忠2003年之經濟轉化與傳統再造研究、李美華與劉恩綺之1995~2007三報客家意象實證分析、筆者的2006年台灣四大報客家意象分析、以及姜如珮2001至2003年公視客家新聞雜誌客家意象解析；這些研究在時間上跨越了數個世紀；在平台上遍及史冊、文獻、報紙、電視；方法上包括了問卷調查、內容分析及文獻整理；對象上包括了公眾意象和媒體意象，其結果所顯示的客家意象竟然大同小異。不同媒體間之意象與公共意象之間都出現了高度的相關性及重疊性。對客家文化內涵的意象不脫「美食」、「祭祀」、「義民」、「山歌」等；對客家議題聚焦在「母語失傳」、「政經弱勢」、「文化保存」、「民俗藝術」等；客家性格的媒體意象和公眾意象亦十分接近，正面意象包括「勤儉」、「刻苦」、「純樸」、「硬頸」等；負面意象包括「吝嗇」、「防禦心重」、「保守」及「大男人」等。相形之下，報紙、電視等大眾傳播媒體鮮少傳遞負面意象，其所傳遞的正面客家意象遠遠多於負面意象。

　　整體而言，近年來強力主打的客家桐花祭是一個具有開創性的新興意象，透過事件行銷大大提升了媒體上的能見度，也清楚地傳遞了「桐花等同客家」的意象，算是諸多延續傳統意象中的僅見創意。

　　社會的多元使媒體與公眾的地位落差縮小，互動增強；數位化與網路化更使媒體議題與公眾議題充分交流。二十一世紀的客家意象要如何

延續傳統或創新發揚，媒體勢必仍扮演核心的角色，然公眾議題的主導權在多元文化意識甦醒和客家媒體運用權增加的大環境下，客家族群的本身將起更大的作用。客家意識所凝聚的客家社團和媒體間的互動所形成的意象共造迴圈將決定未來客家意象的複製與新生。

注釋

1　資料來源係作者根據王甫昌著之《當代台灣社會的族群想像》，＜台北：群學出版，2003＞，頁 143 表七（客家研究書籍、文章、學位論文，按出版時期區分）重新計算整理而來。

2　2003 至 2006 年客家碩博士論文數。
http://www.hakka.gov.tw/lp.asp?CtNode=1583&CtUnit=683&BaseDSD=24&mp=298（上網日期 2007/11/12）

3　同註 2。

4　2003 至 2004 年客家出版品數。
http://www.hakka.gov.tw/lp.asp?CtNode=1594&CtUnit=693&BaseDSD=37&mp=298&nowPage=1&pagesize=15（上網日期 2007/11/12）

5　216 冊係 2003 年至 2004 年的 2 年間之總數。

6　天主教法蘭西斯福特（Francis Ford）主教對客家人性格之描述，摘自江運貴著，徐漢彬譯，1996 年《客家與台灣》，常民文化事業出版，頁 205。

7　英國學者艾德爾（E. J. Eitel）在其所著的《客家史綱》中提及。

8　曾逸昌的觀點。

9　《五華鄉情錄》中收錄之白眉、鄧華東等人之見解。

10　黃順炘主編《客家風情》雜誌。

11　本表格係根據王雯君 2005 年 6 月刊登於「東吳社會學報」第十八期之文章「客家邊界：客家意象的詮釋與重建」中 130 頁表 4：「竹苗地區針對客家文化特質問卷調查結果專指涉族群特性的部份」所重新分類製作之表格。

12　回收之開放式問題「您覺得客家文化的特色是什麼？」中經過整理與「客家族群特性」相關者一共得到 694 個答案，經分類為「客家族群特性之正面意象」（如表 6-2）及「客家族群特性之負面意象」（如表 6-3）。

13　累計次數低於 8 次者，還包括了「重倫理」（4 次）、「乾淨」（3 次）、「淡泊」

（2 次）、「愛國」（1 次）等，均未一一列入。

14 負面意象的累計次數均低於 10 次以下，受訪者普遍列舉的項目均很少，這或許與一般人的善良特質，不願論斷他人有關；因此代表性的嚴重不足將影響其信度。

15 同前註 2 及註 4。

16 表 6-4 至 6-9 係根據李美華、劉恩綺 2008 年 7 月 4 日在中華傳播學會年會中發表之論文「台灣報紙如何再現客家形象與客家新聞：1995-2007」中之第 10 頁至第 16 頁之表 4-1 至表 4-9 重新分類製作而成。

17 筆者（2008）選取 2006 年 1 月 1 日至 2006 年 12 月 31 日為止，共計 365 天，凡台灣四大報中有關「客家」相關議題之報導皆為背景研讀對象；樣本之選取不限定版面，只要與「客家」有關聯性，皆予以納入分析範圍中。

18 本研究資料收集以自由時報、蘋果日報、聯合報及中國時報為對象，主要理由在於這四報為 2006 年台灣報紙閱報率之前四名。2006 年度台灣報紙的整體閱讀率為 45.8%，其中自由時報閱報率為 15.6%；蘋果日報為 14.9%；聯合報為 10.5%；中國時報為 8.8%。資料來源：全球華文行銷知識庫 http://www.cyberone.com.tw— 浩騰媒體透析 2007 年主要媒體總覽 網址如下：http://marketing.chinatimes.com/ItemDetailPage/MainContent/05MediaContent.aspx?MMContentNoID=40282&MMMediaType=OMMEDIA

19 在內容分析的過程中，發現原抽樣出來之 300 篇報導文章中，有 2 篇屬於圖文稿，但因為本研究之資料來源，皆為此四大報的電子報資料庫，圖片資料無法取得，如此一來可能會造成此 2 篇報導所想要傳達的意思不完整或不清楚而造成讀者的判斷不易，為避免此種混淆，將此 2 篇圖文報導刪除，再另利用相同的簡單抽樣方法抽出兩篇報導來替補之。

20 包括社會、綜合新聞、話題、時論、焦點、徵文、副刊、金鐘獎特別報導、要聞、旅遊休閒、HOT 餐廳、教育、健康、文化等不同版面。

21 出現 1 次的活動報導有體驗蒔田活動、客家文化巡禮、板凳電影院、客語教學活動、服飾發表會、客家博覽會、客語生活學校成果、粄條節、客語認證、八音樂團、五穀爺壽筵、民俗藝術節、客家民俗館開幕活動、客家諺語比賽、族群融合嘉年華、花鼓節、大專青年座談、穀王爭霸戰、客屬總會懇親、湯圓城、芒花掃帚編製賽、新春祈福、美濃茶葉展、迎聖績、元宵活動、客家文物展、造橋文化節、客語演講比賽、偶戲展、黃蝶祭、韓愈文化節、紀念園區、美國美食節、膨風節、茶樓文化館啟用、蘿蔔節、客家政策座談會、祭孔大典、客庄文化資源普查、客語布袋戲、母語模範家庭選拔、客陶窯、

　　六堆運動會、學術研討會、檳榔花創意美食、客家藝術節、客家穀倉啟用、
美濃教育文化史、南北客家歌謠交流、客家之夜、客家音樂節、喜慶文物展、
薪傳聯誼會。

22 報導類目跨領域時，採重複編碼。

23 表 6-18 至 6-20 係根據江如珮（2003）碩士論文中之表 4-1-1 至 4-2-2 重新製
作而成，說明文字引自論文 54、55 頁。

第七章

客家電視的期待與想像

壹、多元社會的語言使命 [1]

　　台灣社會正走在語言整合的十字路口上。國語在過去半個世紀中，經由政治和媒體的強力主導，成為台灣社會的官方語言，而閩南話則在閩南族群的家中和市井間仍得以傳承，客家話則是命運多舛，原住民族語言幾乎回天乏術。就台灣整體的語言環境而言，大部分人皆能聽得懂國語和閩南話，而且姑且不論是否標準，大部分人也都可以說國語和閩南話。國語和閩南話的整合，使得台灣語言社會傾向於因對象而擇國、閩語其一使用的「雙語雙言」模式；同時因為政治場域和電視媒體的大量混用國、閩二語，也使得閩南話已嵌入國語中形成許多不易替代的語彙，這種現象亦使得不分對象混用國、閩語的「雙語非雙言」模式逐漸成形。在這個語言模式的轉型期中，台灣第二大族群的語言客家話在台灣語言社會中的定位，確實面臨嚴峻的考驗。

　　以目前的語言生態推估，客家話可能發展的途徑，包括：(1) 繼續其方言的性質且逐漸被邊緣化，按 Markov 的公式推估，再一百年後，客家人當中會講客家話者僅佔十分之一，台灣剩下不到 2% 的人口會說客家話；(2) 以立法保障，並透過媒體和教育強勢推廣母語教育，使客家話得以在族群內保留傳承，成為雙語之外的一「言」；(3) 透過媒體有計畫地系統性置入性行銷，將客家語彙植入主流電視節目中，形成三語合一的元素。

　　目前行政院客委會大力推行的學校母語教育，其主要功能不在於教會還不會說客家話的學童學會客家話，因為單憑每週幾個小時的教學而缺乏家庭或其他環境的練習機會，很難學會一種新語言；因此，學校的客家話教學對於開拓非以客家話為母語之族群助益有限，當客家話沒有族群外的新使用者加入時，其欲在語言社會中由「言」變「語」之願望，幾乎無法達成。但是學校母語教學倒是提供了「溫故知新」及「語言氣候」的兩大功能。對於在家中已經多少學會說客家話的學童，有機會在特定的場合複習此一語言，且說話的對象範圍擴及了同儕朋友，對

學童們而言具有相當的鼓勵意義。此外，在母語課堂上，學童們會感覺到客家話是參考團體中的主流語言，相較於在主流媒體和公共場合中幾乎無人使用的情形下，他們會因此較樂於說出在家中學到的客家話；也使得客家話說得比國語或閩南話流利的學童們，彼此得以互相視為參考團體，在私下溝通時，增加選擇使用客家話的可能，也因此使這些在家中以客家話為主的學童，不再視客家話為除了在家中以外毫無用途的語言或代表極弱勢者的少數語言；如此，客家話在語言社會之沉默螺旋中下沉的速率有機會得以減緩。

　　從第三章中所引述之 2005 年至 2007 年三年之統計資料顯示，三分之一的客家民眾在家幾乎完全不和父母親說客家話；一半的客家民眾和配偶交談主要使用國語，二成六使用閩南話；近四分之三的客家父母在家很少或是幾乎不和子女講客家話。客家電視台於 2003 年所做的一項調查研究 [2] 亦顯示，父母親皆為客家人的受訪民眾，只有 43.6% 在家主要語言為客家話，卻有高達 36.4% 主要使用語言為國語，亦有 18.2% 使用閩南話為家中主要語言，在雙親皆為客家人的家庭中，尚且有過半數的家庭無法傳承客家話，客家話的傳承危機可見一斑。此外，父親為客家人、母親為閩南人的家庭，僅有 15.8% 以客家話為家中主要語言，而母親為外省人的家庭，則是完全以國語為家中主要語言，至於母親為客家人而父親為其他族群之家庭，則完全沒有以客家話為家中主要語言者。從以上不同時間、不同機構所執行調查之數據觀之，希冀以客家話作為「母語」在家中傳承的可能性，在當今國語和閩南話已逐漸形成雙語的大環境中，誠屬不易。

　　當學校母語教育只能扮演輔助功能，而家中母語又普遍失去傳承功能時，大眾傳播的功能，特別是公眾可以近用的客家電視，便扮演著相當關鍵的角色。其中積極的作為包括賦予語言時代意義、提昇語言位階、增加語言活力，消極的作為則包括化解語言衝突，落實多元文化等。

一、賦予語言時代意義、提升語言位階

電視因其同時兼具傳播影像及聲音之功能，成為媒體中最具語言影響力之載具。於電視新聞中，各種語言之聲刺（sound bite）情境，即受訪者所說的話出現之情境，常有標示該種等語言使用「常規」之暗示；在主流媒體中，國語聲刺大量出現於官方和上流社會之場域中，閩南話則多出自於市井小民之口，客家話則「人間難得幾回聞」，且閩、客的聲刺皆必須配上字幕作輔助。這樣的傳播慣性，等同於宣告台灣為一雙語單言（或多言）的社會，其中國語為官方且高階之語言，而閩南話為低階語言，客家話或原住民話為更低階之方言。

此外，客家話常被視為是農業社會之語言 [3]，乃因其語言未能隨時代創新且未形成普遍共識。即隨時代改變而產生的新詞彙，因未在大眾傳播媒體中流通而造成其「各自表述」之扞格，其中科技名詞之說法未標準化，外來語究竟應音譯或意譯更是經常爭議不休，此現象乃媒體未發揮其語言傳播功能之後遺症。

客家電視做為台灣唯一客家話發音之電視頻道，可以藉由新聞中大量「創造」或「統一」的新詞彙，使得該方言得以科學化與現代化。因為一個沒有與時俱進的語言，將因其經不起時代考驗而語彙枯竭終至消滅，或因其語彙未跟上時代而停留在舊時代中，被視為是特定場域中使用之低階語言。

客家電視透過報導新事物大量創造或更新語彙，得以使此方言能像國語、閩南話一樣被廣泛應用於科技、時尚及國際的文化場域中，使其位階得以維持甚或提昇。而客家電視在語言位階中的新使命則是藉由大量曝光之客家話節目，使其能由難登大雅之堂之非正式語言，進階為具親和力、鄉土性之語言，進而有機會提昇至具邏輯性、高雅而正式之高階語言。

電視中的客家話呈現，同時具有協助客家話在台灣語言社會中標示其「主流地位」之功能，亦可藉此提昇客家族群的信心，使客家人長期

因為政治與族群間微妙關係形成的隱形面貌得以顯化。透過電視無遠弗屆的傳播影響力，客家電視可以積極扮演塑造「語言氣候」的功能，使客家話脫離弱勢方言的刻板印象，並且讓客家族群願意在公共場合中自在地使用母語，也讓其他族群願意欣賞或學習客家話。唯有透過家庭教育的紮根、學校母語教育的參考團體功能以及大眾傳播媒體的氣候塑造，客家話期能減緩「沉默螺旋」的速率，鞏固其「雙語一言」的地位，甚至有可能成為「三語三言」或「三語非三言」的模式。

二、改變語言氣候、強化語言活力

電子媒體，特別是電視，在語言氣候形成的過程中，扮演愈來愈重要的角色。電視中經常使用的語言，除了有被形塑為比較高雅、正式的「高階語言」之外，也有族群勢力消長的指標意涵。媒體在描述公共意見形成的沉默螺旋理論中，扮演三個角色：(1)決定公共討論的議題；(2)提供觀眾議題的意見分布；(3)提供意見論述的依據和題材（Moy, Domke, & Stamm, 2001）。電視中的主流語言易使觀眾形成使用該語言者為強勢族群之認知，亦可能會根據電視中各語言使用的比例，自行推估各語言人口甚至各族裔人口之比例分布。在實質上，電視中呈現的主流語言亦有可能影響觀眾鼓勵其學習或使用電視中普及語言以追求較大的認同感。因此透過電視的傳播，不但可以創造客家話的學習機會，亦可使客家話的使用者有更多的信心使用該語言，因而提昇客家話的族群語言活力（ethno linguistic vitality），增進族群文化之認同，激發捍衛母語的決心和行動，對弱勢文化的復興具有關鍵性的影響力（張學謙，2003）。

客家電視可以扮演的另外一個積極功能，是在沉默螺旋中扮演修正意見氣候的角色，亦即雖然客家話發音的電視節目只佔所有頻道總節目數的1%，但是如果家中的選台器經常定頻在客家頻道，可以在閱聽人，特別是初學語言的幼童之認知中，塑造客家話亦為主流語言的印象。如此，除了可以加速其學習效果外，亦可強化其學習動機，使客家話至少

在新一代的學齡前成為基礎紮實的「言」，俟其在成長過程中置身以國語、閩南話為主體的雙語社會中時，仍有能力與說客家話之參考團體以客家話對話。

客家話傳承在客觀條件上的困難，在於早期政治力的禁錮及通婚遷徙造成的文化弱化，主觀條件上的不利因素則是腔調分歧造成傳播力量分散。目前在台灣使用的客家腔調依其使用人口多寡依序為：四縣、海陸、大埔、詔安、饒平。這五種腔調間彼此溝通上尚且存在若干障礙，遑論初學者的無所適從了。客家電視曾經製播的【圓桌五士打嘴鼓】節目刻意以五位與談人分持五種腔調的方式，讓五種言成為可以交流的語；榮獲 2008 年金鐘獎最佳教育文化節目獎的【日頭下、月光光】即刻意安排了南四縣、北四縣、海陸、大埔、詔安、饒平不同腔調的演員同台說唱。透過大眾傳播的力量，除了可以單獨強化各別方言的學習性與傳承性，亦可以增加不同腔調使用者化「言」為「語」的可能性。

台灣光復初期至今，北京話與閩南話互相交流，從雙言非雙語到雙語又雙言的階段，而今有逐漸發展為雙語但非雙言的情境。其發展之途徑，如圖 7-1 所示。

圖 7-1：北京話與閩南話間言語轉化關係[4]

客家話身處在逐漸形成雙語又雙言或雙語非雙言的社會中，其未來的發展勢必難成為三語又三言的環境。可能性之一是透過家庭教育、學校教育及媒體教育，在有心傳承客家文化的客家人中完整保存為「言」，減緩語言流失的速率，並透過強勢的電視媒體，讓部分客家話融入主流語言結構中成為「三語但非三言」的語言文化中之一環（如圖 7-2）。

然而客家話在未來是否能成為主流新語言的部分元素，還得視電視媒體中是否具有引進客家話的橋樑，諸如主持人、編劇、演員或意見領袖而定。此外，客家話在無特殊政治力或社會力的介入下，比較有可能的發展是透過客家電視強化「語言氣候」，使客家話淪入沉默螺旋的速率減緩，並且透過政府或民間的力量，使客家文化的保存得以系統化、機制化，使客家話成為保存完整的一個方言，並伺機融入主流語言中成為一個語言要素。

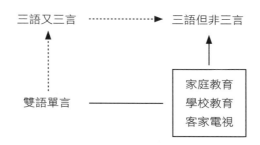

註：客家話處於雙語單言中的單言角色，虛線箭頭表示不易形成的趨勢，實線箭頭表示可能形成的趨勢，方框內代表影響因素。

圖 7-2：客家話在多言文化中的發展模式

三、化解語言衝突、落實多元文化

多族群社會的原始生態應為多元的語言、文化和風俗的綜合體，而外力的介入則往往使該等生態之自然平衡遭到破壞。受到打壓或排擠的文化常成為社會衝突的導火線，例如錫蘭在 1956 年通過新哈利斯語言法案（Sinhalese Language Act）引起塔米耳人與新哈利斯人間的暴亂，以及 1986 年比利時魯汶大學發生的「語言暴動」等（黃宣範，1995）。

1972 年第一屆國大代表提議政府制定「國語推行法」，至 1983 年 4 月組成語文法起草七人小組，以「切實推行國語，保持固有國字，以防簡防濫」為宗旨，著手草擬「語文法」。其間，於 1975 年通過的廣電法更明訂北京話為唯一國語，其他語言使用須逐年減少；1985 年 10 月，

教育部「語文法」草案初稿明訂在會議、公務、三人以上場合、各級學校以及大眾傳媒中，應以我國標準語文行之，違反者第一次警告，第二次易科 3 千元以上、1 萬元以下罰鍰，連續違反者得連續處罰。1985 年 12 月，「語文法」正式公布，引起民意強大反彈，在省議會及立法院中遭到黨外民代強烈抗爭，時任行政院長俞國華在強大的民意反對聲浪中決定中止制定「語文法」，方平息了一場山雨欲來風滿樓的語文衝突風暴。1987 年 10 月「客家風雲」雜誌創刊，揭櫫「發揚母語」之社會運動目標，促成第二年大規模的「還我母語」街頭運動，運動中提出三項訴求：(1) 立即每日推出客家話電視新聞及農漁業氣象；(2) 修改廣電法對方言之限制條款為保障條款；(3) 建立多元化的新語言政策（黃宣範，1995）。

在客籍社會運動人士的持續抗爭下，1989 年 1 月台視首次播出純以客家話發音的電視節目【鄉親鄉情】，每週一次，每次半小時。1991 年 9 月 2 日，三家無線電視台開始在每天中午增播 20 分鐘的客家話新聞。2002 年 9 月公共電視播出【客家新聞雜誌】，並於隔年 3 月推出第一部客家話發音的連續劇【寒夜】，將客家話帶入了主流的連續劇時段。更進一步確立了客家發聲權的則是 2003 年 7 月 1 日，全頻道客家話發聲的「客家電視」誕生。在台灣的多元文化中，得以搶佔一席文化的詮釋權，亦在近百個電視頻道中，掙出一個專屬的語言頻道。這對長期遭到打壓的客家語言文化而言，不啻是一個遲來的公義，也大大消弭了台灣社會中語言衝突的可能性。

2003 年客家電視的成立及 2005 年的原住民族電視台開播，是台灣通向多元文化社會的一個重要里程碑。由於其族語眾多且流失情況相當嚴重，原民台的母語復興任務比起客家台更難上許多，客家電視得以全頻道以客家話發音，說明客家的幾個主要腔調在族群內被保存為完整的「言」之可能仍值得期待；然真正要落實多元文化，還需要不同族群間的包容、交流及欣賞，才能在和諧的多元氛圍中，保有文化成長的空間。

表 7-1：一般民眾與客家民眾從客家電視學客家話動機之影響因素[5]

依變項：藉由客家電視學客家話之意願								
自變項	一般民眾樣本（N=522）				客家樣本（N=592）			
	B	S.E.	Beta	Sig.	B	S.E.	Beta	Sig.
截距	2.46	0.20		0.01	2.55	0.25		0.01
性別	0.06	0.11	0.02	0.61	-0.01	0.10	-0.01	0.98
收入	-0.05	0.04	-0.06	0.18	-0.01	0.04	-0.01	0.79
年齡	-0.01	0.01	-0.04	0.39	0.02	0.01	0.07	0.08
教育程度	0.01	0.04	0.01	0.76	-0.04	0.04	-0.04	0.36
族群（客家比閩南）	0.50	0.19	0.14	0.01				
族群（外省比閩南）	0.04	0.20	0.01	0.84				
族群（其他比閩南）	-0.33	0.33	-0.04	0.33				
客家話能力	0.41	0.07	0.30	0.01	0.66	0.06	0.43	0.01

　　表 7-1 為客家電視剛開播時，筆者與客家電視針對客家電視之功能所做的一項調查[6]。在一般民眾，即隨機抽樣出包含各族群人口之樣本中，不論性別、收入、年齡或教育程度，皆對於想藉由客家電視學習家話之意願沒有顯著之預測力。在不同族群間，客家族群比起閩南族群而言，其希望藉由客家電視學習客家話的動機明顯高出許多（$\beta = 0.50$，$\rho \leq 0.01$）；此外，客家話能力愈好的人，愈想要從客家電視學習客家話（$\beta = 0.41$，$\rho \leq 0.01$）。在客家樣本中，年齡愈大者，愈想要從客家電視中學習客家話，這與客家話希望往下紮根，傳承給年輕人的目標相左；在客家話能力方面，客家民眾和一般民眾一樣，客家話能力愈佳者，愈想透過客家電視學客家話。這個現象說明客家電視的全頻道客家話發聲，對於客家話能力不佳者，仍然是一項障礙。不過，這也是客家電視對於其語言主體性及避免被同化的一項堅持。為了讓對客家話不熟悉者也能瞭解客家文化，客家電視所有節目均有中文字幕，包括即時播出的新聞，都全程加上字幕，這個國內唯一現場上字幕、難度頗高的新聞播出方式，足見客家電視在客家主體性的堅持之外，亦以實際行動落

實多元文化精神，讓文化能夠交流和共享。

貳、文化再現與客家詮釋

在提及客家電視功能時，最容易被期待的是文化的形塑、保存及復興，然而媒體的功能，當遠不止於此。Husband（2000）認為即使是肥皂劇或動畫等娛樂媒體，也都隱含可能形塑信仰、價值與身份，且足以反映意識形態的要素；至於媒體的新聞內容更是積極扮演著「再現」（representation）現實世界，框架世界大事，反映利益與價值的特性。在主流語言已成型的台灣社會中，避免客家話的進一步被邊緣化，有賴強勢媒體透過新聞、音樂、戲劇甚至廣告，去活化語言活力並增加其曝光機會，以爭取位階之提升，並且透過爭取詮釋權去確立文化主體性；另一方面，從客家話在台灣的發展歷程中，透過政治力去建立客家公共論壇以及政治傳播的參與，亦是不可或缺的手段。

欲扭轉主流文化主導詮釋權所產生之長期刻板印象，客家電視任重而道遠。從國內相關文獻中，欲達到此目的，大約可分為「推力」與「拉力」兩種策略，兩者缺一不可。

推力指的是透過環境、設備、人員的改變與充足，提升客家電台節目的品質與客家市場體質，藉此吸引閱聽人的注意和各界資源的挹注。范振乾（2003）指出台灣過去曾有少數地方客家電視台及客家節目，但後來皆快速萎縮甚至消失，原因在於客家節目市場從未受到主流電視業者的重視以致文化傳播人才明顯不足，不易將客家真實且精緻的內涵向外推廣；以及客家語言文化長期不受重視，導致時代性與社會性不足。

拉力係指透過客家電視的播送以凝聚客家意識，引發自覺並喚起認知與認同，進而形成力量並引起重視。陳清河（2003）曾指出，客家族群在媒體使用權的嚴重落差，並非閩南話或外省族群以同情、關懷的角度就能夠探究問題核心；反之，需要倚靠客家族群自我的族群自覺，才能夠以最真實、最瞭解的角度來碰觸真正的問題所在，也才能真正提升

客家族群對於傳播權、自主權以及文化傳承之重視。

　　客家文化的面向包含了飲食、服飾、建築、信仰、音樂、歌謠、戲劇、美術及禮俗等（曾喜城，1999）。客家菜在一般人的心目中存留的印象大概僅止於「客家小炒」和「薑絲大腸」，除此之外，不易區隔出客家菜的特色。其實客家飲食文化與生活型態密切關聯，客家菜因此具有其「肥、鹹、酸」的特殊口味（姜如珮，2003），經過客家電視多年來播出的節目如【養生食堂】、【吃遍客家庄】、【鄉親逐鬧熱】、【客味食足】、【開心看客家】、【客家灶下】、【廚房的幸福味道】、【靚靚生活來報到】及【健康生活好煮意】等有系統地介紹客家美食，實有其「定義」、「整理」、及「宣傳」客家飲食文化之功能。

　　台灣客家服飾中可以看到客家人儉省的民族性，衣服設計著重「需要性」而非「裝飾性」，故大抵以藍色或黑色為主，並繼承中國漢族衣服特色，以「大襟衫鈕扣在右邊，兩肩飾以白、黃（未婚）或黑色（已婚）」為特色（曾喜城，1999）。客家電視中之【六堆客家風情】、【南方客家】、【庄頭庄尾客家情】節目中，不時以服飾為主題，主持人及來賓入鏡時亦著傳統藍衫為主，實具有客家服飾推廣及傳承之功能。

　　台灣客家民宅承襲中國客家原鄉民宅「聚族而居」、「講究風水」、「設施齊全」、「防禦性強」及「因勢建築」的特色（姜如珮，2003）。建築風格和生活形態息息相關，其中也因遷徙來台之先後及形成區域之不同而有其差異。例如南部客家盛行削竹為垣穿鑿屋，經濟情況較佳的北部則以磚石屋為流行。北部客家聚落多散村，南部多集村圍籠屋，其中「夥房」文化又為研究客家生活飲食的一樣重要觀察標的（曾喜城，1999）。客家電視中【我的故鄉】以介紹客家鄉里聚落生活為主，【庄頭庄尾客家情】則是逐一介紹客家庄的生活型態；【六堆客家風情】及【南方客家】，則為介紹台灣南部客家的代表；【59庄幸福快樂行】則以「客家人的情意，客家庄的美麗」為號召，介紹台灣所有的客家庄。

　　農業社會中的客家人平日辛勤農忙，如小調、平板、山歌仔、老山歌等，大都是在田間工作時的即興創作及表演。而主要的娛樂活動大多

與祭祀有關，包含布馬陣、跑旱船、高蹺陣、打糍粑、殺豬公比賽等（曾逸昌，2003）。客家電視中【鬧熱打擂臺】、【展寶逗鬧熱】以傳統山歌為主，【搖滾 High 客秀】、【Fun 客新聲帶】、【後生共和國】及【流行原創客】以客家流行創作為主，結合傳統和現代的【台灣情客家歌】首創以主題為單元之帶狀節目之先河，並首度為客家電視獲得 2005 年金鐘獎歌唱節目之入圍，其後亦有【鄉音鄉情】、【快樂來唱歌】、【十分客家】貼近鄉土音樂之節目。此外，客家傳統戲曲從野台戲進到國家音樂廳，亦是客家文化近年來發揚光大的結果。

　　客家文化中面臨失傳危機的不只是語言，風俗亦是其一，包含敬祖、祭祀、典章、文物在內的客家風俗，透過客家電視歷年來之【六堆客家風情】、【南方客家】、【庄頭庄尾客家情】、【我的故鄉】、【圓桌五士打嘴鼓】、【客家講堂】及【日頭下、月光光】等節目，找來民俗專家和客家耆老，有系統地論辯及整理民俗、典故，是維繫文化傳承的重要支柱。

　　客家電視開台後兩週所作的一項調查[7]結果，顯示了一些頗耐人尋味的現象。表 7-2 顯示，在一般民眾樣本中，教育程度愈高者，愈認為客家視台對於挽救客家文化有幫助（$\beta = 0.06$，$\rho \leq 0.05$）。至於性別、收入、年齡等均沒有顯著的預測力。在客家樣本中，男性客家人比女性客家對於客家電視的文化功能要來得樂觀許多，男性比女性顯著地認為客家電視對於挽救文化有所幫助（$\beta = 0.18$，$\rho \leq 0.01$）。

　　表 7-3 顯示，不同族群對於客家電視的文化貢獻度有明顯的差異。以 ANOVA 檢定之結果（$F = 6.57$，$\rho \leq 0.01$）顯示，客家族群認為客家電視對挽救客家文化有幫助之同意程度（平均值 = 4.39）明顯高於閩南族群（平均值 = 4.07）及外省族群（平均值 = 4.00）。

表 7-2：一般民眾與客家民眾對客家電視的文化貢獻度 [8] 之影響因素

變項	客家電視對挽救客家文化的貢獻度							
	一般民眾樣本（N=514）				客家樣本（N=597）			
	B	S.E.	Beta	Sig.	B	S.E.	Beta	Sig.
截距	3.83	0.15		0.01	4.18	0.14		0.01
性別	0.03	0.07	0.02	0.65	0.18	0.05	0.14	0.01
收入	-0.03	0.03	-0.06	0.24	0.03	0.02	0.07	0.14
年齡	0.01	0.01	0.01	0.98	-0.01	0.01	-0.05	0.23
教育程度	0.06	0.03	0.10	0.05	-0.03	0.02	-0.06	0.27
族群（客家比閩南）	0.18	0.12	0.08	0.15				
族群（外省比閩南）	-0.11	0.13	-0.04	0.41				
族群（其他比閩南）	-0.01	0.21	-0.01	0.98				
客家話能力	0.09	0.05	0.11	0.07	0.06	0.03	0.08	0.11

表 7-3：不同族群對客家電視之文化貢獻度

來源	自由度	平方和	均方	F 值
組間	2	7.51	3.76	
組內	513	293.40	0.57	6.57
總計	515	300.91		
$p < 0.01$				

雪菲檢定

族群	客家電視文化貢獻度	族群		
		閩南	客家	外省
閩南	4.07		*	
客家	4.39			
外省	4.00		*	

參、政治傳播與政治參與

　　語言使用、族群認同與文化傳承三者息息相關，在民主社會中會憑藉自然力依供需法則決定不同語言文化之消長。然而目前客家語言文化所面臨的斷層與失傳危機，倘若不透過系統性的刻意保留與復興，客家語言文化勢必在自然競爭中被淘汰。其中，如何在多元文化中，藉由媒體的力量，在公共領域中掌握發聲權與政治資源，將決定客家這樣的少數族群之語言與文化發展命運。

　　客家電視目前是台灣唯一可以覆蓋全國的客家公共媒體，因此它所提供的客家公共事務論壇、參與客家政策制定，以及參與傳播機制等功能，成為客家族群透過政治傳播參與政治，進而復興文化的最主要資源。

一、提供客家公共事務論壇

　　在界定並形成公共領域上，客家相關之議題難見諸於主流媒體，無法形成公共論壇；因此，客家電視的一項重要政治傳播功能，在於議題設定（agenda setting）與議題建構（agenda building）。議題設定係指大眾傳播媒體在眾多國內外發生的新聞事件中篩選，並形成特定的議題，因而影響了閱聽人對新聞議題重要性的認知（McCombs & Shaw, 1972）。此外，Lang & Lang（1983）發現媒體的作用不僅止於議題設定，還具有議題建構的功能，包括 (1) 強調或凸顯特定事件或活動以形成話題；(2) 塑造或賦予新聞多種特定意義以影響閱聽人；(3) 運用詞彙或次級符號的連結影響閱聽人的認知。

　　在台灣的十二個提供全國新聞報導的主流電視媒體中，客家事務相關的新聞或內容在層層守門人機制中，要被篩選採訪、製作並播出，已屬相當不易，遑論被凸顯或塑造成為一個議題在主流媒體中公開討論。客家電視因為具有客家議題的主導性，不需要刻意遷就收視率去迎合主流媒體所關心的一般議題，因此，可以在新聞中強調客家族群所關心的事物，包括族群的、地方性的、特殊產業的，與特定地理環境相關之事

件或話題，使這些話題被凸顯進而形成議題。另一方面，客家電視亦可運用談話性節目專門探討客家公共事務，例如立委選區重新劃分對客家族群政治參與生態變化之影響等，此類一向不被主流媒體重視卻足以影響客家族群政治參與的重大議題，因此得以透過意見領袖的討論而聚焦。

二、守望客家族群利益

媒體的功能除了「告知」，還有「守望」。Kymlicka 認為大眾傳播媒體可以促進團體區別權（group-differentiated rights），其中包括自治權（self-government right）、族群權利（polyethnic right）以及特殊代表權（special representation right）（Kymlicka, 1995）。

客家電視的傳播議題可以從公共事務中，特別區隔出客家公共事務，並著重客家族群權利，及建立以客家為中心的政治經濟觀。Husband（2000）認為少數族群迫切需要的，不僅是一個擁有自主權或自治權的傳播、政治和經濟權力，更需要道德和法律的認同以及合法的機制去承認弱勢族群的「特別處境」與「特別定位」。

澳洲、紐西蘭、加拿大等國家均有原住民自治權之相關法令。Browne（1993）認為透過自治權方能使弱勢族群在文化上得以抵抗強勢族群的價值與習俗，而這些行動得以落實，則需要靠法令和強勢族群的認同，才能確保少數族群的媒體運用權。Downunt（1993）進一步主張主流媒體因為具有強大的傳播功能，更應透過立法，規範其對弱勢族群語言文化應擔負的責任。在台灣，客家族群的訴求與原住民自治的訴求，在基本立場上固有不同，但是在語言文化的傳播權上，包含使用語言、詮釋文化及經營媒體在內的自治權，其必須性和迫切性是一致的；唯有法制化，方能落實傳播權利，守望族群利益。

三、參與傳播機制

客家電視的成立，是弱勢族群爭取經濟權、社會權、文化權及傳播權的具體實踐。它得以形成一個以族群利益為出發點的傳播平台，透過

這個平台，弱勢族群得以結合「需要爭取的權利（rights to）」與「本來就有的權利（rights of）」，對內凝聚族群共識並動員族群力量，對外影響公權力之運作及公共利益之分配。雖然擁有媒體即可擁有發聲權，但是，值得注意的是，要積極參與大眾傳播機制，仍然需要更努力地爭取才能達成。如果只是強調多元存在，容易造成「齊頭式」的假平等，多元文化主義強調公領域中容忍差異的重要性及給予弱勢社群合理的優惠參與權，包括政治參與、經濟參與及媒體參與等（張錦華，1998）。

主流媒體的形成，係經由收視率、營收狀況及影響力而被民意所認定。雖然它的形成並非透過正式管道，但是卻具有一定程度的影響力，例如：官方的記者會邀請對象、重大事件轉播及參與權、社會資源的分配及公會等類似組織的參與和主導等。通常弱勢族群媒體雖具有法律或政府資助的保障，但仍無法躋身主流媒體之列，常被政府、企業或社團有意無意地排除在邀請之列。

因此，爭取到專屬的頻道，並不代表躋身主流頻道，可以享有完全的傳播參與權。弱勢族群媒體仍需不斷地在人事權、資源分配權，及公共參與權上積極參與和發聲。此外，弱勢族群必須積極爭取特殊代表權，使弱勢族群的利益得以被安插在社會體制中，例如：在公共廣播的系統中，弱勢族群得以在管理高層及政策制定層面擁有代表權，即是在多族群社會中保障弱勢族群而彰顯族群需求的一個途徑（Husband, 2000）。

肆、客家電視的危機與轉機

由於缺乏建台的法源根據，客家電視從 2003 年 7 月 1 日開播到 2007 年 1 月 1 日納入公廣集團之前，一直是以「電視內容與勞務」為標的的政府採購案。換言之，「客家電視台」其實並不存在。從 2003 年開播到 2005 年底，客家電視的內容是由得標廠商台灣電視公司及台視文化公司負責提供，而 2006 年的客家電視則是由東森電視得標負責營運。這

種一年一標的架構，使得客家電視的經營層、中高階主管、政策方向、節目型態，甚至基層人才都呈現高度的變動性（李旺台，2004），也留下了經驗無法傳承、政策無法延續、品質難以管控、缺乏前瞻佈局，以及資源難以整合的難題。除此之外，經費來源不穩定，必須經過客委會、行政院及立法院審查，往往節目開播在即，預算卻遲遲未定，更因此造成沒有業者願意承接或契約到期新舊東家交接不順等種種窘境（范振乾，2004）。

一、公共媒體的困境

這樣的困境直到 2007 年 1 月 1 日，公共電視、華視、客家電視、原住民電視及宏觀電視合併成公共廣播集團，才出現結構性改變的契機。這個結構性的契機解決員工及製播單位變動帶來的斷層危機，卻因為政治因素導致的定位問題，使得客家電視和行政院客委會及立法院之間三角關係剪不斷理還亂，這也使得原本被賦予高度期望，能從此揮別黨、政、軍掌控的桎梏，建立真正屬於公共頻道之夢想再次落空。

由於客家電視之預算法源係依據 2006 年 1 月 18 日公布之《無線電視事業公股處理條例》第 14 條之規定：

「主管機關得編列預算，附負擔捐贈公視基金會持有已發行股份總數百分之五十以上之公共化無線電視事業，其負擔內容如下：

(1)公共化無線電視事業應整合公視基金會資源，推動無線電視數位化環境之建構，有效運用數位頻率資源。

(2)公共化無線電視事業應播送多元、優質及符合公共利益之節目、頻道，兼顧兒童、婦女、老人、殘障、特定族群之權益及終身學習之目標，必要時設專屬頻道。

(3)公共化無線電視事業於兒童節目時段，不得插播廣告。

(4)公共化無線電視事業播送之節目、廣告，不得為政黨或宗教團體宣傳。

(5)公共化無線電視事業應設立專戶，將本條之捐贈用於製播多元、

優質及符合公共利益節目之用途。

(6) 公共化無線電視事業不得將本條之捐贈作為獎金、紅利、薪資、加班費、福利金、津貼、退休金、資遣費及其他任何名目之人事費用。

(7) 公共化無線電視事業不得規避、拒絕提供第十五條規定之資料。

(8) 其他為達維護媒體專業自主，追求優質傳播文化，提升經營效率，創造公共化電視環境之目的所設之負擔。

前項第六款規定，於公共化無線電視事業受贈前條第五款現金股利及紅利時適用之。政府編列預算招標採購或設置之客家電視、原住民電視、台灣宏觀電視等頻道節目之製播，應於本條例公布施行後之次年度起，交由公視基金會辦理。」

2008 年 12 月 8 日，由國民黨主導之泛藍陣營掌握四分之三席次的立法院，其內政委員會通過一項決議，其中有關客家電視之決議全文為：

「客家委員會對於依無線電視事業公股處理條例第十四條規定，交由財團法人公共電視文化事業基金會辦理之客家電視台頻道製播業務，應切實負起節目製播審核監督之責，務使該節目規劃符合原頻道創設宗旨。自 98 年度起，相關經費應附具年度事業計畫及收支預算（包括新聞節目製作費用、一般節目製作購買費用、節目企劃購買費用、節目製作播映作業費用等相關細目），報請客家委員會核可同意始能動支。」

自此，政府「監督」包括客家電視在內的公廣集團，成為師出有名。究竟是媒體應該監督政府？還是政府應該監督媒體？成了一個令人摸不著頭緒的脫序；也因此引發了媒體改革團體和社會運動者一連串的抗爭。然而在立法院掌控預算，且泛執政黨掌握超過四分之三的席次之政治現實下，一場媒體與政府互相監督的僵局，就在形勢比人強的政治現實下，成為不易改變的「現狀」。也就是，客家電視既要負起公共媒體之責與實踐第四權之理念監督包含行政院客委會在內的政府施政；又要被政府「監督」包括「新聞節目製作費用、一般節目製作購買費用、節目企劃購買費用、節目製作播映作業費用等相關細目」，並且所有上述

費用，都必須「報請客家委員會核可同意始能動支。」在台灣民主政治和政黨政治僅具初胚、尚未成熟之際，政府與民意機構可以以「監督執行經費細目」之名，對新聞內容、節目內容、人事管理、採購方式進行事前和事後的審查，其遂行權力的手段可以包括要求專案報告、質詢羞辱、揭弊調查、削減預算及凍結預算等。倘若這其中被政治人物的政治或實質私利或政黨、派系之利益所乘，以監督預算之名包裝，堂而皇之干預公共媒體，媒體將奈之何？公共媒體會不會從此自我審查、自我設限，甚至服務政治以換取和平共存？或者自我矮化，甚至噤若寒蟬？著實令對民主政治和公民社會有所期待之有志之士憂心再三。

這個充滿矛盾的僵局，若從權力結構的深層邏輯思之，令人沮喪但並不意外，因為媒體的理念未必人人認同，但其權力卻人皆嚮往之。自古媒體的權力就面臨媒體經營者想獨佔、社會運動者想介入、媒體改造團體想插手、政治人想分食、政治團體想操弄、企業集團想借力的命運，這場階級和利益的鬥爭，從來就沒有偃兵息鼓，總在春風中時而火花四濺，時而野火燎原。

二、少數族群媒體的宿命

再就社會階層及族群利益之結構面觀之，由於少數族群媒體的存在勢必造成金錢、時間及頻道等資源的支出，因此毫無條件或所圖地給予少數族裔充分的媒體近用權，不論在社會主義或資本主義社會中，向來即非政府之必然（Riggins, 1992）。縱使客家電視得以逐漸掙脫政治控制，然而在權力結構中，仍然難逃由主流族群文化的主體所掌控之宿命。

衡諸世界各國的少數族群媒體其與政府或主流族群間的合作或共生關係，大致上可分為五種模式（Riggins, 1992）：

(1) 整合模式（the integrated model）：政府認知到補助少數媒體不會造成國家的分裂，反倒可以將少數族群整合到主流社會中；而政府也可以扮演一個行公益的角色，除了一方面有效掌控少數族群的動向，以免分離主義的發生，進一步也可將少數族群文化整合

至主流社會中,例如國營媒體以兩種以上語言播出。

(2) 經濟模式(the economic model):在許多國家中,少數族群除了文化弱勢之外,大都面臨經濟上的問題。政府透過教育或經濟的補貼或保障,促使少數族群得以提高社經地位。然而在強調經濟與教育的同時,往往忽略了少數族群文化的復興,反倒是透過主流教育和社經模式,使少數族裔愈融入主流社會,少數族群媒體相對起不了太大作用,結果其族群語言文化愈加速流失,與多元的初衷背道而馳。

(3) 區隔模式(the divisive model):有些政府會巧妙地運用族群議題去維持或製造某種程度的族群緊張甚或對立,以進一步施行其社會控制,遂行殖民主義或地域政治。

(4) 優先讓渡模式(the preemptive model):先由國家出資設立電台再由少數民族優先購買,建立專屬自己語言文化的族群媒體。然而並非所有少數族群媒體都經得起商業化模式的考驗,因此是否能夠成功地民營化,最後還是得由自由經濟的供需關係決定。

(5) 馴化模式(the proselytism model):政府或社團基於特殊目的設立少數族群媒體,雖然語言上使用少數族群語言,然而媒介內容卻是以負載特殊之價值或理念為目標。這樣的媒體固然可以達到語言傳承的目標,然而以長期的眼光觀之,反倒會造成對少數文化保存的傷害。

客家電視在台灣微妙的族群與政治關係中誕生,依循的是區隔模式與整合模式的混合體,一方面掌握客家在選戰中關鍵少數的影響力,一方面也具有安撫客家族群,避免語言衝突發生之雙重考量。然而這樣功能性的動機和任務,將會在完全公共化後淡出,只是借問公共化何處有?沒人能確定。

撇開和政治間剪不斷、理還亂的糾纏關係,從管理階層之位階角度觀之,客家電視目前處於被「納入」公廣集團,成為現有結構之附屬單位的處境。這個跡象從最表面的編制職掌中,公共電視和華視為「總經

理制」，而客家、原住民和宏觀為「台長制」，可一窺端倪。曾經主管客家電視業務的行政院客委會官員指出：「現今的公共電視法中，並未針對族群媒體有架構性的規劃，客家電視納入公廣集團運作，在客家文化推廣的主體性上，似乎有被稀釋和弱化之虞」（徐佳鈴，2007）。

結構上的隸屬往往會逐漸演變成人事權和決策權的從屬關係，而由國語文化主導的公共電視節目製作理念與本由草根性與地域性出發的客家文化是否能相容，不無疑問。節目製作的方向將傳遞客家人的客家觀點？抑或是主流文化眼中的刻板印象？還是主流文化欲「馴化」的價值觀？值得觀察。雖然客家電視台由台內製作團隊獨立製作新聞及管理委外節目製作，公視並未直接介入；然而從客家電視必須在公視主導的公廣集團體制內共用製播及行銷資源、在從屬關係下運作行政流程及公視總經理握有客家電視台台長之年度考績權這三個現存的權力結構關係中，主流媒體思維的文化「馴化」客家電視的顧慮，並非杞人憂天。就主流媒體處理少數族群文化常採取的銷聲匿跡（absence）、低度呈現（under-representation）或錯誤呈現（misrepresentation）而言（Ter Wal, 2002；轉引自陳彥龍、劉幼琍，2006），前二者尚可以量化方式評量監督；較令人憂心的是，棲身於主流文化架構下的客家文化被「錯誤呈現」而不自覺的可能性。

三、人才短缺節目委製的危機

在現實面上，少數族群媒體大都囿於經費資源短缺，鮮有媒體得以完全自製內容，因此其中諸多節目委外製作。委外的節目製作群，經常由僅具有電視專長卻缺乏文化專業或文化認同之一般電視人才擔綱，所製作的節目往往徒具客家話的形式，卻缺乏客家文化的精神與意涵。因為經費限制，大量採用重製配音節目是另外一個少數族群媒體面臨的隱憂，如【芝麻街】以格陵蘭語播出，客家電視台以客家話配音播出連續劇【再見！忠貞二村】等。Riggins（1992）認為這種將主流文化中受歡迎節目以少數族群語言配音播出的多文化混合（multicultural mix）現

象，常會因為缺乏自己觀點及文化經驗，讓少數媒體徒具形式而失去文
化精髓。

　　Riggins（1992）的觀點是如果少數族群媒體無法有效實現族群凝聚
及文化延續的功能，則除了還能扮演社會控制及市場行銷的工具之外，
並無多大意義。因此他主張唯有使用自己的語言、透過自己的媒體、詮
釋自己的觀點，三者缺一不可，才是少數文化得以復興或存續的方法。

四、客家電視的挑戰與突破

　　客家電視雖然名目上由公共廣播集團負責營運，但由於經費來自政
府預算，且公廣集團畢竟仍然是以主流族群文化為主體所組成，經濟上
的依附和結構上的依附恐造成文化上的依附，此乃其面臨的一項重大
隱憂。從自主性的角度觀之，「優先讓渡模式」不失為客家電視保有獨
立發展、挽救語言文化的一個途徑，即由政府資助、公廣集團負責營
運，協助客家電視度過過渡期之後，由客家族群優先購買，轉型為商業
化經營。然而值得注意的是，弱勢族群通常因為人數太少或是分布太過
分散，無法吸引商業上需要的足夠觀眾群。衡諸世界各國的例子，經
濟規模太小導致的財源窘迫，常是弱勢族群普遍面臨的困境（Husband,
2000）。因此，是否能夠成功地民營化，最後還是得由自由經濟的供需關
係決定。

　　然而，雖然商業電視台具有不受政治直接干擾之優勢，但「前門拒
虎，後門進狼」之憂，恐有甚之。如果經營權落入沒有公共理念、缺乏
客家意識或唯利是圖缺乏使命感之客家財團之手，客家電視的族群和文
化使命仍然難挑被閹割的命運。

　　在公共和民營的兩極中游移，客家電視台的最佳定位應該落在「保
留全民共有形式，注入民營經營效率和落實合理問責體系」的三贏座標
上：

　　(1)兼具民間捐贈和政府補助的形式，爭取穩定之經濟來源。其中民
　　　間捐贈之免稅優惠大幅提高，使包括企業在內之捐贈者享有實質

之稅賦利益，大力鼓勵捐贈；此外政府的補助應以隨物價水準調整之彈性定額捐贈方式，免去國會借預算權上下其手，染指媒體的可能性。

(2) 讓客家電視享有比公共媒體更大的營利空間，得以與市場經濟作部份的結合，以限定時段、限定節目播出部分廣告的形式或與企業策略聯盟的方式自謀部分財源，並寄望市場經濟中那隻看不見的手能發揮良性功能，促使媒體的經營管理得以彰顯效率，然而，如何避免被「物化」或被「同化」的命運，則需依賴健全的問責體系監督。

(3) 透過健全的問責體系，得以落實全民埋單、全民監督的合理管理原則，亦可避免政治或商業利益涉入和避免空泛的全民監督概念變成「沒人監督」的弊端。合理的公共問責體系詳見第八章第肆節；若要落實上述具有實驗性質之公共媒體和商業機制結合之新型態族群媒體，則仍須在公共媒體的問責體系中加入部份商業化經營之績效控管、構面及指標。

伍、無遠弗屆的客家傳播

當我們把所有的焦點都放在政府特許的無線電視公共財，或是必須耗費龐大資金才能上架播出的有線電視系統時，不免因憂心主流價值對客家文化的宰制，而感到前途茫茫。

然而二十一世紀人類的傳播行為，拜科技之賜，已經不再侷限在家中客廳一隅的黑盒子了。整合廣播、網路的平台和數位互動分享的機制，再加上無線、微波通訊的載具及移動通訊的界面，客家傳播的未來不一定需要事事求人，客家的天空依然可以很精采！

一、物美價廉的廣播資源

台灣的第一個客家廣播節目 1956 年在苗栗播出。中廣苗栗轉播站的

原始目的在於政策性的抑制「共匪」的對台廣播；有鑑於地方上許多人只聽得懂客家話，遂將轉播台北總公司節目的轉播站改制為苗栗地方分台，同年12月推出每天半小時的「苗栗之音」客家話廣播節目；其後陸續開闢部份客家時段的還包括了中廣新竹台及桃園和竹南的先聲電台。這是壓抑方言年代的少數幾個特許的客家廣播節目（徐煥堂，1994；林彥亨，2003；轉引自徐佳鈴，2007）。

1994年9月18日以發揚客家文化為宗旨的寶島客家電台以地下電台的身份成立，歷經了新聞局的三次抄台和無數次的抗議陳情，終於在1996年7月核准設台；從還我母語運動、寶島客家電台設台到客家電視台設台的歷程，也說明了少數民族的權益一定是「爭」來的而非「賞」來的。

客家廣播走過了將近一個甲子的坎坷路，而今，客家廣播已有不錯的傳播效果，中廣客家網、寶島客家電台、苗栗的大漢之音都累積了不少的忠實聽眾和口碑。

二、四通八達的網路平台

網路的獨特在於它可以整合各種來源的內容，在網路上播放，在台灣的網路環境下，上網收看客家電視、收聽客家廣播相當的便利，網路不但成為獨立創作者的天堂，也是非主流媒體得以突破市場壟斷的藍海策略。

以廣播而言，結合網路平台而成的網路廣播，已成為年輕人收聽的趨勢，由於它的隨選隨播（on demand）的特性，它已經突破了功率、電波覆蓋範圍、收聽時間和收聽場域的限制，成為一個傳播文化、分享創作的優質平台。根據2006年8月HiNet的網路廣播金榜統計中，在屬於外語和方言的廣播中，前三名分別是英語播出的ICRT、閩南話為主的寶島新聲及中廣客家網。另外，前十名中的客家廣播台還有大漢之音、寶島客家及新客家[9]。

除此之外，網路最大的特色低門檻以多媒體，對資源缺乏、文化豐

富又才情洋溢的客家族群來說，是一個可以恣意發揮創意，突破主流媒體封鎖的最佳傳播管道。在網路上的客家網路包羅萬象，有文史、語言、音樂、產業、教學、聯誼、戲劇、旅遊、宗教、美食等百餘個各有特色的網站 [10]。

三、備受肯定的優質內容

　　到 2008 年為止，客家電視才成立的五年之間，已經抱回了 7 座金鐘獎和 2 座小金鐘獎，包括了 2008 年的最佳教育文化節目【日頭下、月光光】、最佳戲劇配角獎《王玽／大將徐傍興》、最佳迷你劇集男配角獎《唐川／神秘列車》、最佳美術設計獎《李育昇、許瑜庭、徐得寰、徐得宇、蔡俊郎／劉三妹》、2006 年的最佳迷你劇集獎《肉身蛾》、最佳迷你劇集女配角獎《黃采儀／肉身蛾》、最佳迷你劇集編劇《高翊峰、彭心楺／肉身蛾》，除此之外，《奧林匹客》在 2007 年及 2008 年連續獲得電視小金鐘獎最佳母語兒童及少年節目獎。廣播節目亦獲得多項獎項，其中新竹勞工之聲的《客家情》獲得最佳社區服務節目獎；

　　張鎮堃和羅貴玉在中央廣播電台主持的客家音樂廳能和其他主流語言製作的節目競爭，奪下 2006 年最佳非流行音樂節目主持人獎，誠屬不易；這些例證，都說明了客家傳播人才具備與主流媒體一較長短的實力，也為客家媒體進軍主流廣電市場注入了一劑強心針。

四、一日千里的傳播科技

　　傳播科技的創新對於傳統已具規模的主流文化是一大挑戰，對於方興未艾的族群文化則是一大機會。客家文化透過電視、廣播、網路的整合，在缺乏資源但也較少包袱的利弊互現下，其實是具有無限潛力的。

　　今後，客家文化可以輸出的渠道，包括了：利用網際網路，在電腦的螢幕上觀看影音節目內容；利用 Web 2.0 上傳及分享的機制，在 PC 網站上觀看民眾自發創作或上傳的影音內容；數位行動電視。利用像是手機、PDA 等行動載具來接收無線數位電視節目；用 DMB 的接收機

收聽數位廣播節目，因技術上 DMB 同樣可以經營視訊業務，所以二者已無差異；P2P TV 就是所謂的點對點影視節目下載服務，如 ezPeer、Kuro 即是所謂的點對點的音樂下載服務；透過 3G（第三代行動電話）的電信網路來收看影音內容；中華電信之「大電視」服務，透過機上盒上網來收看影音內容；以及透過內建「MHP」軟體系統的機上盒收看無線數位電視節目。

除了上述各種不同播放平台的電視之外，Wi-MAX-HDTV 也加入了戰場。「Wi-MAX」的全名是「微波存取全球互通（worldwide interoperability for microwave access）」。Wi-MAX 技術從 2001 年起就開始進行開發，現在市場上開始出現相關產品。它可以在 50 公里的範圍內提供和大部份有線區域網路相同的數據傳輸率，亦可以將大量寬頻連接引入到遠端區域或者使通信範圍覆蓋多個分散的區域。Wi-MAX 的標準又分為「固定式」和「移動式」兩種。「固定式」可以在 10GHz 和 66GHz 頻率間，最遠可達 50 公里的範圍內，提供高達 70Mbps 的數據傳輸率；最新開發出的「移動式」Wi-MAX 標準，可以應用在 2GHz 至 6GHz 的頻率間，也使得畫質清晰的移動式電視應運而生。

所謂的「移動式 Wi-MAX-HDTV」，就是利用移動式 Wi-MAX 的頻寬來傳輸 HDTV（high definition TV）高解析度的電視節目。移動式 Wi-MAX，不同於固定式的 Wi-MAX，它主要是以行動通訊應用為主，可同時提供固定式與移動式的無線網路用戶接入，除了傳輸距離遠之外，同時可支援行動接收。這項新科技將對電視產業帶來革命性的改變，對於觀眾而言，更是開啟了一個收視電視的新紀元。利用任何可以支援移動式「Wi-MAX」接收的載具，例如坐在高速公路上急速行駛的車中，你可以收看 1080p 畫質的 HDTV 節目，同時上網和你的朋友及工作伙伴 MSN，然後透過 Skype 這類 VOIP（voice over internet protocol）來打網路電話，亦或是收發 E-MAIL。

在雙向互動的功能上，能與 Wi-MAX 分庭抗禮的還有 MOD TV。「大電視」號稱具有雙向互動的功能，但 Wi-MAX 因其頻寬之故，結合

網路所能表現的互動性不輸 MOD ，而且還不需要受限於客廳的環境，這也使得客家的廣播、電視、網路內容可以走出戶外與使用者密切互動

　　此外，長期演進計畫技術（long term evolution ，LTE），為第三代夥伴計畫（3GPP）標準，是以正交分頻多工（OFDM）技術為基礎的全新空中介面。LTE 具有較高的資料速率、較短的等待時間、簡單的全 IP 網路及改良的頻譜效率，可以讓影像傳輸，快速而便利，不論對於客家影像創作者的上傳檔案和對客家文化有興趣的使用者下載影音檔等，都有超越空間限制和降低使用門檻的便利性。

　　科技帶來新機會，客家族群仍需要新的思維和決心才能為精緻的文化找尋新的舞台。

注釋

1　本章壹到肆節中，主要文字和數據，係筆者於行政院客委會補助之「客家學術研究計劃」研究報告中摘錄整理，部份亦曾刊載於「廣播與電視」期刊第 28 期第 1 頁至 28 頁中以及發表於 2003 年「關懷與期許：客家電視對社會之影響」座談會中。

2　客家電視台委託故鄉市場調查股份有限公司，於 2003 年 7 月 15 日至 7 月 29 日，以分層隨機抽樣方法，針對除了外島以外之全國十歲以上之民眾進行電話訪問，成功樣本共 1,077 人，成功訪問率 67% 。

3　客家話分布的區域在桃、竹、苗及高、屏縣，係農業縣份。由於客家話並無文字，純粹係日常生活之對話，因此與農業生活息息相關。至於新的工商社會語言詞彙，確實沒有客家話的版本，因此行政院客委會及客家電視為此曾召開多次會議，正式將新詞彙統一定義，以期跟上時代腳步。

4　本圖摘自黃宣範（1995）「語言社與族群意識」一書第 15 頁，圖 1：雙語雙言的關係。

5　「從客家電視學客家話之動機」的測量方式是：「請問您想不想藉由客家電視台的節目學客家話？(1) 完全不想 (2) 不想 (3) 普通 (4) 有些想 (5) 非常想」。

6　本研究之調查方式採用電腦輔助電話訪問（computer assisted telephone interview ，CATI），於 2003 年 7 月 15 日至 2003 年 7 月 19 日進行調查。調

　　查地區僅限於台灣本島，而調查對象以年滿十歲以上觀眾，且家中裝設有線
　　電視者。本次調查總共成功訪問了 1,077 戶（稱為初步樣本，包括有收看過客
　　家電視和沒收看過客家電視的樣本住戶），其中一般民眾 547 戶，而客家民眾
　　530 戶，成功訪問率為 67%，本次調查是按各縣市十歲及以上人口的比例分
　　配訪問樣本，所以完成之初步樣本居住縣市別分配及性別結構與母體分配無
　　顯著差異，但初步樣本之年齡與母體分配有顯著差異。

7　同註 6。

8　「對客家電視挽救客家文化之貢獻度」的測量方式是：「請問您認為客家電視
　　台對於挽救客家文化有沒有幫助？(1) 完全沒有幫助 (2) 沒有幫助 (3) 普通 (4)
　　有些幫助 (5) 非常有幫助」。

9　資料來源：http://blog.xuite.net/root/qa/8503028（上網日期 2009/2/12）

10　客家網站整理出自范振乾教授之研習講義，轉引自 http://www.fortunecity.
　　com/tinpan/ringo/468 電子客家。（上網日期 2009/2/12）

1. http://www.hakkaonline.com 客家風情網

2. http://www.ktps.tp.edu.tw/hakka 客語教學資源庫

3. http://www.tacocity.com.tw/third 客家傳統聚落 - 六家村史寫作計畫

4. http://203.73.100.105/hakka 競選客家網

5. http://www.guxiang.com/zhuanti/renwendili/tulou/index.htm 客家土樓

6. http://ws.twl.ncku.edu.tw/lian-soann/lian-soann-hakka.htm 台灣文學研究工作室

7. http://www.minxi.com.cn 閩西客家鄉情網

8. http://www.miaoli.gov.tw/index.htm 苗栗縣政府全球資訊網

9. http://xedio.nedio.ntu.edu.tw/hakka/ 寶島客家電台

10. http://www.ss.qesosa.edu.hk/susdev/global/meixian/MyWeb.htm 梅縣客家文化考察

11. http://www.mzmap.com/ 梅州新視窗

12. http://www.taconet.com.tw/unkon 六堆鄉土

13. http://www.asiawind.com/forums/list.php?f=1 客家英文論壇

14. http://www.asiawind.com/hakka/ 亞洲風英文客家網

15. http://literature.ihakka.net/hakka/ 台灣客家文學網

16 http://music.ihakka.net/ 台灣哈客音樂網

17. http://www.ihakka.net 行政院客家委員會全球資訊網

18. http://home.i1.net/~alchu/hakka/toihak2.htm 台灣客家資料集

19. http://www.meinung.com.tw 原鄉緣紙傘文化村

20. http://www.pts.org.tw/~web02/hoga/p12.htm 公共電視台 - 客家人客家歌

21. http://www.i-am.org/hakka1.ram 客家話說耶穌

22. http://hakka.pts.org.tw/main.php 公共電視網客家新聞雜誌

23. http://www.sungwh.freeserve.co.uk/sapienti/hakintro.htm 沙頭角客家網

24. http://www.taiwanhakka.com 台灣客家網

25. http://www.sungwh.freeserve.co.uk/hakga/haktifong.htm 客家分佈地圖

26. http://www.sungwh.freeserve.co.uk/hakga/haktone.htm 沙頭角客話聲調

27. http://www.sungwh.freeserve.co.uk/hakga/hakrom.htm 客家話羅馬式注音

28. http://gb.chinabroadcast.cn/chinese_radio/radiochannel/kjh.htm 中國國際廣播客家話播音

29. http://www.ck.tp.edu.tw/online/teenager/106 建青 106 期電子版

30. http://www.pts.org.tw/~web01/night 公共電視＜寒夜＞網

31. http://www.geocities.com/bccmkk/bccmkktoc.htm 馬來西亞基督教巴色會

32. http://www.ymps.ttct.edu.tw 台東縣關山鎮月眉國小全球資訊網

33. http://www.kshs.kh.edu.tw/content/town/hagan/index.htm 客家六堆文化

34. http://freespace.virgin.net/yc.ks/cooking.html#T he 客家美食網

35. http://yapahloy.tripod.com/index1.htm 馬來西亞的葉阿來網

36. http://www.hakka.taipei.gov.tw/index.asp 台北市政府客家事務委員會

37. http://www.hakkausa.org 美國客家聯合會

38. http://www.pts.org.tw/php/board/ ... PAGE=&BMENB=223 公視客家論壇

39. http://www3.sympatico.ca/toronto.hakka 加拿大多倫多客家網

40. http://www.qxyb.meizhou.net 梅州僑鄉月報網

41. http://www.formosahakka.org.tw 寶島客家廣播電台

42. http://members.tripod.com/sa_hakka 南部非洲台灣客屬聯誼會

43. http://members.tripod.com/rongshin/intr1 榮興客家採茶劇團

44. http://www.taconet.com.tw/b4905 六堆客家

45. http://knight.fcu.edu.tw/~a29 逢甲客家學社

46. http://www.hakkaministries.org/index2.htm 台灣客家基督教網

47. http://www.fujian-window.com/Fuj ... mxian/lianchen.html 連城

48. http://www.fujian-window.com/Fuj ... mxian/changdin.html 長汀縣

49. http://www.chi-edu.com.tw/5spirit/5spic/5spic.htm 客家音樂地圖

50. http://www.haga.ks.edu.tw 高雄客家話鄉土教材

51. http://www.hakka.org.tw 台北縣客屬文化協會

52. http://www.hakka21.com/lyh.htm 上海客家網

53. http://www.red-soil.com 紅土情網站

54. http://www.guxiang.com/haiwai_lh/xungen 陸河縣海外聯誼會

55. http://mpa.ngo.org.tw/c-index.html 美濃愛鄉協進會

56. http://liouduai.tacocity.com.tw 六堆客家鄉土文化資訊網

57. http://liouduai.tacocity.com.tw/item14/iten14-menu.htm 台灣客家論文集

58. http://www.yuholife.com/hardneck 硬頸暢流客家樂團

59. http://www.geocities.com/HotSprings/9628 斗湖客家公會青年團

60. http://www.angelfire.com/indie/hakka 多倫多客家互助會

61. http://www.geocities.com/HotSprings/Spa/2823 馬來西亞沙巴州斗湖客家公會

62. http://home.pchome.com.tw/mysite/anderson7115 客家文經報導 - 客家當好玩

63. http://www.hakkaworld.com.tw 客家世界網

64. http://www.lljh.ptc.edu.tw 屏東縣立麟洛國民中學

65. http://big5.ccnt.com.cn/china/qi ... renw/history-22.htm 中華頌 - 客家人文

66. http://www.mei-nung.com.tw 美濃窯

67. http://www.meinung-folk-village.com.tw/index.asp 美濃民俗網

68. http://home.i1.net/~alchu//hakka/hakkafa1.htm 客台語專刊

69. http://www.gdragon.com.tw 南庄老金龍客家飯店網

70. http://www.fang.idv.tw 客家人海陸話資源網站

71. http://www.haga.ks.edu.tw 高雄縣鄉土語言客家話教學網

72. http://www.keshang.com/kejia 客家世界

73. http://www.smhakka.com 三明客家網

74. http://www.mzyp.com 梅州黃頁網

75. http://home.pchome.com.tw/family/taiwanhakka 新竹北埔觀光網

76. http://home.pchome.com.tw/store/letea 新竹北埔擂茶館

77. http://home.pchome.com.tw/mysite/anderson7115/17.htm 新竹北埔抗日事件

78. http://www.864.com.tw/radio_hakka.php 中聲廣播電台天天客家話

79. http://www.taiwanesehakka.com 台灣人客家網

80. http://www.gdzijin.gov.cn 紫金政府網

81. http://www.jx.xinhua.org/jxkj 江西頻道客家網

82. http://www.hakkathailand.com 泰國客家網

83. http://www.ccnt.com.cn/china/qia ... renw/history-01.htm 中華文化資訊網

84. http://www.jesusfilm.org/languages/20611/hi.html 客家話在線電影 - 耶穌 [寬頻]

85. http://www.jesusfilm.org/languages/20611/lo.html 客家話在線電影 - 耶穌 [窄頻]

86. http://www.jesusfilm.org/languages/20611/audio.html 客家話在線電影 - 耶穌 [聲音]

87. http://web.archive.org/web/20020 ... 39r/Second-page.htm 劉鎮發的個人客家網頁

88. http://www.meizhouchina.com 中國梅州網

89. http://www.gannankanyu.com 贛南堪輿網

90. http://www.heyuan.org 河源在線

91. http://140.113.39.172/class/191-256k.html 客家作家林海音

92. http://www.letea.com.tw/index1.htm 璞鈺典藏客家擂茶

93. http://www.baibaofp.com/index-kjdby.htm 百報扶貧網客家大本營

94. http://www.heritagemuseum.gov.hk/chinese/branch_sel_syf.htm 上窰客家民俗館

95. http://www.baibaofp.com/index-gntswh.htm 百報扶貧網贛南特色文化

96. http://www.hakkaonline.com/forum/thread.php?tid=4322 世界客家餐館大彙集

97. http://www.shanpuppet.com.tw 客家布袋戲介紹網站

98. http://www.mzmap.net 世界客家資訊網

99. http://www.tpus.com.tw 客家街舞網

100. http://135cn.com/tq/kejia.htm 中國直銷指南網

101. http://www.hakkahouston.org/ 休士頓客家會

102. http://members.tripod.com/sa_hakka 南部非洲台灣客屬聯誼會

103. http://www.pts.org.tw/~web02/night2 寒夜續曲網

104. http://www.pts.org.tw/php/vod/in ... 4&SUBLEVEL=1957 寒夜續曲收看

105. http://www.gndaily.com/kjgn/kjgn.htm 贛州客家網

106. http://hakkacenter.nctu.edu.tw 國立交通大學國際客家研究中心

107. http://www2.nttu.edu.tw/hakka 東師客家

108. http://www.mzmap.com/whjy/lxlscg 梁小玲客家文物收藏館

109. http://www.gtes.tp.edu.tw/hakka/report.htm 客家教學資料庫

110. http://www.nknu.edu.tw/~hakka 國立高雄師範大學客家文化研究所

111. http://www.kehnong.com.tw 客農知香稻香客家米食中心

112. http://myweb.hinet.net/home8/singsong2w 星頌兩人組

113. http://homepage.seed.net.tw/web/lipin/ 立品茶園民宿

114. http://www.lai-noodle.com.tw 賴新魁麵館

115. http://kozai.970news.com 古采陶林

116. http://www.hichannel.hinet.net/c ... dex_channel_250.htm 客家電視台節目收看

117. http://www.glossika.com/en/dict/dialectk.htm 詹姆士的客家方言網

118. http://mypaper.pchome.com.tw/news/hakka/ 客語書寫

119. http://www.mzrb.com.cn/html/0402/26/index.htm 梅州日報社

120. http://fujian-window.com/Fujian_w/news/mxrb/ 閩西日報

121. http://www.gndaily.com 贛南日報

122. http://www.tianyaclub.com/?204 天涯社區客家聯盟

123. http://www.sungwh.freeserve.co.uk/hakga/index.html 宋先生的客家資料庫

124. http://home.il.net/~alchu/hakka/hakkafea.htm 台灣客家文化專刊

125. http://www.taiwanpresident.org/hakka.htm 推動客家人菁英擔任台灣副總統

126. http://202.39.22.28/big5/tworg-02/htm/shopping/hakkafood.htm 台灣客家的客家菜

127. http://life.fhl.net/Literature/plebeian/p06/p06.htm 客家歌謠欣賞

128. http://man.webking.com.tw/ 台灣苗栗阿華的客家網

129. http://www.geocities.com/fook_king/hakka_menu.html 客家獵區

第八章

族群媒體政策與功能

壹、族群媒體的定位發展

族群媒體在商業市場掛帥的資本主義媒體生態中如何定位？如何發展？這一直是攸關少數族群媒體接近權和使用權的核心問題。團體區別權（group-differentiated rights）包含了自治權（self-government rights）、族裔權（polyethnic rights）以及特殊代表權（special representative rights），它用以制訂和保障族群在大國體制內之生存空間，也提示了族群在傳播媒體中之生存策略（Kymlicka, 1995）。此外，確保少數族群媒體能在多元文化主義的理念下，被合理定位及保存、不被文化同化或在媒體市場中被邊緣化，乃是族群媒體發展的重點。

一、族群媒體的生存權

自治權的理念來自於少數民族需要社會大眾具備理念上的認同來承認他們的特殊處境，並且在法津上給予特殊定位的保障，「聯合國原住民權利草案宣言（UN Draft Declaration on the Rights of Indigenous Peoples）」、澳洲、紐西蘭、北美洲和歐洲等地之原住民自治權皆為實施之例證（Husband, 2000；Gayim & Myntti, 1997）。台灣的「原住民族自治法」之立法精神中即明訂其反對同化政策之立場，宣示保護並保存原住民族自治區內獨特的文化、語言和生活方式，並制訂新的法律與政策落實此理念。

行政院客委會草擬之客家基本法，以「增進客家族群於公共領域之文化權、語言權、傳播權、歷史詮釋權、參政權、經濟權及公共行政之平等性、族群文化發展及認同為目標」，並未強調獨立於現行政治體制之自治區或自治權；目前立法的方向著眼於政策推展、語言教育、文化創意及客家傳播四大方向[1]：

(1)客家政策推展：明訂召開「全國客家行政會議」以協調全國性客家事務，各縣市應設立客家事務跨部門整合會報，以建立協調機制。

(2)語言教育傳承：設立「客家文化重點發展區」，並建立「公事語言」制度以確立客家話的平等地位，同時設置客家話研究發展專責單位並辦理客家話能力認証制度。

(3)文化創意產業：設立「客家特色產業發展基金」，注入資金培植客家特色產業及活絡客庄經濟。

(4)傳播客家文化：成立全國性客家電台並設立輔導基金，以專案補助或獎勵方式鼓勵產製優質電視節目。

各國族群政策有其因文化差異而不同之政策方向，台灣的原住民和客家兩弱勢族群亦因生活環境、文化現況和政治情勢之不同，而有「形式自治」和「精神自治」之別。客家爭取的自治權偏重於後者以保有媒體、語言、文化推廣權利之理念型自治。

族裔權讓政府可以支持創制權，保護特定容易被市場機制及自然力邊緣化或淘汰的弱勢文化，媒體近用權即是族裔權中的重要訴求。政府的政策支持及經濟支持是對族群媒體近用權的最基本認知，光是如此並無法達到傳播的效益，因為少數族群媒體若無穩定的財源和堅定的政策做後盾，終必因為族群人數太少或分布太過分散，無法達到經濟規模及製作規模而終將被邊緣化。客家電視與原住民電視台每年由行政院編列預算、立法院審查同意後撥付之制度，不利於製播節目需要長時間籌劃執行之媒體特性。因此，修法及結構上的獨立以確保族群電視台受政治制度保障卻不受政治力控制以及穩定可規劃之財務計畫及經費來源，是落實族群媒體不被弱化的必要條件。

特殊代表權意謂著少數民族與弱勢族群的代表權必須以特別的形式被安插在各種社會體制中，這樣的概念普遍落實在台灣的婦女和原住民等弱勢族群或團體中，如政治權利中的婦女保障各類和原住民選區等。因為透過主流社會的政治權利分配思維，少數族群的權利勢必被數人頭的遊戲規則淘汰，因此國家體制內的特殊族群代表權亦成為自治權和族裔權利的關鍵雛型，在公共廣播系統的管理高層和掌握傳播資源分配權利結構中之少數族群代表，便格外需要被規劃和固守（Husband,

2000）。台灣公共廣播集團董監事的遴選過程中，原住民、客家、婦女等弱勢族群或團體均有其特別的保障，其名額為兩人，佔董監事總額十分之一左右。然位居台灣傳播主流地位之商業電視台，則完全沒有提供少數族群或文化權益之特殊代表權，在商業機制下甚或連多元文化主義的思維都沒有。在一個多元社會中，若僅有公共媒體有少數族群自治權、族裔權和特殊代表權，而其他媒體全然不具備這樣的思維或素養時，媒體和社會中的多元文化精神亦難全面落實。

二、族群媒體的反同化策略

少數族群文化置身於主流文化所主導的社會情境中，很難抵擋蠶食鯨吞的同化現象，少數族群媒體在主流媒體結構中亦面臨同樣的挑戰。從社會化的功能觀之，媒體的功能不僅只於提供資訊或發掘真相而已，它更積極地想像、建構或（和）詮釋事件，甚至會提供一套世界觀或行為規範，讓觀眾認為所看的即是社會現實（Graves, 1999）。Riggins（1992）提出了反意識形態、使用族群語言、建立族群議題、傳播族群事件、爭取廣告收作、宣示象徵意義和媒體積極作為等七項策略，來強化族群媒體實力，抵擋主流文化的同化。援引 Riggins 的概念，將這七項策略應用於客家媒體上的具體作法如下：

（一）在主流媒體的意識形態作祟下，少數族群常輕易地被刻板印象化，主流媒體習而不察，社會大眾耳濡目染，主流的意見氣候一旦形成，少數族群真正的文化意涵遂難呈現。因此，少數族群亟欲爭取的媒體詮釋權應包含主動呈現族群文化之權利以及抵擋主流意識形態入侵的權利，前者的具體作法包括爭取族群媒體自主權，培養具有族群使命感的媒體工作者以及建立族群意識為中心的傳播觀點等；後者的具體作法包括主動澄清主流媒體刻板印象、傳播對主流意識形態的批判觀點、提醒社會大眾勿以狹隘的眼光審度少數族群文化等。

　　（二）堅持使用少數族群語言具有語言話化、族群宣示和市場區隔的功能。客家電視的一大功能在於傳承逐漸失傳的客家話並且賦予客家話時代意義，將傳統農業社會中使用的客家語彙擴充至工商社會及科技知識領域。堅持使用客家話亦有清楚標示文化界限的宣示意義，使頻道特性鮮明。市場區隔的功能則在於策略性地吸引特定觀眾並培養其忠誠度，這對頻道眾多的台灣電視環境及品牌忠誠度難建立的觀眾生態而言，不失為一種逆勢操作的行銷策略。

　　（三）少數族群設定和議題建構權，避免主流媒體掌握決定我們該想什麼和該怎麼想。主流媒體通常直覺地選擇社會大眾關心的議題，這種選擇新聞的邏輯是數人頭的邏輯，少數族群議題難獲青睞，因為其新聞性不足，主流媒體對新聞特質的詮釋是新鮮性（recency）、可讀性（readability）、正確性（true）、鄰近性（proximity）及非尋常性（unusual）以及時間性、重要性、顯著性、感動性等取捨之標準（鄭貞銘，2002）。以客家電視為例，客家電視的議題和主流媒體的議題應該要有所區隔，將關注的焦點放在以族群觀點看族群事物上。若是以客家語言報導主流文化或一般社會大眾的主流議題，則無異於一種媒體守門功能的同化。

　　（四）透過媒體強力宣傳族群相關活動可以提高族群文化能見度，使這些主流媒體難感興趣的族群文化活動能在媒體上曝光，將族群文化、傳播媒體和社群參與結合；桐花祭的舉辦和客家電視的的強力行銷，即是一個成功的例子。由於族群媒體的密集宣傳，會將族群內的活動影響力擴散至一般社會大眾，使得活動效果倍增，創造出文化創意產業結合媒體行銷成功塑造文化意象和經濟效應的奇兵效果。

　　（五）爭取廣告收益可以一方面開闢財源，減少對政府補貼這類單一財源的過度依賴，另一方面可以在商業機制中磨練族群媒體的營運管

理能力。台灣不乏以客家精神經營企業成功之傑出客家企業，如台灣資生堂公司、萬家香醬油及高雄牛奶大王等都是兼具有客家意識和商業實力的廣告主。公共媒體脫離市場機能的一個後遺症是易流於組織鈍化。保護主義下的寡佔或獨佔市場常使劣幣驅逐良幣，因此能爭取廣告業務對族群媒體而言，既可注入商業媒體的競爭活力，又可活絡族群文化產業，促進彼此的經濟利益。

（六）少數族群媒體的象徵意義在於宣示族群的傳播權利和標示保留語言文化的自治區。力爭客家電視在公共領域中的一席之地，主要係力求客家話在傳播權上有不容壓抑的權利和公共溝通中有使用母語的權利，並力挽和改變客家文化隱性化的弱勢地位，再現客家文化於台灣（蕭新煌、黃世明，2001）。這種宣示主權的意識形態，常是少數族群爭取權益鍥而不捨的信念由來。

（七）媒體和記者以積極甚至激進的意念參與傳播機制，方能擴展影響力，力挽少數族群文化在主流文化巨流中沉淪的宿命。記者在專業上的訓練，對於文化行銷有莫大的助益，以客家電視而言，經過記者專業的文字和攝影功力，很容易將不具能見度和陌生的題材塑造成具有吸引力的事物，其影響力往往超過預期；這種帶有企圖心的文化傳播專業能力，是阻擋主流文化同化的利器。

貳、族群利益與公共價值

帶有排他性的多數族群常透過媒體控制，排除或避免呈現少數族群的差異性或是強調族群間相互混合（hybridity）的現象，甚或以霸權語言、論述、敘事或迷思，將族群間的支配關係合理化（Cottle, 2000）。多元文化式的媒體至少應包含所有權（of whom）、參與權（by whom）及內容權（who/what/how）（Graves, 1999）。對於弱勢族群媒體而言，

無法擁有所有權，最終即難逃被流行文化和資本主義市場掌控的命運；公共化而非民營化、公共參與而非菁英掌控和以健全的問責機制取代政府國會監督是保障所有權的基本原則。參與權係指媒體的製作、管理、決策和播映權，它代表著對於媒體實質的經營權，避免以強勢文化觀點形成之「主流 vs. 他者」、「支配者 vs. 被支配者」、「觀看者 vs. 被觀看者」及「知者 vs. 被知者」的不平等權力關係（施正鋒，2004）。內容權則包括了議題設定、議題建構、守門人機制詮釋權，它直接影響到族群意象的形塑。

一、免於刻板印象的權利

　　族群媒體的使命不只在爭取所有權、參與權和內容權，更要有對抗及更正主流意識型態的積極作為，因為真正的公共價值不僅止於部份的接近權和使用權而已，更在於免於被刻板印象化的自由。然而，這看似簡單的權利，卻有著少數族群很難接近的屏障。

　　媒體對於少數族群的呈現方式常依循本質主義（essentialism）、負面主義（negativism），以及異國主義（exoticism）三種模式反覆出現而不察（Klimkiewicz，轉引自施正鋒，2004），在國內外媒體均有事例。

（一）本質主義

　　本質主義係指媒體人對於少數族群的理解常被刻板印象牽引，固著在表面觀察得來的實為表象之所謂「本質」，如語言、信仰、藝術或文化特色等；特別是少數族群的「拙劣」、「魯鈍」等特色會被刻意凸顯，以強調多數族群所支配的國家機器之多元和包容。例如主流媒體塑造的客家意象，像以山歌、義民廟代表客家時，缺少了更深層的文化探索和理解，且往往將族群電視台視為是政府的德政等，皆為本質主義的反射。依 Gerbner 的涵化理論，電視的重度使用者（heavy users）常被電視建構的「真實」所涵化，不知不覺中形成一種電視的世界觀和價值觀（Gerbner et at., 1980）。媒體的本質主義所及之影響，常是社會大眾甚

至媒體人的印象、感知、知識甚至價值的來源。

（二）負面主義

　　負面主義係指媒體習而不察地將少數族群妖魔化或部落化，或捏造或誇大地醜化少數族群，將現象特質化，並且提供製造少數族群差異化會給社會帶來衝突、威脅的印象。Braham 批評主流媒體所報導的族群新聞，常聚焦在「社會衝突的展現」上，而忽略了社會資源分配問題的不公平，才是種族衝突的隱藏基因（Braham, 1982，戴音賢譯，1994）。在報導犯罪新聞時，有意或無意地揭露嫌犯之少數族裔身份，忽略其所傳播之訊息造成類別化與刻板化之可能性。在揭櫫多元文化的美國媒體上，其對拉丁美洲裔之報導常落入低社經地位的刻板印象中（Dulcan, 2006），非洲裔與拉丁美洲裔在美國洛杉磯地方電視台新聞中被以具有偏見之陳述報導的頻率為白人之兩倍，而拉丁美洲裔侵害白人而被告的相關報導中，帶有偏見的報導之比例約為白人的三倍（Dixon & Linz, 2003）；在廣告手法上，甚至有廣告主及廣告業者企圖將黑人或其他社經地位較低之族群所使用之消費商品和白人消費者切割，在廣告手法及代言人之運用上，置入以經濟利益為考量的負面主義（Grandy, 2000）。

（三）異國主義

　　異國主義是一種將淺碟式的他族觀點，加諸在少數族群報導中的習性，這種觀光客心態的文化理解與報導手法，常因為被表面上的多元文化形式包裝所遮掩，而為人輕忽。美國許多研究主流電視媒體節目如 "Cosby show" 等內容分析均發現，一種現代的種族主義（modern racism）或進步的種族主義（enlightened racism），逐漸取代舊的種族主義；這種表面上美化少數族群形象或加強少數文化報導卻缺乏對社會結構歧視理解或批判的簡化手法，會增加族群同化的危險（Gazy, 1986; Lewis, 1991; Campbell, 1995; Lule, 1997）。客家電視的成立，提供了客家的發聲權和詮釋權，然若媒體人雖為客家人但缺乏文化內涵與素養，

亦恐為長期主流媒體形塑之刻板客家意象所涵化而不察，落入表面多元實則同化的訊息陷阱中。

二、對媒體偏差之批判

不論是媒體批判或媒體改革的聲浪，在二十一世紀有愈來愈烈之趨勢。商業電視的模式已經運行了逾一甲子，有愈來愈多的批評加諸在這個觀眾又愛又恨的黑盒子上，終於引發了觀眾的自覺與反思：無線電波的權利誰該擁有？知識的產生和傳遞是誰的責任？守望與告知的權利又該如何分配？這一連串的思考與行動，來自於觀眾對於媒體壟斷資訊、製造偏見有關。McQuail（1987）歸納當今媒體的脫序和偏差，茲整理引申如下：

（一）在報導真實方面

(1)媒體在引用訊息來源時，過度呈現社會菁英（elites）或高層（top）的觀點。媒體習於引用權威來源以增加可信度，然不知不覺中，落入了菁英的價值體系中，對弱勢者未盡公允。例如犯罪新聞報導中，檢方、院方、警方等職務者往往是消息來源（Itule & Anderson, 1994）；政府官員、公務員、發言人及社會意見領袖的觀點遠遠多於一般民眾，這樣的媒體世界常常是社會菁英或掌權者之觀點和感知。

(2)被報導的人、事、物傾向於政治或社會菁英階層的成員，就統計的觀點，中下階層的人被媒體理解或採訪的機率與人口比不成比例。這樣的媒介「真實」恐有過度反應菁英階層之偏差，亦有過度服務菁英階層之不當。

(3)電視在性別的偏見上，最基本且最容易為人忽略的就是新聞媒體中的人物以男性居多，所關注的議題也以男性相關或主導者為主。

(4)因為愈接近常態之事物，就愈沒有新聞價值；追求新鮮、大規

模、戲劇化和羶色腥的本能新聞感,使得社會被形塑成極端和反常,這樣的現象使得新聞與社會常態漸行漸遠。

(5)對國際事務的報導充滿了文化上、政治上和經濟上的偏見,媒體會在新聞報導的角度和立場上選擇與其政治利益或價值觀相同的國家或陣營一致,這種偏狹的意識形態觀點,使得真正中立客觀的新聞,特別是牽涉衝突、對立和戰爭的新聞中更如鳳毛麟角。

(6)對弱勢團體及少數民族的忽略和負面化是新聞媒體中最常見的習慣。媒體對於弱勢的階層和異議理念之團體,通常採取忽略或敷衍的手法,縱有報導,也總是帶有價值判斷的歧視成份在內。

(7)犯罪新聞報導傾向劇情化和個人化,而鮮少分析教育和社會面的缺失;這使得社會大眾忽略了整個社會在結構上的責任,且犯罪新聞報導的版面和比重日益增加,對社會易產生不良之影響。

(二)在虛構劇情方面

(1)在連續劇和影集中,角色設定常集中在少數菁英階層的職業類別中,如法律、醫學、娛樂、軍人等專業階層,而對社會階層中佔大多數的小市民職業較少描繪。這種不真實的職業結構,可能過於強調並傳遞該階層之生活文化和價值觀。

(2)少數族群在虛構劇情中的角色,常常被刻板印象定型,例如嫌犯和窮人多為少數族群,白領階級則為強勢族群等。這類的角色暗示,對少數族群的傷害甚大,因為電視真實會讓觀眾不知不覺投射在周遭生活中,認為少數族裔比較「壞」或「窮」。這類的虛構角色現象在美國主流製片中,因為不斷地被提醒,所以非洲裔在虛構角色中的身份地位已不斷地被修正,然而亞裔和拉丁美洲裔的形象在美國主流媒體中仍常常是模糊而邊緣的。以往台灣的電視劇情中,更是常將說不標準國語的人形塑成低階層的人,對於閩南、客家和原住民的形象有負面和帶有偏見的描繪與呈現。直至近年來,本土意識高漲和多元文化理念逐漸成熟,方有所改

善。

(3)對於女性角色的設定，亦常侷限在某些職業類型、某種特質和某些劇情中，而這些角色建構往往偏離現實（Tuchman, Daniels & Benet, 1978），對女性並不公平。

(4)以暴力為劇情的電視內容大行其道，易使觀眾活在充滿暴力的社會感知中。這種以描繪各種犯罪手法和懸疑驚悚的偵探寫實劇情，因為常是票房的保證，故經常在電視各種不同的內容和時段中露出，其影響力不僅是恐有人模仿而已，更有讓觀眾活在電視真實的恐怖感知中之可能。

(5)媒體喜歡以和性有關且違反道德甚至法律的題材作為劇情，且愈是鹹濕，愈能展現劇情張力，衝高收視。這種以社會善良風俗為代價的電視文化，對於日益沈淪的人類道德水準，恐難辭其咎。

三、媒體公共價值的實踐與反思

公共價值的理念相對於「階級利益」、「商業利益」、「菁英利益」，是一種以普遍大眾為基礎，多元文化理念，公平近用為手段的公共權利和利益的共享精神。1980 年代，Murdock 和 Golding 針對資訊私有化造成的社會不公和資訊壟斷現象提出嚴厲的批判，並且提出了認知、表達和參與所組成的「傳播公民權」之理念（Murdock and Golding, 1989）：

(1)公民須認知自己有哪些權利：在公民權的文化層面上，包括了資訊權、經驗權、知識權和參與權，除了對於既存的體制的參與，亦能對現狀不周和不滿之處，擁有挑戰和改變的合法性（Murdock, 1999）。

(2)公民應能近用媒體表達並交換意見，或能形成輿論產生力量促進社會改革：公民得合法之公民身份接近（access）媒體，甚至參與媒體的產製面（production side）到消費面（consumption side）的流程，媒體並應盡最大的努力克服任何傳播上的障礙（包括語言、文化和弱勢族群的隔閡等），產製出從內容到形式上最

大多樣性之可能訊息，善盡公平傳播之職責。

(3)公民們有權要求媒體反映其想法、理念和意象，將之視為真
　正代表輿論之大眾：媒體必須將傳播權下放給公民（citizen
　empowerment），不得為少數菁英階級或權力所壟斷，負起聯結
　社群、社區及公民社會的責任，支持能自我組織、反思和行動的
　公民社會。

　　為什麼需要公共媒體？又為什麼媒體會不同於其他行業，被強調
其公共價值而非一般商業結構中以追求最大效益或利潤前提？公共媒
體的理論意義，最常與哈伯馬斯（J. Habermas）的「公共領域（public
sphere）」相連結，亦即在國家與市場之外，所創造屬公民社會運作的
場域空間；公共媒體被視為是實踐公民權的重要核心價值，因此，對於
「公共領域」的呼應、想像與爭取其存在與擴張的空間，遂成為媒體改
造運動的重要論述依據[2]。

　　在台灣，以「取之於公眾，用之於公眾，由公眾所治理」為定位，
於 2007 年 1 月 1 日正式成立的公共廣播集團[3]，是落實公民社會傳播參
與權的一個新的里程碑，為了接軌英國 BBC 與日本 NHK 等世界先進國
家公共電視的問責系統（accountability system），建立出一套可供社會
大眾檢驗並衡量監督的標準，歷經一年半的時間，完成了「公廣集團公
共價值衡量指標」[4]。

　　綜合「各國公共廣電之公共價值與品質評量體系研究」、「歷年質化
研究二手分析」以及「公共價值檢測德菲法調查結果」等研究與調查結
果，專案小組訂定了「觸達」、「品質」、「影響力」、「公共服務」及「財
務與事業營運效率」等五個構面及二十五項指標[5]（圖 8-1）。

　　衡量公共價值的五個構面和二十五個指標分別以更具體的可觀察或
可測量之方法到形成質化和量化之評量項目。在研擬過程中所參考憑藉
的資訊如下：

(1)觸達：全頻道 2007 年 1~6 月平均收視率、一分鐘平均觸達率、
　平均收看時數、網站全年平均到訪人次、IPTV 平均到訪人次、

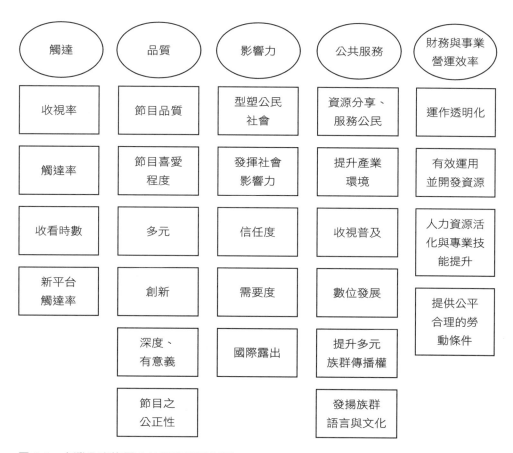

圖 8-1：台灣公廣集團公共價值衡量指標

網路會員服務。

(2)品質：入圍得獎數、節目品管機制及流程文件、平均節目製作成本、全年節目類型分布及時數、2007 新製節目時數／佔全年節目時數比例、新型態節目實例分項說明、新聞／節目申訴委員會的案例討論及救濟措施作法、論壇及辯論之新聞性節目處理兩極對立意見及觀點的作業原則與要點、一般性新聞報導如何呈現正反意見及新聞陳述之作業原則及要點、觀眾反應新聞及節目內容／表現的統計數量。

(3)影響力：公民團體參與特定節目的時數分配、節目／新聞議題討

論範疇及後續追蹤之影響、公民參與性節目之團體種類及數量、協助 NPO 公共能見度之數量及主題、新聞媒體報導數量與報導主題及評價、經由節目／活動引發的社會討論個案、節目與國內公民團體社群／學術社群／傳播新聞廣電及數位科技社群互動協辦之活動參與數量、國際播出時數／國際播出頻道／國別分布、國際參展次數／參展節目項目、國際合製時數／節目類型、國際會議次數／國別分布／會議主題／會議規模及層次、海外行銷之節目／時數。

(4)公共服務：教育服務參與人次、網路教育（節目）點閱（下載）、參觀者人次屬性分布、教育訓練次數／時數／人數／主題、專業研討次數／時數／人數／主題、委製節目時數／種類、委製新製節目時數／種類、委製單位家數／種類、類比／數位涵蓋區域及區域人口數推估、類比／數位訊號的清晰度及收訊穩定度、全年中較不穩定的區域與時節及因應改善說明、技術及研究報告的數量及主題、相關產業技術合作項目／主題／數量、數位化發展狀況、各類型節目時數／分佔比例、各類型節目及目標觀眾設定說明、各語言節目時數／分佔比例、節目時數／種類與語言指導／諮詢之情形。

(5)財務與事業營運效率：公共檔案之界定範疇及公開查閱途徑之相關規定及作業要點文件、財務資訊透明化的作法與公開頻率、董監事會議紀錄內部公開查閱之途徑及頻率、主管會報會議記錄內部公開查閱之途徑及頻率、一級主管布達決策之途徑及方式說明、員工意見回饋機制及途徑、節目發行收入、募款及廣告收入、節目完成時間控管、員工新製節目時數產出、員工人力近用數量及員工教育程度分布、員工平均年資、內部教育訓練主題／時數／參與人次、員工赴國際媒體及相關產業機構進修／參訪人次／主題、研發經費及比例／佔全年財務支出。

參、文化同化與文化多元

「文化同化」（cultural assimilation）和「多元文化主義」（multiculturalism）是多種文化在時空下相遇的兩個極端產物。「文化同化」是將各種文化融合，形成一種新文化，融合的過程中，通常強勢文化或主流文化會吸納其他文化，整合的過程中弱勢文化因而失去了其本質之呈現，就像一個熔爐（melting pot）中的產物，找不到原有物質的樣貌甚至成份，「多元文化主義」則是強調各種文化之間如同「兄弟登山，各自努力」，強勢文化不應具有「整併」弱勢文化之企圖或作為，各文化雖因主客觀條件而有主流、非主流之別，然而獨有之文化特色依然被有系統地尊重和肯認。

客家文化在台灣長期經歷了「皇民化」、「中原化」、「中國化」，和「福佬化」的「優勢一元主義」支配，文化界線逐漸模糊（賴澤涵，劉阿榮，2003）。Gordon（1964）提出之七種同化模式，正是客家族群目前徘徊在強勢族群和主流化文衝擊之十字路口中所面對的情勢：

(1)文化同化（cultural assimilation）造成的文化模式改變：台灣社會的主流文化模式是以外省文化，閩南文化，日本文化和美國文化為主體形成的複合文化，而這個新的文化中並沒有客家文化的元素。除了在客家庄還可以找尋到若干的文化元素之外，主流文化中僅見包括行政院客委會、客家電視和客家文史工作、藝文團體等，正努力地燃起星星之火。

(2)結構同化（structural assimilation）使得客家主體消失：長期以來，客家在初級團體的層次上，大規模的融入各種社會組織和社群團體中，而在各團體中，又沒有標示客家之主體性，因而產生了結構性的同化。

(3)婚姻同化（marital assimilation）造成客家語言文化流失：以單一認定的百分之十五的客家人口為基準，其與其他族群通婚之機率約為六倍於族群內通婚。而客家人與其他族群通婚的結果，大都

失去了語言和文化的主導性，這也是客家話失傳的一大原因。

(4) 認同同化（identificational assimilation）造成意識形態的質變：強勢族群常以主流社會的立場，發展出命運共同體的意識形態，透過教育和媒體等機制塑造出向某種意識形態認同的氛圍；如大家都是中國人或大家都是台灣人的認同，常強調不要再分彼此，弱勢族群容易沈默在這樣的認同文化中。

(5) 態度接納的同化（attitudinal receptional assimilation）使不同族群在認同態度趨向一致：不同族群間在態度上不再出現偏見，彼此認同互相接納，遂漸漸形成同化。

(6) 行為接納的同化（behavioral receptional assimilation）在行為層次上合而為一：因為態度上的同化演變成行為的同化，使族群間不再出現差別待遇和歧視，我族與他族界限遂逐漸模糊。

(7) 公民社會同化（civic assimilation）消弭權力和價值衝突：不同族群和文化間權力和價值之衝突在磨合中逐漸理解以致於彼此異中求同，向共同的價值體系和權力結構靠攏，形成全面的公民社會同化。

如今客家文化在傳承過程中，面臨的主要挑戰係來自於文化同化、結構同化、婚姻同化及認同同化。文化同化中最根本也是最徹底的同化莫過於語言同化，當一種語言逐轉移至最終瀕臨死亡時，其載具已無，遑論所負載之其他文化元素。第二章表 2-15 中，當逾半的客家人係以國語為主要語言而僅有三成說客家話時，語言同化和文化同化儼然形成。結構同化之現象可以從客家人之內團體異族化現象得知。表 2-11 中顯示，客家人比較習慣和客家人相處的比例佔 38.9%，和外省人或閩南人的內團體同族化相比，明顯偏低（64.2% 外省人習慣和外省人相處，64% 閩南人習慣和閩南人相處）。婚姻同化的影響包括了配偶族群的影響及子女對族群的認同，行政院客委會從 2005 年至 2007 年連續三年的調查結果[6] 均顯示，超過一半的客家民眾和配偶交談時幾乎不講客家話，接近一半的客家民眾和配偶說國語，和配偶說客家話的比例與說閩南話

的比例相若，皆在四分之一左右，由語言這個兼具功能意義、文化意義與認同意義的工具使用情境可以窺見，客家族群在通婚後之族群文化傳承上往往居於弱勢。子女之族群認同亦復如此，本書第二章表 2-14 顯示，父親是閩南人、母親是客家人的子女，有 87.5% 認同自己的閩南族群屬性，父親外省人、母親是客家人的子女，僅有 5.9% 認同自己的客家族群屬性；而父親是客家人、母親是閩南人的組合中，有高達 19.8% 認為自己是閩南人，父親是客家人、母親是外省人的子女更有 25% 認為自己是外省人。

認同同化的影響力更是常常在無形中形成巨大的效應。弱勢文化常在強勢主流文化主導下，被不知不覺「沈默螺旋化」。在文化同化、結構同化和婚姻同化的多重影響下，弱勢族群很難不面臨認同上的被同化，一種「認同但不被同化」的理解與態度，應是客家文化在台灣政治社會表面上採行多元文化主義，實際上卻無法避免同化的情境下的一條出路。

多元文化主義在現實社會中必須面對強勢文化在主流社會中的「西瓜效應」（bandwagon effect），亦即主流文化常與「流行」、「多數」、「群眾」、「票房」等概念有關，致使弱勢文化在自然力作用下被淘汰，「多元文化」最終不免成為束諸高閣之理想。多元文化主義不單是描述族群的多重樣貌，而是一種關於不同族群身份應該共有的政治思維，因此社會必須學會如何協商族群的多樣性（Goldberg, 1994）。Gans（1997）提出少數文化終究可以認同與採行強勢主流文化，然而亦可拒絕社會整合與同化，接受同時保有族群身份與族群色彩（ethnic retention）的文化涵化（cultural acculturation）（轉引自徐富珍，陳信木，2004）。這樣的概念在現實中須透過政府機構、媒體和學校教育去落實差異化的文化傳播與教育，方有機會實踐真正保有少數族群特色的多元文化主義。

肆、族群媒體的價值考評

公民權和政治權從天賦人權的觀點視之，是一種「本來就有的權利」

（rights of）亦即第一代的人權（first generation human right）；經濟權、社會權和文化權則是「需要爭取的權利」（rights to），為第二代的人權（second generation human right）；和平權（right of peace）、環境權（right to environment）和發展權（right to development）以及其他一些權利，需要人民和政府間的通力合作，是為第三代人權（third generation human right）（Mbaye, 1986）。傳播權（right to communicate）可以被視為第三代人權（Husband, 2000）。

第一代人權應建立在自由的原則上，讓公民權和政治權得以不受政治的箝制；第二代人權則需以平等為原則，使經濟權、社會權和文化權得以公平共享，這往往需要法律制訂規範（Mbaye, 1986）；第三代人權則需要健全的第一代和第二代人權，方得以建立。傳播權的基礎需要建築在自由的政治體系上，才容得下人民透過輿論監督政府的理念；而且設有健全的法治做基礎，解決經濟權、社會權和文化權的分配問題，則傳播權亦難以被實現。

McQuail（1987）提出了「自由和獨立（freedom and independence）」、「秩序和團結（order and solidarity）」、「多元和近用（diversity and access）」、「客觀和資訊品質（objectivity and information quality）」，以及「文化品質（cultural quality）」作為衡量公共媒體的標準，Croteau & Hoynes（2001）認為公共媒體應具備多元（diversity）、創新（innovation），實質（substantiality）和獨立（independence）。2000年歐洲市場研究學社（European Society for Opinion and Marketing Research）年會提出了四項公共媒體的績效指標，分別是「獨特（distinctiveness）」、「品質（quality）」、「效率（efficiency）」以及「普及（universality）」（Juneau，2000；轉引自曹琬凌、彭玉賢、林珍瑋，2008）。世界廣播電視會議（World Radio and Television Council，WRTC）在2002年的報告中，揭櫫「普及性（universality）」、「多樣性（diversity）」、「獨立性（independence）」和「獨特性（distinctiveness）」四項公共廣電服務的原則[7]。

　　綜合歸納世界各先進國家和專案組織對於公共媒體的價值核心和期望，大致可以分為公共媒介與政府，與社會及與公民的關係以及專業的表現和獨特的素養等五個面向。

一、公共媒體與政府的關係

　　傳播權的發展已經有一段很長的歷史，廣義的傳播權包含了言論自由權、媒體權、資訊權和集會權，這些權利與許多其他權利相互依賴共生（Husband, 2000），然而，不論是從文化全球化（globalization）（Featherstone, 1990）、政治自由限縮（limiting political freedoms）的觀點（Herman & McChesney, 1997），或是文化帝國主義（cultural imperialism）的觀點（Tomlinson, 1992），傳播自由一直被認為具有潛在的障礙而難以落實。「第四權理論（the fourth estate theory）」主張新聞自由應受憲法保障，使其能成為行政、立法、司法三權之外的第四權，藉以監督政府且不受政府控制。新聞自由不僅是言論自由表達的一種形式，更是獨立於言論自由之外的基本權利（林子儀，1999）。

　　然而扮演啄木鳥角色的新聞媒體，常常毫不保留地直接挑戰「國王的新衣」；因此，包括政府在內的各種勢力，莫不想影響、規範、甚至掌控媒體，遂行其於緊急時刻保有「封口權」的企圖。

　　然而公共媒體和政府的關係，是較難以釐清的，以台灣的公共廣播集團為例，公廣集團所轄之公共電視、原住民電視、客家電視、宏觀電視，分別是由行政院新聞局、原住民委員會、客家委員會及僑務委員會編列預算交由立法院審查。因此，計劃委辦者、預算撥付者、監督者、被監督者的角色始終混淆不清。例如：客家電視的客家新聞理當代表客家族群和社會大眾監督包含客委會在內的政府施政，客委會又站在委辦計劃的角度監督客家電視台預算的執行；這種互相監督的扞格，難免形成矛盾甚至衝突。

　　客家電視台雖已於 2007 年 1 月 1 日納入公廣集團，然其屬性仍徘徊在兩種模式的爭議之中：

（一）節目內容委製模式

目前客家電視的預算仍來自於行政院客委會的業務項下，屬於委託公視基金會辦理客家電視台的專案。在主體性和監督機制上，留下了模糊的空間；業務主管機關行政院客委會可以依據一般委外專案執行原則，依法審查客家電視台的節目、製播內容甚至主導人事權。立法院基於預算監督原則，亦可以審查、針砭，甚至直接介入客家電視台的行政、人事權。然而這與黨政軍退出媒體之既定政策方針嚴重抵觸，也造成了客家電視台、公視基金會和行政院、立法院之間的諸多摩擦。

（二）公視基金會主導模式 [8]

客家電視為公視基金會的成員之一，組織行政體系循公視基金會制度，預算由行政院編列專款捐助立法院審查，客家電視年度營運計劃仍送國會審查，但是國會或行政院不得干涉節目內容和人事權，以符合公視法之精神，利於第四權理念之落實。此模式相較於第一種模式，其獨立自主性較高，為比較適合公共廣電服務發展之模式（陳彥龍，劉幼琍，2006）。然實際執行上，仍有許多政治勢力足以介入之空間，因為審查預算的本身即留有許多監督預算執行項目的模糊權利，當它被擴張解釋為行政績效不彰必須撤換管理階層，節目內容偏離事實有混淆視聽之嫌而必須更修內容重審時，亦難逃被介入人事、限縮言論自由之命運。

欲避免政治之干預，必先樹立清楚的媒體界線，向政治權利和社會大眾明白宣示公共廣電服務不受政治監督的理念與決心。取而代之的，公共媒體需要有一個完整的媒體與社會結構、政治權力、階級利益間的關係論述，並建立一套合理的問責體系，方能杜絕政治勢力不當介入並落實公民監督理念。

二、公共媒體與社會的關係

公共媒體是社會結構中的一環，它是社會組織中的一項工具，用以守望和告知，提供社會大眾必須的資訊以促進社會功能的正常運作。

　　媒體須接受並實踐其對社會的義務與職責，包括提供真實、精確、客觀、平衡的資訊，避免可能導致社會犯罪、混亂脫序的不必要內容；必須呈現多元觀點（pluralistic view）、反映多樣（diversity）的社會，對於少數族群或弱勢團體，應盡公平對待的義務；且應負責自律並公開透明，接受法律及公正團體之監督（McQuail, 1987）。這樣的觀點和1950年代美國提倡的媒體社會責任論（social responsibility theory）相近（Hutchins, 1974）。只是這樣的信念必須植基在媒體對於公民社會自發的理念，而非來自政府或法律限制下的寒蟬效應。

　　政府和社會的角色常是模糊的，因此極權理論（authoritarian theory）和蘇維埃媒體理論（soviet media theory）常鼓吹社會責任以強化民眾的信念，確立其控制的正當性。然其間最大的不同在於極權理論的本質在於媒體為政權服務，蘇維埃媒體理論的本質在於驅策媒體為黨服務；公共媒體與社會的關係則是媒體以公民權、政治權、經濟權、社會權、文化權、和平權、環境權、發展權及傳播權等作為促進公民社會福祉的公共論壇信念。根據古典理論，公共論壇（public forum）界於政府與社會大眾之間，協助人民透過正式或非正式的手段來制衡政府；正式的手段如選舉，媒體發送需要的訊息，供選民判斷選擇，並提供獨立之辯論論壇，促成公共意見的形成；非正式手段則是透過以媒體為主的輿論，使人民的意見得以彙集呈現，促使政府有所作為或禁止政府胡作非為。就十九世紀自由主義而言，媒體的角色如同公共領域的主要機制，也是一種獨立的位階，即「第四階級（the fourth estate of the realm）」（Curran, 1991）。

　　在台灣公共廣播集團問責體系之公共價值評量指標（曹婉凌等，2008）中，「建構公共領域」、「提供公共論壇」、「討論公共議題」、「對公共政策的監督」、「對整體公共傳播環境與新聞表現的觀察與反省」、「公共服務」、「數位頻道及訊號涵蓋普及程度」等都是具體衡量公共廣電服務中媒體與社會關係的指標。此外，「振興族群語言文化」被特別明訂為族群媒體的衡量指標。

三、公共媒體與公民的關係

　　公共媒體應成為排除政、商力量介入之公共論壇。媒介自由化是全面民主化的先決條件，然而在支配與從屬之間尚有多層的結構，媒介的民主必須經過不斷追求、止於至善的過程；在脫離政治桎梏發展成為公共論壇的每個階段，都得面對層出不窮的問題與關懷，方能成功轉型，接軌公民社會，成為公共領域（李金銓，2004）。

　　成為公共論壇的必要條件之一是「多元」與「近用」。真正的公共媒體應該是取之於民，用之於民，或者和政治哲學相呼應的「民有、民治、民享」，然而誰才是能夠擁有、治理和享用的「民」呢？一個個別的觀眾、一個社區組織、一個社團、一群利益團體、一個營利事業、一個政黨，甚或政府組織，都有權亦有實可以證明其為具有公民之代表性，這樣的爭論在現實面層出不窮，且治絲益棼，如立法院介入公廣集團之經營亦高舉公民代表之旗幟。這個問題的難處，不在於界定誰是可以近用媒體的公民，而在於界定用什麼方式近用媒體才是成熟民主社會之表現。民主社會的核心價值在於自由、平等和秩序，其中自由的價值常與秩序產生衝突，平等的訴求可被解讀為反自由或反多元；秩序的概念很容易落入不自覺的商業民粹主義（mindless commercial populism）；檢視自由、平等和秩序這三個概念的平衡性有助於評估媒體表現的壓力範圍（field of tension），協調出追求共好（public good）的準則（McQuail, 1987）。

　　在社會的層次，媒介多元的程度可以從媒體的數量來看，愈多種類的媒體以及每一種類下愈多不同擁有者的媒體可以表現經營權及生態的多元；從媒體組織的層次來看，愈多近用管道、政黨傾向、族群、階層的成員，愈可以代表其多元性；從媒體內容的層次來看，愈多訊息的來源、愈廣泛的報導範圍、愈多不同的觀點，和愈多族群的聲音愈可以反映多元的樣貌。

　　關於公共媒體與社會的互動關係之構面上，台灣公廣集團制訂之公共價值評量指標[9]，包括：「公眾對於公廣集團的信任程度」、「對社會具

影響力的內容」、「公民新聞學的實踐」、「公民團體的參與度」、「社會大眾對公廣集團存在的需要度」、「公共檔案之健全性」、「財務資訊透明化」、「兒童享有健全視聽之權利」、「員工對公廣集團的認同度」、「本地產製節目之製播比例」、「類比頻道之收視普及度」、「偏遠地區收視狀況」、「處理觀眾意見的適當性」等，與族群相關之公共指標為「族群人才近用比例」。

蕭新煌（2005）以台灣歷史和社會脈絡出發，提出公廣集團中的客家和原住民族群媒體的目標和使命：

(1)傳播宣揚、強化族群文化認同、提升族群榮譽感。

(2)傳遞每一個族群文化，把各個多樣文化內涵傳遞給其他族群，減少彼此的無知和誤解。

(3)溝通各族群差異文化內涵，減少差異所造成的誤解，異中求同，建立本身就是多元的主流文化。

(4)台灣新的族群想像與民主化息息相關。爭取過程中，族群傳播應有「倡議」功能，倡議少數族群應享有的平等和公平待遇。

(5)在沒有壓迫、沒有扭曲、歧視下，建立族群多元但國家認同一體的新共識。

除了從媒體出發的觀點之外，欲落實族群媒體的公民關係，還必須有政治體制的支持和閱聽人的參與。少數族群的生存權不但需要優質的少數族群媒體，還需要具有批判性格的閱聽人，富有抵抗性格的傳統組織，以及良好的政治手腕（Riggins, 1992），除了媒介傳播者和閱聽人兩方面的自省，政府的角色在促進媒介與公民的關係上，有理念和政策的雙重義務。第一，政府應履行第一代人權即公民權與政治權之義務，創造合理空間，讓個人和集體都能表達傳播自由。第二，透過分化公民身份的思維和團體區別權的行使，政府應落實第二代人權，即經濟權、社會權和文化權，讓各式各樣的媒體結構蓬勃發展，反映社會的文化多元性和族群多樣性。第三，政府應呼應第三代人權的思維，提倡「被瞭解權（the right to be understood）」，以實踐傳播權（Husband, 2000）。

四、公共媒體的專業表現

　　媒體的專業表現是最足以說服閱聽人和公民社會支持的尚方寶劍，卻也是最難衡量的面向之一。媒體常夾在「叫好」與「叫座」、「迅速」與「確實」、「專業」與「通識」、「傳統」與「創新」之間，左右為難。

　　一般商業媒體雖有一套檯面上的專業衡量準則，但私底下卻一切以收視率為依歸；公共媒體不似商業媒體，其理念多元，價值多元，故專業之定義也難免多元。然而從傳播研究方法之角度觀之，愈多元的概念，愈難窮盡其面向，愈多元的面向，愈難發展其指標，愈多元的指標，愈難形成可供觀察或測量之複合指標（composite indices）。

　　公共媒體的專業化應表現在內容的產製面和觀眾的消費面兩方面上，亦即雖不以收視率為衡量指標，亦不能置觀眾於度外。能聯結公共媒體與公民社會的需求，並達成對品質的共識，才是公共媒體追求共好的專業精神。因此包括「內容多元性」、「品質精緻化」、「管理效率化」及「觀眾聯結度」都是追求專業化的核心指標：

（一）內容多元性

　　公共媒體的核心理念即為多元和多樣，因此節目和新聞內容的多元性、新聞和時事評論之公正性和平衡性、自製節目的能力、及新製節目之比例等都是在專業上足以證明具有提供內容多元性能力和結果之良好指標。

（二）品質精緻化

　　缺少商業機制的激烈競爭和淘汰機制，公共媒體和所有的公共服務一樣最常為人詬病是品質的管控。然而，公共化的精神在於公眾的近用和內容的多元，這並不意謂著品質的妥協，員工的專業程度及定期的教育訓練被認為是品質管制的重要環節；此外，內容的取材、製播的水準，演出人員的專敬業程度，以及音效、美工、道具、佈景、劇本、剪輯、專業知識和工程播出系統的品質等，都是測量品質精緻化的良好指

標。此外，觀眾對節目喜愛的程度更是一項客觀指標。

（三）管理效率化

　　媒體管理的良窳是整體表現的樞紐，優質的管理，可以提高品質、撙節成本、創造附加價值、提振員工士氣及增加組織活力。因此，公共服務的管理效能格外需要被督促。公共媒體的財務是否健全、資金來源是否穩定、內部產製流程控管機制是否健全、行政效率及流程管理是否有效率、人力資源的管理能力、員工意見的接納度和獎懲之公平透明度、相關計劃法規的執行層面妥適性、員工產值及效能的管理等都是內部控管的重要指標。

（四）觀眾聯結度

　　爭取觀眾的支持與認同是公共服務價值體系的核心之一，曲高和寡常是公共媒體追求品質過程中面對收視率的一個藉口；然而，雖然收視率不被納入公共價值評量的一項指標，但是觀眾的回饋與認同，始終必須是公共服務努力追求的目標。因此觀眾的涵蓋範圍及層面、觀眾對節目的評價，觀眾對媒體的凝聚力等，都是測量公共媒體與觀眾聯結度的指標。

　　此外，族群媒體還必須注重節目內容與公共服務和族群文化及族群觀眾間的密切聯結。例如節目取材和族群文化的關聯性，內容呈現與歷史時空的關係，電視台和族群社區和社團間的互動，製作人才與地方文史工作者與耆老間的合作等。

五、公共媒體的獨特素養

　　公共媒體必須有不同於商業媒體或主流消費市場的獨特價值體系，才能不為市場機制操弄。價值理念的獨特性和內容取材的獨特性，是公共媒體足以和商業媒體劃清界線的兩個重要原則：

（一）價值理念的獨特性

公共媒體因公共服務的特殊使命，其理念與商業媒體迥異。英國 BBC 的公共廣電使命即揭示其藉由公正的新聞與資訊，鞏固成熟公民社會文化之民主價值；以文化與創意豐富英國文化與創意生活之文化價值；鼓勵體制內外的學習以拓展國人視野之教育價值；聯繫不同群體，促成多元包容社會之社會價值；經由具公信力之國際新聞，讓世界看見英國之全球價值；以及接軌數位發展，建構數位英國之科技價值（曹琬凌等，2008）。此外，歐洲的公共廣電服務還具有以下幾個特質：(1) 強調廣電媒介的社會責任，以公共服務為目的，特別是在資訊文化領域及少數民族利益方面；(2) 廣電媒介系統具國家性格，代表國家利益，保護本國語言與文化；(3) 廣電媒介的目標係以政治文化而非商業經濟為原則；(4) 廣電媒介持守中立之政治角色，尊重且平衡對待不同觀點與立場之個人或團體。（McQuail, Rosario de Mateo & Tapper, 1992；摘自陳清河，2003）。

客家電視台則在其官方網站中明示：客家電視台「秉持關懷客家族群及公眾媒體近用之權益，並增進認識、瞭解客家語言與文化內涵，促進族群交流與和諧，建構多元文化社會公民」之精神，建構全頻道之定位[10]。由這些公共電視頻道的使命與理念中可知，公共價值與社會服務的精神是實踐與反思的準則。因此，公共廣電媒體之使命、獨立精神、所有權歸屬、組織設計、治理與管理機制安排、經費模式、服務內容，皆應明文規定以落實公共服務法制化的精神（Mendel, 2000[11]）。

（二）內容取材的獨特性

公共媒體服務應秉持創新的理念，產製與商業電視有差異性和辨識度的內容，並作為領導媒體改革和技術突破的火車頭。換言之，若公共媒體不強調其優質和異質之差異風格，徒有普及性和近用權便意義不大，特別是在當今商業頻道，因過度競爭不得不然之市場區隔策略已使市場出現相當的差異性，商業媒體令人眼花撩亂的這些表面上的多樣性

和多元性，有時候甚至會讓人忽略了公共媒體的必要性，因此優質的獨特性，是公共媒體必須標榜的價值所在。

族群媒體在內容取材上具有較多區隔主流媒體的文化元素，然而，差異性若沒有優質的文化精髓為本質，只會製造更多的族群刻板印象。Riggins（1992）提出了「強勢意識形態（dominant ideology）」、「備用節目類型（borrowed genres）」、「智識隔離（intellectual ghettoization）」、「目標閱聽人的廣泛定義（an inclusive definition of the target audience）」、「使用多數語言（use of majority language）」和「現代科技的社會影響（social effect of modern technology）」等六種族群媒體可能被主流媒體和文化同化的現象。

綜合 Riggins 和其他族群媒體的研究結果，族群媒體應有的獨特性應朝以下六個方向努力：

(1) 堅持主體性和意識形態：族群媒體應強調節目自製和我族觀點，儘量避免委製外包的節目製播模式，因為外製的節目很容易將主流意識形態包裝在族群語言和文化當中。此外，財政的獨立自主是族群媒體必須努力的方向，因為如果經濟捐贈來源是主流社群，那麼被同化的機會就會提高（Riggins, 1992）。

(2) 用自己的方式做自己的節目：Riggins（1992）指出，研究顯示，西方社會的節目類型所形成的節目製作模式，使澳洲當地的原住民電視台失去了原住民的風格性，這些原住民電視台的記者，多受西方媒體訓練，所製作的節目具有揮不去的主流媒體風格，和原本想表達的原住民風味格格不入；由這樣節目製作和內容組成的族群電視台，只會助長同化的力量。因此，從媒體人的遴選、教育、創意、風格到製作過程，必須跳脫主流價值，找回族群文化精髓，用自己的方法做自己的節目。

(3) 要立足族群，放眼世界：Riggins（1992）認為弱勢族群媒體若只是將媒體的焦點於在報導特定少數族群或部落，將會產生智識上的自我孤立或隔離（ghettoization）。族群媒體要用自己的眼光、

觀察外在的事物，使族群媒體的觀眾能閱覽世界而不致於流於
「鎖群」的現象。

(4) 毋須刻意爭取一般觀眾：觀眾愈多愈好是所有媒體人的共同希
望。但是，族群媒體應清楚自己的定位，勿將太多的注意力放在
爭取族群以外的觀眾，否則會不知不覺地失去主體性，向主流文
化靠攏。

(5) 堅持族群語言：使用主流語言可以帶來許多便利性，不僅在人才
的遴用上更靈活彈性，也可以使節目更容易推廣。但是，Riggins
（1992）警告這樣的作法只會加速語言的流失和被同化的速度。
北美第一份原住民報紙在 1831 年以 Cherokee 語發行的，其後的
原住民報紙則都改採較便利的英文，也因此，原住民語漸漸失
傳。Riggins 的建議應可為爭議不斷的客家電視台語言政策進一
諍言。

(6) 慎防科技加速了同化效應：在快速變動的數位媒體時代，Riggins
（1992）認為科技可能加速少數族群與大眾社會的同化。因此，
在大量引用新進的傳播科技之餘，族群媒體工作者要常常提醒自
己，族群媒體的獨特性到底在哪裏？失去了這些，族群媒體還有
什麼其他的意義？

「秩序的表相底下可能潛伏著離奇的混沌，在混沌的深處裏也可能
埋藏著更匪夷所思的秩序。」這句 Douglas Hofstadter 的名言，像暮鼓晨
鐘般地提醒這個社會，置身於主流浪潮中的少數族群生存發展權，已處
於一個看似四通八達，又好似全無號誌的十字路口。

伍、數位時代的公共媒體

數位時代是一個抽象的年代，沒有人能明確地說明它起於何時，將
終於何日。有人以 1990 年代末期類比訊號轉為數位訊號之技術逐漸成熟

開始為分野；為人以 1990 年代初期開始的網路應用做為吹響數位時代號角之依據。

　　數位化的環境帶來了 3C 產業的結合，包括了電腦系統（computer）、通訊系統（communication）、及消費性電子產品（consumer electronics）。它使得網路、微波通訊、行動電話、衛星通訊、衛星電視彼此之間得以互相支援流通，使得多媒體的生態和發展一日千里，充滿了無限的可能。而台灣的公共電視也躬逢其盛，就誕生在這個時間點。

一、數位時代的挑戰

　　數位化的過程，對於公共廣電服務是一項嚴峻的挑戰，因為它立即面臨了來自於觀眾減少、財務吃緊、公民支持減少、人才和創意的流失、政治的壓力、資本主義的媒體思維和科技的整合等危機。

（一）觀眾的減少

　　乘著數位浪潮快速崛起的商業電視成為公共廣電服務的強勁對手，不但挖走了觀眾，也使得已經目不暇給的觀眾對公共電視存在的必要性開始有些懷疑；此外，來自於政府的補助和有些國家的執照費補助出現了逐年減少的財務壓力（Suich, 1997）。

（二）創意的流失

　　人才被崛起的商業電視和重金堆起的網路世界給磁吸，堅持公共廣電服務理念，願意在相對缺乏的資源和待遇的環境中「一簞食，一瓢飲，不堪其憂，不改其樂」的人愈來愈少；創意和熱情隨著人才流失了不少。

（三）政治的壓力

　　公共廣播的理念和追求利益的政治人物思維漸行漸遠；欲將政治的黑手伸入公共媒體以遂行政治利益之企圖與將媒體完全自由化、商業化

的呼聲成了阻擾公共廣播價值發展的兩股極端勢力（Suich, 1997）。

（四）財務的危機

以經濟效益和財務報表審度公共廣電服務的商業管理思維模式常使公共廣電服務進退維谷，常必須夾在商業化思維和公共化服務的拉鋸中。

（五）科技的整合

數位化時代號稱十倍速的時代。科技的推陳出新對於長期與市場密切接軌的商業電視、通訊業者及網路業者相對較為有利；多媒體整合在商業機制上的應用總是來得比具公共服務性質的公共廣電媒體來得有彈性、有效率和有誘因。

二、數位時代的機會

然而，數位匯流的衝擊為公共廣電服務，投下了變數，也同時創造了機會。因為，數位匯流所提供的機會，可以讓公共廣電服務的精神透過匯流的技術渠道，跨入數位時代所有可能的傳播場域；換言之，這是一個難得的機會，可以讓公共廣電服務，可以匯聚能量擴充版圖，延伸成為公共傳播服務（public service communication）（財團法人公共電視文教基金會，2007）。

不論在產製面或消費面上，公共廣電媒體均有其異於商業媒體之利基，其中多元內容的豐富製播經驗、深獲信賴的品牌價值、廉價公共頻道的競爭優勢和公民社會的廣大資源，都是在商業化和數位化雙重夾擊的環境下，可以突圍勝出的優勢。

（一）善用內容提供者（content provider）的豐富經驗

公共廣電媒體因為其多元的理念，在委製和自製節目上有比起商業媒體更多樣內容的製作經驗。且在多媒體整合的數位匯流環境下，內容提供者將成為主導數位產業的核心，公共廣電媒體兼具二者的優勢，其

他單一商業媒體或網路業者很難望其項背。

（二）善用公共廣電服務的正字招牌

商業媒體過度競爭造成的羶色腥現象，雖然為他們爭取了不少來自分眾市場的收視率和利潤，但也成了人人喊打的過街老鼠。公共廣電媒體長期以來的優質節目內容和公共價值的理念雖然未必全然反映在收視率上，但確實在商業利益掛帥、物慾橫流的世俗中，贏得不少的信賴。擦亮公共廣電媒體的招牌，它可以成為異業最願意結盟的夥伴，它的可信賴度和品牌優勢會是一大資產。

（三）發揮公共媒體物美價廉之特性

英國國家廣播公司 BBC 在 1996 年出版的《數位時代的選擇權擴張（Extending Choice in the Digital Age）》研究報告中，提出了以下的觀點（Jakubowicz, 1998：6-7）：「商業媒體的擴張給消費者帶來了混合效應，一方面消費者有了更多的頻道選擇，一方面卻侷限在那些付得起收視費的消費者。且趨勢顯示，愈來愈多的投資者把製作費用押注在製作節目給那些付得起錢收看節目的部分觀眾身上。」因此，當數位化提供商業電視更多訊號加密及鎖碼等付費頻道的商業模式時，也是公共廣電媒體提供大眾化消費的好機會。

（四）創造公民參與的機會

根據研究調查機構 IDC 的預測，到了 2010 年時，網路上有 70% 的內容，將由網友產生 [12]。公共廣電視媒體擁有廣大的支持者和可信度，是公民參與的一個好平台，如公共電視公民新聞 Peopo 這類的機制，將逐漸受到歡迎，而這些結合創新、互動、服務和公共概念的機制，一般商業媒體較難實現。大多數的公共廣電集團在各國皆是資訊平台中具有權威且受到公民信賴的媒體，可以藉由網路搭起跨平台的服務，進一步在公民的意識層次上深化民主理念，將公民權的場域推向世界（Murdock,

2005)[13]。

　　英國文豪狄更斯（Charles Dickens）以法國大革命為時代背景所撰
之名著 —「雙城記」開場之引言是：

　　這是最好的時代，也是最壞的時代；

　　這是智慧的時代，也是愚蠢的時代；

　　這是篤信的時代，也是疑慮的時代；

　　這是光明的季節，也是黑暗的季節；

　　這是希望的春天，也是絕望的冬天；

　　我們什麼都有，也什麼都沒有；

　　我們全都會上天堂，也全都會下地獄。

It was the best of times, it was the worst of times, it was the age of
wisdom, it was the age of foolishness, it was the epoch of belief, it was
the epoch of incredulity, it was the season of Light, it was the season of
Darkness, it was the spring of hope, it was the winter of despair, we had
everything before us, we had nothing before us, we were all going direct to
Heaven, we were all going direct the other way.

注釋

[1]　行政院客家委員會網站。http://www.hakka.gov.tw/ct.asp?xItem=23138&ctNod
e=1143&mp=307&ps（上網日期 2009/2/2）

[2]　出自「財團法人公共電視文化事業基金會」於 2007 年 8 月出版之《追求共
好》一書，導論中有關公共廣電服務之定義。

[3]　同註 2。

[4]　「公廣集團公共價值評量建構計劃」經由公視基金會第三屆第二次臨時董監事
聯席會議討論，並依附帶決議，由翁秀琪董事及方念萱董事及公視、華視、
原視、客台人員組成專案研究小組，自 2006 年 7 月開始，歷時一年半完成。

[5]　摘自財團法人公共電視文化事業基金會於 2007 年 10 月出版之「九十六上半

年度公廣集團公共價值評量結果，頁 1 及圖 1。

6　出自行政院客家委員會委託研究報告—— 96 年度台灣客家民眾客語使用調查報告，頁 79-81 中之圖 5-10 及 5-11。

7　同註 2、註 3。

8　參考陳彥龍，劉幼琍於中華傳播學刊 2006 年 12 月第十期「邁向公廣集團：數位時代我國特定族群專屬電視頻道之法制爭議」一文中第 133 頁表四：客原兩頻納入公廣集團的兩種辦理模式比較表。

9　摘自曹婉凌、彭玉賢、林珍瑋（2008）之研究整理及「96 年上半年度公廣集團公共價值評量結果」。

10　客家電視網站。
　　http://www.pts.org.tw/hakka/about.htm（上網日期 2009/2/8）

11　轉引自「財團法人公共電視文化事業基金會」於 2007 年 8 月出版之《追求共好》一書。

12　資料出自於 http://blog.yam.com/futuredp/article/13692792 。

13　摘自財團法人公共電視文化事業基金會出版之《追求共好：新世紀全球公共廣電服務》一書導論第 19 頁。

參考書目

中文書目

巴蘇亞・博伊哲努（2003）。〈客家電視對台灣族群互動的影響〉，「關懷與期許：客家電視對社會之影響座談會」。台北：中央大學客家社會文化研究所與客家研究中心。

天下雜誌（主編）（1992）。《發現台灣（上冊）》。台北：天下。

公共電視網站（2002）。〈公視客家文學大戲「寒夜」影片試映暨座談會「公告」〉。上網日期：2003 年 2 月 10 日，取自 http://www.hchcc.gov.tw/new/91year/0309.htm。

王甫昌（2002）。〈族群接觸機會？還是族群競爭？：本省閩南人族群意識內涵與地區差異模式之解釋〉，《台灣社會學》，4: 11-74。

王甫昌（2003）。《當代台灣社會的族群想像》。台北：群學。

王石番（1989）。《傳播內容分析法—理論與實證》。台北：幼獅。

王石番（1991）。《傳播內容分析法—理論與實證》。台北：幼獅。

王石番（1996）。〈淺談內容分析的定義〉，《東方雜誌》，22(3): 31-39。

王東（1998）。《客家學導論》。台北：天南。

王洪鈞（2000）。《新聞報導學》。台北：正中。

王浩然（2001）。《電視犯罪新聞的第三人效果研究》。國立政治大學新聞研究所碩士論文。

王雯君（2005）。〈客家邊界：客家意象的詮釋與重建〉，《東吳社會學報》，18: 117-156。

王雯君、張維安（2004）。〈客家文化與產業創意：2004 年客家桐花祭之分析〉，《社會文化學報》18: 121-146。桃園：國立中央大學通識教育中心。

王嵩音譯（1993）。《傳播研究里程碑》。台北：遠流。（原書 Lower, S. A. & De Fleur, M. L. [1988]. *Milestones in Mass Communication Research*. New York: Addison Wesley Longman.）

王嵩音（1995）。〈性暴力新聞文本以及解讀分析 — 以胡瓜強暴案為例〉，《台大新聞論壇》，3: 52-71。

王嵩音（1998）。〈原住民議題與新聞再現—以蘭嶼核廢料場抗爭為例〉，《台大新聞論壇》，5: 111-136。

王嵩音（2000）。《少數族群媒介之觀眾分析 — 以公共電視原住民新聞節目為例》。
　　2000 國際華語廣播電視文化性節目觀摩與研討會論文集。行政院文化建設委
　　員會。

台灣媒體觀察教育基金會（1999）。〈犯罪新聞中媒體侵犯人權調查報告〉。上網
　　日期：2005 年 7 月 3 日。取自：http://www.jrf.org.tw/reform/supervise_1_9a.
　　htm。

江文軍（2008）「你真的在看我嗎？」— 論數位時代的收視率調查。上網日期：
　　2009 年 1 月 30 日。取自：http://comm.nccu.edu.tw/wp-content/digiconf05/
　　part2/2-5.doc。

江運貴著，徐漢斌譯（1996）。《客家與台灣》。台北：常民。

全國意向顧問股份有限公司（2004）。〈全國客家人口基礎資料調查研究〉。台北：
　　行政院客委會。

行政院客家委員會（2007）〈驚艷客家〉。台北：行政院客委會。

行政院客家委員會網站（2002）。客委會介紹頁「公告」。上網日期 2003 年 2 月 8
　　日，取自行政院客家委員會網頁：http://www.hakka.gov.tw/brief-all.htm。

行政院客家委員會（2002）。〈客家電視頻道說帖與問答〉。上網日期 2003 年
　　2 月 8 日，取自行政院客家委員會網頁：http://www.hakka.gov.tw/htm/
　　ihakka/911023-2.htm。

行政院客家委員會，〈客家出版品數〉。上網日期 2007 年 11 月 12 日，取自行政院
　　客家委員會網頁：http://www.hakka.gov.tw/mp.asp?mp=1。

朱邦彥（1976）。〈自我概念及說服者的權威與聽從性的關係 — 以台北市國民中學
　　學生為例的實驗研究〉，《新聞學研究》，18: 135-171。

成令方、林鶴玲、吳嘉苓 譯（2003）。〈見樹又見林：社會學作為一種生活、實
　　踐與承諾〉。台北：群學。（原書 Johnson, A. G., 1997, *The Forest and the
　　Trees: Sociology as Life, Practice, and Promise.* Philadelphia: Temple University
　　Press.）

李允斐（1994）。〈由南北產業的差異看客家居民形式〉，《客家文化研討會論文
　　集》，頁 271-280。台北：行政院文化建設委員會。

李金山（2000）。《許佑生同性婚禮新聞之框架—框架化及讀者詮釋分析》。政治大
　　學新聞研究所碩士論文。

李金銓（1984）。《大眾傳播理論》。台北：三民。

李金銓（2004）。《超越西方霸權：傳媒與文化中國的現代性》。牛津大學出版社。

李信漢（2006）。〈族群媒體圖像之描繪：以客家電視為例〉，2006 中華傳播學會年會論文。

李茂政（1984）。《傳播學通論》。台北：時報。

李茂政（1991）。《當代新聞學》。台北：正中。

李郁菁（1996）。《媒介議題設定效果的第二面向—候選人形象設定效果研究》。國立政治大學新聞研究所碩士論文。

李喬（1991）。〈客家人在台灣社會的發展〉。收錄自台灣客家公共事務協會（主編），《新的客家人》，頁 33-40（1995）。台北：台原。

李喬（1993）。〈台灣「命運列車」的邊緣角色—兼談台灣的客家族群〉。收錄於台灣客家公共事務協會（主編），《台灣客家人新論》，頁 16-21。台北：台原。

呂枝益（2000）。《國小社會教科書中原住民內涵之分析研究》。國立台灣師範大學教育研究所碩士論文。

何臺明（1989）。《報紙內容與民意代表形象之研究》。政治作戰學校新聞研究所碩士論文。

沈文英（2001）。〈階程化之「媒體使用」模式：動機、媒體使用、動機滿足〉，《廣播與電視》，16: 87-125。

吳芳如（2002）。《消息來源、新聞框架與媒介真實之建構：以政黨輪替後之核四爭議案為例》。世新大學傳播研究所碩士論文。

吳錦發（1998）。〈保守之為害〉。收錄自台灣客家公共事務協會主編，《新的客家人》，頁 44-45。台北：台原。

吳克能（2005）。〈多元文化主義下的加拿大廣電政策〉。行政院客家委員會出國專題研究。

汪琪（1984）。《文化與傳播》。台北：三民。

林志四（主編）（1995）。《台灣民俗大觀》（第 5 冊）。台北：同威。

林一雄（1998）。〈台北城的客家村〉。收錄自台灣客家公共事務協會（主編），《新的客家人》，頁 92-101（1995）。台北：台原。

林義男、陳淳文譯（1989）。《內容分析法導論》，台北：巨流。（原書：Robert P. Weber 著）。

林偉聯（2002）。〈台灣基督長老教會客家宣教方案 - 客家人的移動趨勢與植堂計畫〉。上網日期：2009 年 1 月 19 日，取自：http://www.pct.org.tw/rnd/

hakka02.pdf。

邱昭彰（1994）。《電腦教學系統中即時擷取使用者之電腦相關知識研究報告 part1》，（國科會研究報告，NSC83-011-S-155-003C）。

邱昭彰（1996）。《建立網際網路上之教學品保決策預警系統研究報告》，頁 85-108。

邱昭彰、楊順昌、林國偉（2001）。《顧客關係管理與資料採礦—顧客關係管理深度 與解析：執行與客戶為中心的組織轉型策略》。台北：遠擎。

邱春美（1994）。〈從客家「傳仔」研探其文學發展〉，《客家文化研討會論文集》， 頁 91-104。台北：行政院文化建設委員會。

邱炳進（1988）。《公共宣導與形象塑造之研究》。輔仁大學大眾傳播研究所碩士論 文。

邱榮舉（1994）。〈台灣客家文化的現況與發展〉，收錄於鍾肇政、徐正光等著，邱 浩然主編，《客家文化論叢》，頁 1-30。台北：中華文化復興運動總會。

邱榮舉（1999）。《客家與近代中國》。台北：國立中央大學客家研究中心、中國廣 播公司。

邱榮舉（1999）。〈研究方法之基本概念：研究途徑與研究方法〉。朱浤源主編，《中 華科際整合研究會合編撰寫博碩士論文實戰手冊》，頁 152-162。台北：正中。

邱榮舉（2002）。《台灣客家研究》。台北：南天。

卓克華（1997）。〈誰是客家人〉。收錄於陳支平，《客家源流新論：誰是客家人》 （序）。台北：台原。

范佐雙（2008）。第七屆國會遞嬗及客籍立委。上網日期 2009 年 1 月 29 日，取 自：http://www.npf.org.tw/post/2/4038。

范振乾（2003）。〈客家電視與客家社區〉，「關懷與期許：客家電視對社會之影響 座談會」。台北：中央大學客家社會文化研究所與客家研究中心。

范揚松（1994）。〈客家人的經營管理觀念〉。收錄於戴興明、邱浩然（主編），《客 家文化論叢》，頁 137-143。台北：文化復興運動總會。

倪炎元（1999）。〈再現的政治：解讀媒介對他者負面建構的策略〉，《新聞學研 究》，58: 85-111。

客家新音樂（無日期）。客台語專刊第十三期－客家新音樂「電子佈告欄訊息」。上 網日期 2003 年 1 月 7 日，取自：http://bbs.ee.ntu.edu.tw/boards/Hakka/7/2/11. html。

洪維仁（1992）。《台灣語言危機》。台北：前衛。

洪惟仁（1994）。〈台灣的語言戰爭及戰略分析〉。「第一屆台灣本土文化學術研討會」。台北。

洪惟仁（2002）。〈1997 台灣公共場所使用語言調查〉。「台灣語言發展學術研討會論文」。新竹。

洪惟仁（2002）。〈台灣的語言政策何去何從〉。「各國語言政策學術研討會－多元文化與族群平等」。台北。

洪鎌德（1997）。〈從新加坡看台灣的族群問題─族群和諧與共榮〉。上網日期：2009 年 1 月 20 日，取自：http://www.228.org.tw/upload_file/seminar_86_04.doc。

胡幼偉（1998）。《傳播訊息的第三者效果：理論探源與實證研究》。台北：五南。

姜如珮（2003）。《台灣電視中之客家意象：公視「客家新聞雜誌」之個案研究》。中國文化大學新聞研究所碩士論文。

施正鋒編（2002）。〈客家族群與國家，多元文化主義的觀點〉，《客家公共政策研討會論文集》。行政院客家委員會。

施正鋒（2002 年 12 月）。〈母語傳承與母語地位〉。鄧幸光（主持人），客家認同、國家認同與族群關係。「2002 全球客家文化會議─全球化、在地化與客家新世紀」。台北：國際會議中心。

施正鋒（2003）。〈語言與多元文化政策〉，「2003 年全球客家文化會議」。高雄。

施正鋒（2004）。《語言與認同政治─族群認同以及國家認同的考量》。論文發表於 2004 年 8 月 4 日，新竹「族群與文化發展會議」。

梁榮茂（1993）。〈客家文化的危機與轉機─從客族內質反省客家未來〉，台灣客家公共事務協會（編），《台灣客家人新論》，頁 43-49。台北：台原。

凌澤沛（1978）。《「中央」、「聯合」兩報塑造之日本映象研究》。政治大學新聞研究所碩士論文。

唐大崙、張文瑜（2007）。〈利用眼動追蹤法探索傳播研究〉。《中華傳播學刊》，12：165-210。

高天生（2002 年 10 月 31 日）。〈首都之戰：本土派為李應元創造贏的機會〉，《新台灣新聞週刊》，345。上網日期：2003 年 2 月 10 日，取自：http://www.newtaiwan.com.tw/bulletinview.jsp?bulletinid=9665。

徐正光（1994）。〈台灣的族群關係 ─ 以客家人為主體的探討〉。「客家文化研討會

論文集」，頁 381-399。

徐正光、蕭新煌（1995）。〈客家族群的「語言問題」—台北地區的調查分析〉，《民族學研究所資料彙編》10: 1-40。

徐正光、張維安（2007）。〈台灣客家知識體系的建構〉，徐正光主編，《台灣客家研究概論》，1-15。台北：行政院客委會。

徐正光（2002）。〈序—塑造台灣社會新秩序〉。收錄於徐正光主編《徘徊於族群和現實之間》，頁 4-9。台北：正中。

徐佳鈴（2007）。《台灣客家電視媒體發展之探討》。國立台灣大學國家發展研究所碩士論文。

徐富珍，陳信木（2004）。《蕃薯＋芋頭＝台灣土豆？—台灣當前族群認同狀況比較分析》，論文發表於台灣人口學會「人口、家庭與國民健康政策回顧與展望研討會」。台北。

祝基瀅（1973）。《大眾傳播學》。台北：學生。

財團法人公共電視文化事業基金會企劃部（2003）。〈公視「客家新聞雜誌」節目內容表現方式與觀眾評價之研究計劃〉。財團法人公共電視文化事業基金會。

翁秀琪（1990）。〈民意與大眾傳播研究的結合〉，《新聞學研究》，42: 71-84。

翁秀琪（1993）。《大眾傳播理論與實證》。台北：三民。

翁秀琪（1997）。〈我國婦女運動的媒介真實和「社會真實」〉。收錄於《新聞與社會真實建構》，頁 1-56。台北：三民。

翁秀琪、鍾蔚文、簡妙如、邱承君（1999）。〈以假還真的新聞文本世界：新聞如何呈現超經驗事件〉，《新聞學研究》，58: 59-83。

翁翠萍（2003 年 1 月 4 日）。〈葉菊蘭上廣播提升客語能見度聽眾有正反意見〉。《中央日報》。上網日期：2003 年 2 月 10 日，取自：http://tw.news.yahoo.com/2003/01/04/leisure/cna/3739450.html。

郭岱（1994）。〈台灣客家人的山歌〉。戴興明、邱浩然（主編），《客家文化論叢》，頁 167-171。台北：文化復興運動總會。

郭良文（2002）。〈流動的認同，建構的國族想像〉，《中華傳播學刊》，2: 41-46。

郭良文、林素甘（2001）。〈質化與量化研究方法之比較分析〉。《資訊傳播與圖書館學》，7(4): 1-14。

張余健（2007）。〈成人影片中馬賽克及音效對觀眾的影響〉，世新大學碩士論文。

張致遠（1994）。〈客語電視節目的現況與改進〉。《客家文化研討會論文集》頁

184-192。行政院文化建設委員會。

張啟楷（2002 年 12 月 5 日）。〈許信良為「馬」拉客家票〉。《中時電子報》。上網
　　日期 2002 年 12 月 5 日，取自：http://tw.news.yahoo.com/2002/12/05/polity/
　　ctnews/3686998.html。

張復聚（2004）。〈關於台灣母語教育的幾點建議〉。發表於行政院主辦「族群與文
　　化發展會議」。台北，國立台北藝術大學，國際會議廳。

張維安（1989）。〈韋伯論社會科學之「價值中立」〉。收錄於《社會實體與方法：
　　韋伯社會學方法論》，頁 7-39。台北：巨流。

張維安（2001）。〈客家婦女地位 — 以閩南族群為對照分析〉。曾彩金（編），《六
　　堆客家社會文化發展與變遷研究》，頁 79-109。屏東：六堆文教基金會。

張維安（2002）。〈資訊科技對於社會非預期之影響〉，《資訊與教育》，92: 7-18。

張維安（2006）。〈台灣客家企業家探索：客家族群因素與金錢的運用〉，《客家研
　　究》，1(2): 43-74。

張維安（2006）。〈客家與台灣多元社會的發展〉。張秀雄等編，《多元文化與公民
　　教育》，163-188。台北：公民道德教育學會。

張維安、黃毅志（2000）。〈台灣客家族群的社會與經濟分析〉。徐正光主編《歷史
　　與社會經濟：第四屆國際客家學研討會論文集》，頁 179-207。台北：中央研
　　究院民族所。

張維安、謝世忠（2004）。《經濟轉化與傳統再造：竹苗台三線客家鄉鎮文化產
　　業》。南投：台灣文獻館。

張維安、王雯君（2005）。〈客家意象：解構「嫁夫莫嫁客家郎」〉，《思與言》，
　　34(2): 43-76。

張維安、張翰璧（2007）。〈誰的記憶？誰的神？義民在台灣客家族群論述中的角
　　色〉，《漢學論叢》，頁 336-365。

張學謙（1999）。〈語言景觀與語言保存計畫〉，《台東師院學報》，10: 155-172。

張學謙（2003）。〈客家電視對語言保存之影響〉。「關懷與期許：客家電視對社會
　　之影響座談會」。中央大學客家社會文化研究所與客家研究中心。

張學謙（2004）〈加強家庭和學校的母語教育〉，發表於行政院主辦「族群與文化
　　發展會議」。台北，國立台北藝術大學，國際會議廳。

張錦華（1997）。〈多元文化主義與我國廣播政策－以台灣原住民和客家族群為
　　例〉，《廣播與電視》，3(1): 1-23。

張翰璧、張維安（2005）。〈文化資產的經濟轉化：桃竹苗茶產業為例〉，《客家研究學刊》。嘉應學院客家研究所。

莊英章（2003）。〈客家社會文化與飲食特性〉，《客家飲食文化特質》，楊昭景編，頁 10-16。台北：行政院客家委員會。

莊英章（2004）。〈族群互動、文化認同與「歷史性」：客家研究的發展脈絡〉，《歷史月刊》，201: 31-41。

常聖傳（2002）。《比較報紙民意調查新聞之研究—以「一國兩制」、「興建核四」為例》。中國文化大學新聞研究所碩士論文。

陳支平（1998）。《客家源流新論：誰是客家人》。台北：台原。

陳世敏（1994）。〈接近「使用媒介權」和台灣經驗〉，《報學》，8: 8。

陳亦偉（2003）。〈客家電視頻道萬事俱備盼七月開播〉。《中央社》。上網日期：2003 年 2 月 10 日，取自：http://tw.news.yahoo.com。

陳志賢、陳志萍（2007）。〈電視改革的第三人效果與新社會運動模式：以大高雄地區民眾意見調查為例〉，《新聞學研究》，91: 35-83。

陳怡仲（1995）。《中國古代小說中的劍及其文化意象》。中國文化大學中國文學研究所碩士論文。

陳板（2002 年 12 月）。〈落地生根新故鄉—台灣客家社區運動〉。黃肇松（主持），社區運動與文化創新。2002 全球客家文化會議。台北：國際會議中心。

陳彥龍、劉幼琍（2006）。〈邁向公廣集團：數位時代我國特定族群專屬電視頻道之法制研議〉，《中華傳播學刊》，10: 109-152。

陳炳宏（1988）。《我國報紙符號真實與客觀真實之分析與比較—以聯合報及中央日報犯罪新聞報導為例》。政治大學新聞研究所碩士論文。

陳香如（2006）。《台灣客家電視媒體發展之探討》。台灣大學國家發展研究所碩士論文。

陳清河（2003）。〈媒體主流價值與弱勢傳播接近權的對話—客家電視台成立的反思〉，「關懷與期許：客家電視對社會之影響座談會」。中央大學客家社會文化研究所與客家研究中心。

陳清河（2004）。〈還原媒體的時代形貌—台灣地下地台運動史流變的再論述〉。《台灣民主季刊》，3: 165-201。

陳清河（2004）。〈科技、政治與弱勢傳播—以台灣原住民族之廣電媒體近用為例〉，《台灣民主季刊》，4: 109-138。

陳清河（2005）。〈閱聽人近用權中的媒體文化〉。《媒體識讀教育月刊》，48: 1-4。

陳清河、林佩君（2004）。〈語言傳播政策與弱勢傳播接近權的省思〉，「群族與文化發展會議─族群語言之保存與發展分組會議」。台北。

陳雪雲（1991）。《我國新聞媒體建構社會現實之研究─以社會運動報導為例》。政治大學新聞研究所碩士論文。

陳逸君（1998年11月）。《眾裡尋『客』千百度，一個需要重新書寫台灣族群史的時代》。徐正光（主持人）。「第四屆國際客家學研討會」，台北。

陳運棟（1990）。《台灣的客家人》。台北：台原。

陳運棟（1994年12月）。〈客家文化的源流〉。梅州世界客屬懇親大會交流學術論文。

陳鳳蘭（2002年11月18日）。〈傳統藝術假日活動，阿扁唱山歌，期發揚客家文化〉。《中時電子報》。上網日期：2003年2月10日，取自：http://tw.news.yahoo.com/2002/11/18/relaxation/ctnews/3655038.html。

曹逢甫（2001）。〈新竹市閩南人與客家人語言能力與語言使用調查研究〉，《客家文化研究通訊》，4: 143-186。

曹逢甫、黃雅榆（2002）。〈客語危機以及客家人對客語和政府語言政策的態度〉。發表於「客家公共政策研討會」。新竹。

彭文正（1996）。〈樂隊花車，投射效應及策略性投票：一九九二年美國大選個案研究〉，《選舉研究》，3(2): 33-70。

彭文正（2003）。〈客家話在多言文化中的傳播模式探究〉。「全球客家文化會議」，台北：行政院客家委員會。

彭文正（2003）。〈群族認同、語言使用與客家電視〉，「關懷與期許：客家電視對社會之影響座談會」。中央大學客家社會文化研究所與客家研究中心。

彭文正（2005）。〈客家元素與收視行為結構模式探究〉，《廣播與電視》，24: 63-92。

彭文正、尹相志（2000）：〈網際網路資訊蒐集方法及裝置〉，中國專利號ZL00129536.5。〈網際網路資訊搜集裝置與方法〉，台灣專利第207448號。

彭文正、蕭憲文（2006）。〈犯罪新聞報導對於司法官「認知」、「追訴」及「判決」的影響〉，《台灣大學法學論叢》，35(3): 107-193。

彭文正、蕭憲文（2007）。〈犯罪新聞描述手法與影響認知之實證研究〉，《東吳法律學報》，19(2): 33-70。

彭家發（1994）。《新聞客觀性原理》。台北：三民。

彭家發譯（1994）。《新聞記者與新聞來源》。台北：遠流。（原書 Strentz, H. [1989]. *News Reporters and News Sources: Accomplices in shaping and misshaping the news.* Ames: Iowa State University Press.）

黃宣範（1991）。〈普查四合院台灣語言社會的一些觀察〉，《國文天地》，7(6): 16-19。

黃宣範（1993）。《語言、社會與族群意識－台灣語言社會學的研究》。台北：文鶴。

黃娟（1995）〈「支持突破電子媒體聯盟」、「客家電台參與爭議」〉，《客家雜誌》，58: 49-50。

黃悅嬌（2003 年 7 月 1 日）。〈客家電視台開播，陳總統客串主播秀客語〉。《中廣新聞網》。上網日期：2003 年 7 月 10 日，取自：http://news.yam.com/bcc/politics/news/200307/0200307010195.html。

黃森明（1995）。〈李登輝是客家人嗎？〉，《客家雜誌》，58: 48。

黃雅榆（2001）。《客家人對客語及客語教學的態度 — 以台灣四個地區為例》。新竹師範學院國民教育研究所碩士論文。

黃鼎松（1998）。《苗栗的開拓與史蹟》。台北：常民。

黃葳威、李佳玲（2005）。〈客家電視頻道文化行銷模式探討〉。「中華傳播學會 2005 年年會－多元文化的想向與再現」。台北：中華傳播學會。

黃榮洛（1992 年 11 月）。〈客家，漂泊的族群？—客家非吉普賽論〉。收錄於台灣客家公共事務協會（主編），《台灣客家人新論》，頁 37-42。台北：台原。

黃榮洛（1993 年 5 月 30 日）。〈客人頭福佬尾—大家來救客家話〉。收錄於台灣客家公共事務協會（主編），《台灣客家人新論》，頁 200-208。台北：台原。

程啟峰（2002 年 11 月 24 日）。〈陳總統感謝高市客家同鄉力挺謝長廷〉。《中央社》。上網日期：2003 年 2 月 12 日，取自：http://tw.news.yahoo.com/2002/11/24/polity/can/33667390.html。

曾喜城（1999）。《台灣客家文化研究》。台北：國立中央圖書館台灣分館。

曾逸昌（2003）。《客家概論：蛻變中的客家人》。台北。

傳播與人（華岡新聞系譯）（1974）。台北：莘莘叢書。

楊聰榮（2003）。〈往海外華人經驗談客家電視〉。論文發表於「關懷與期許：客家電視對社會之影響座談會」，國立台灣大學法學院國際會議廳，台北。

楊兆楨（1994）。〈台灣客家民謠簡介〉。戴興明、邱浩然（主編），《客家文化論叢》，頁 159-162。台北：文化復興運動總會。

楊國樞（1989）。《社會及行為科學研究方法》。台北：東華。

趙雅麗（2002）。〈口述影像：一個翻譯與再現觀點的對話〉，《新聞學研究》，7: 97-134。

廣電人市場研究股份有限公司（2003）。《Win Win System3.1 TT-Rating User Guide 收視率檢索系統使用手冊》。

臧國仁（1999）。《新聞媒體與消息來源—媒介框架與真實建構之論述》。台北：三民。

臧國仁、施祖琪（1999）。〈新聞編採手冊與媒介組織特色—風格與新聞風格〉，《新聞學研究》，60: 1-38。

鄧迅之（1982）。《客家源流研究》。台中：天明。

劉幼琍（1998）。〈特定族群對廣電媒體的需求及收視聽行為：以客家人與原住民為例〉，《國立政治大學學報》，78: 337-385。

劉幼琍（1998）。〈電視媒體報導犯罪新聞的法律與倫理（上）〉，《新聞鏡週刊》，502: 38-44。

劉阿榮（2006）。《多元文化與族群關係》。台北：揚智。

劉錦雲（1994）。〈論客家人的性格特徵〉。戴興明、邱浩然（主編），《客家文化論叢》，頁 53-64。台北：文化復興運動總會。

劉還月（1999）。《台灣的客家族群與信仰》。台北：常民。

劉還月（1991）。〈自傲的血統、自卑的民族〉。收錄於台灣客家公共事務協會（主編），《台灣客家人新論》，頁 50-61（1993）。台北：台原。

劉還月（2000）。《台灣的客家人》。台北：常民。

鄭明椿（2004）。《換個姿勢看電視》。台北：揚智。

鄭貞銘（1995）。《新聞原理》。台北：五南。

鄭貞銘（1984）。《新聞傳播總論》。台北：允晨。

鄭貞銘（1989）。《新聞採訪的理論與實際》。台北：台灣商務。

鄭貞銘（1995）。《新聞學與大眾傳播學》。台北：三民。

鄭貞銘（2002）。《新聞採訪與編輯》。台北，三民。

鄭瑞城（1988）。《透視傳播媒介》。台北：經濟生活。

鄭瑞城（1991）。〈從消息來源途徑詮釋媒介近用權〉，《新聞學研究》，13: 39-56

蔡偉（1994）。〈客家人的年歲習俗〉。戴興明、邱浩然（主編），《客家文化論叢》，頁 183-189。台北：文化復興運動總會。

蔡淑鈴（2001）。〈語言使用與職業階層化的關係：比較台灣男性的族群差異〉，《台灣社會學》，1: 65-111。

歐用生（1992）。《質的研究》。台北：師大書苑。

閻紀宇譯（2002）。《遮蔽的伊斯蘭：西方媒體眼中的穆斯林世界》。台北：立緒。（原書：Edward W. Said. [1981/1997]）。

蕭景岳（2005）。《低位語與低味語：網路使用者對注音文態度的初探》。中正大學電訊傳播研究所碩士論文。

蕭新煌（1999）。〈社會文化轉型：背景、內涵與影響〉。收錄於施建生（主編），《1980 年代以來台灣經濟發展經驗》，頁 207-266。台北：中華經濟研究院。

蕭新煌（2005），〈多元文化社會的族群傳播：剖析一個典範〉，《中華傳播學刊》，7: 3-7。

蕭新煌、黃世明（2001）。《地方社會與族群政治的分析：台灣客家族群史政治》

蕭新煌、張維安、范振乾、林開忠、李美賢、張翰璧（2005）。〈東南亞的客家會館：歷史與功能的探討〉，《亞太研究論壇》，28: 185-219。

薛雲峰（2000）。《電視傳播與族群語言的傳承──以公共電視台之客家節目為例》。台灣大學新聞研究所碩士論文。

鍾肇政（1998）。〈硬頸子弟，邁步向前〉。收錄於台灣客家公共事務協會主編，《新的客家人》，頁 26-28。台北：台原。

鍾蔚文（1992）。《從媒介真實到主觀真實》。台北：正中。

鍾蔚文、臧國仁、陳百齡（1996）。〈傳播教育應該教什麼？幾個極端的想法〉，《新聞學研究》，53: 107-129。

鍾蔚文、陳百齡、陳順孝（2006）。〈數位時代的技藝：提出一個分析架構〉，《中華傳播學刊》，12: 233-264。

鍾鐵民（1991 年 1 月 24 日）。〈發展客家新文化〉。《自立晚報》，本土副刊版。

瞿文芳（2001）。〈行政院客家委員會設置之背景說明〉。財團法人國家政策研究基金會國政分析教文（編號：090-001），未出版。

羅元君（1999）。《媒介建構「精省」議題之框架分析──以「中央日報」、「中國時報」、「台灣新生報」為例》。淡江大學大眾傳播研究所碩士論文。

羅文輝（2000）。〈媒介負面內容與社會距離對第三人效果認知的影響〉，《新聞學

研究》，65: 95-129。

羅文輝、牛隆光（2003）。〈自尊、第三人效果與對限制媒介支持度的關聯性研究〉，《新聞學研究》，75: 141-167。

羅文輝、朱立（1993）。〈台港審判前犯罪新聞之研究比較〉，《新聞學研究》，47: 85-106。

羅玉潔、張錦華（2006）。〈人脈與新聞採集：從社會資本與組織衝突觀點檢視記者如何建立與消息來源之間的關係〉，《中華傳播學刊》，12: 195-231。

羅香林（1933）。《客家研究導論》（1981）。台北：眾文。

羅肇錦（1991）。《徘徊於族群與現實之間》。台北：正中。

羅肇錦（1991）。〈客家的語言：台灣客家話的本質與變異〉，徐正光主編，《徘徊於族群與現實之間：客家社會與文化》，頁 16-29。台北：正中。

羅肇錦（1993）。〈看不見的族群──只能做隱忍維生的弱勢人民嗎？〉。台灣客家公共事務協會（編），《台灣客家人新論》，頁 31-36。台北：台原。

羅肇錦（1994）。〈台灣客家話的現況與走向〉。收錄於徐正光、彭欽清、羅肇錦（主編），《客家文化研討會論文集》，頁 1-19。台北：行政院文化建設委員會。

羅肇錦（1994）。〈論客家話的滄桑與客家特性〉。收錄於戴興明、邱浩然（編），《客家文化論叢》，頁 65-73。台北：文化復興運動總會。

蘇蘅（1993）。〈語言（國／方）政策型態〉。收錄於鄭瑞城主編，《解構廣電媒體：建立廣電新秩序》，頁 218-278。台北：澄社。

蘇秀琴（2001 年 11 月 25 日）。〈我現在要唱客家歌〉。《新台灣周刊》，296。上網日期：2003 年 2 月 11 日，取自：http://iwebs.edirect168.com/main/html/newtaiwan/1113.shtml。

英文書目

Abelman, R., & Atkin, D. (1997). What viewers watch when they watch TV: Affiliation change as case study. *Journal of Broadcasting & Electronic Media, 41*(3), 360-380.

Abelman, R., & Atkin, D. (2000). What children watch when they watch TV: Putting theory into practice. *Journal of Broadcasting & Electronic Media, 44*(1), 143-154.

Anderson, B. (1983). *Imagined Communities: Reflections on the Origin and Spread of Nationalism*. London: Verso.

Anderson, N. H. (1967). Averaging model analysis of setsize effect in impression formation. *Journal of Experimental Psychology, 75*, 158-165.

Andsager, J. L., & White, H. A. (2001). *Message Credibility and Congruence in First- and Third-person Estimations*. Paper presented at the Annual Convention of the Association for Education in Journalism and Mass Communication, Washington, D.C.

Apple, M. W. (1987). *Teachers and Texts*. Boston: RKP.

Apple, M.W. & Weis, L.(1983). Ideology and Practice in Schooling: A political and Conceptual Introduction. In Apple, M.W. & Weis, L. (eds). *Ideology and Practice in Schooling*. Philadelphia: Temple University Press.

Atwood, L. E. (1994). Illusion of media power: The third-person effect. *Journalism & Mass Communication Quarterly, 71*(2), 269-281.

Aviva, W. R., & August, E. G. (1997). Reconceptualizing the role of habit: A new Model of television audience activity. *Journal of Broadcasting & Electronic Media.41*(3), 324-343.

Babbie, E. (1990). *Survey Research Methods*. (2th ed.). Belmont, CA: Wadsworth Publishing..

Babbie, E. (2001). *The Practice of Social Research* (9th ed.). Belmont, CA: Wadsworth Publishing.

Bailey, K. D. (1987). *Methods of Social Research*. New York. London: Free Press ; Collier Macmillan.

Barret, M. (1999). The relationship of network affiliation change to prime time program ratings. *Journal of Broadcasting & Electronic Media, 43(1)*, 98-109.

Barth, F. (1969). Ethnic Groups and Boundaries. Boston: Little, Brown and Company.

Barwise, T. P. (1986). Repeat viewing of prime-time series. *Journal of Advertising Research, 26*, 27-31.

Batty, P. (1993). Singing the electric: Aboriginal television in Australia, in T. Dowmunt (Eds.), *Channels of Resistance: Global Television and Local Empowerment*. London: British Film Institute.

Becker, L. B. (1979). Measurement of gratifications. *Communication Research, 6*, 54-73.

Berelson, B. & Steiner, G. A. (1964). *Human Behavior: An Inventory of Scientific Findings*. New York: Harcourt Brace and World, Inc.

Berlo, D. (1960). *The Process of Communication: An Introduction to Theory and Practice*. San Francisco: Rinehart Press.

Berrol, S. C. (1995). *Growing up American: Immigrant children in America then and now*. N.Y.: Twayne Publishers.

Bettinghaus, E. P., & Cody, M. J. (1987). *Persuasive Communication* (4th ed.). New York: Holt, Rinehart, and Winston.

Bird, S. E. & Dardenne, R., W. (1988). Myth, Chronicle and Story: Exploring the Narrative Qualities of News. In J. W. Carey (Ed.), *Media, Myths and Narratives: TV and the Press*. (pp. 67-87). Newbury Park, CA: Sage.

Blommaert, J. and Verschueren, J. (1998). *Debating Diversity*. London: Routledge.

Blumler, J. G. (1979). The role of theory in uses and gratifications studies. *Communication Research, 6*, 9-36.

Borgatta, E. F. (1955). An Error Ratio for Scalogram Analysis. *Public Opinion Quarterly, 19*, 96-100.

Bottomore, T. (1992). *Citizenship and Social Class*. London: Plato.

Boulding, E. K. (1956). *The Image: Knowledge in Life and Society*. Ann Arbor: University of Michigan Press.

Boulding, E. & Boulding, K. E. (1995). *The Future: Images and Processes*. California: SAGE.

Bovenkerk-Teerink, W. (1994). Ethnic minorities and the media: the case of the Netherlands, in C. Husband (Eds.) *A Richer Vision*. Paris: Unesco.

Brosius, H. B., & Engel, D. (1996). The causes of third-person effects: Unrealistic optimism, impersonal impact, or generalized negative attitudes toward media influence? *International Journal of Public Opinion Research, 8*(2), 142-162.

Browne, D. R. (1996). *Electronic Media and Indigenous Peoples*. Ames, IA: Iowa State University Press.

Browne, D. R., Firestone, C. M. & Mickiewics, E. (1994). *Television/radio news &*

minoroties. Queenstone. MD: Aspen Institute.

Brubaker, W. R. (1989). *Migration and the Politics of Citizenship in Europe and North America.* Lenham: University Press of America.

Ceci, S. J., & Kain, E. L. (1982). Jumping on the bandwagon with the underdog: The impact of attitude polls on polling behavior. *Public Opinion Quarterly, 46,* 228-242.

Center for Contemporary Culture Studies (Eds.) (1983).*The Empire Strikes Back.* London: Hutchinson.

Chaffee, S. H. (1991). *Communication Concepts. 1: Explication.* Newbury Park,CA: Sage.

Chaiken, S. (1987). The Heuristic Model of Persuasion. In M. P. Zanna, J. M. Olson & C. P. Hermann (Eds.), *Social Influence: The Ontario symposium* (Vol. 5, pp. 1-29). Hillsdale, NJ: Lawrence Erlbaum Associates.

Chapin, J. R. (2000). Third-person perception and optimistic bias among urban minority at risk youth. *Communication Research, 27*(1), 51-81.

Chapin, J. R. (2005). I want my FPP: Reversing third-person perception for the MTV generation. *Social Science Journal, 42*(3), 453-457.

Chen, K. K.Y. (2003).Language Shift and Language Maintenance in Mixed Marriages: a CaseSstudy of a Malaysian-Chinese Family. *International Journal of the Sociology of Language, 161,* 81-90.

Choi, Y., & Leshner, G. (2003). *Who are the" others"? Third-Person Effects of Idealized Body Image in Magazine advertising.* Paper presented at the Annual Meeting of the Association for Education in Journalism and Mass Communication-Advertising Division, Kansas City, Missouri.

Cohen, R. L. (1982). *The perception and evaluation of public opinion by decision makers: Civilian nuclear power in the United States.* Unpublished doctoral dissertation, Columbia University.

Cohen, J., Mutz, D., Price, V., & Gunther, A. C. (1988). Perceived impact of defamation: An experiment on third-person effects. *Public Opinion Quarterly, 52,* 161-173.

Cohen, J., & Davis, R. G. (1991). Third-person effects and the differential impact in negative political advertising. *Journalism Quarterly, 68*, 680-688.

Conover, P., & Feldman, S. (1989). Candidate perception in an ambiguous world. *American Journal of Political Science, 33*, 912-940.

Cook, T. E. (1989). *Making laws and making news: Media strategies in the U.S. House of Representation.* Washington, D. C.: The Brookings Institute.

Cooper, R. (1996). The status and future of audience duplication research: An assessment of ratings-based theories of audience behavior. *Journal of Broadcasting & Electronic Media, 40*, 96-111.

Crespi, L. P. (1961). Some Observsatious on the Concept of Image. *Public Opinion Quarterly. 25*, 115-120.

Curran, J. (1991). Rethinking the media as public sphere, in P. Dahlgren and C. Sparkes (eds) *Communication and Citizenship.* London: Routledge.

Cutler, N. E., & Danowski, J . A. (1980). Process gratification in aging cohorts. *Journalism Quarterly, 57*, 269-277.

Dahlgren, P. (1991) Introduction, in P. Dahlgren and C. Sparkes (Eds.) *Communication and Citizenship.* London: Routledge.

Dant, T. (2005). *Materiality and society.* Maidenhead: Open University Press

Davison, W. P. (1975). Diplomatic reporting: Rules of the game. *Journal of Communication, 25*, 138-146.

David, P., Liu, K., & Myser, M. (2004). Methodological artifact or persistent bias? Testing the robustness of the third-person and reverse third-person effects for alcohol messages. *Communication Research, 31*(2), 206-233.

Davison, W. P. (1983). The third-person effect in communication. *Public Opinion Quarterly, 47*(1), 1-21.

Davison, W. P. (1996). The third-person effect revisited. *International Journal of Public Opinion Research, 8*, 113-119.

Dewey, J. (1938). *Experience and Education.* New York: Collier.

Dijkink, G. (1996). *National Identity and Geopolitical Visions.* London: Routledge.

Dixon, T. L., & Linz, D. (2003). Television news, prejudical pretrail publicity, and the depiction of race. *Journal of Broadcasting & Electronic Media, 46*(1), 112-136.

Dowmunt, T. (Eds.) (1993). *Channels of Resistance: Global Television and Local*

Empowerment. London: British Film Institute.

Driscoll, P. D., & Salwen, M. B. (1997). Self-perceived knowledge of the O. J. Simpson trial: Third-person perception and perceptions of guilt. *Journalism & Mass Communication Quarterly, 74*, 541-556.

Duck, J. M., & Mullin, B. (1995). The perceived impact of the mass media: Reconsidering the third-person effect. *European Journal of Social Psychology, 25*, 77-93.

Duck, J. M., Hogg, M. A., & Terry, D. J. (1999). Social identity and perceptions of media persuasion: Are we always less influenced than others? *Journal of Applied Social Psychology, 29*, 1879-1899.

Dunbar, R. (2001). Language Rights In International law. *The International and Comparative Law Quarterly, 50*(1), 90 -120.

Dupagne, M., Salwen, M. B., & Paul, B. (1999). Impact of question order on the third-person effect. *International Journal of Public Opinion Research, 11(4)*, 334-345.

Entman, R. M. (1993). Framing: Toward clarification of a fractured paradigm. *Journal of Communication, 43*(4), 52.

Eveland, J. W. P., Nathanson, A. I., Detenber, B. H., & McLeod, D. M. (1999). Rethinking the social distance corollary: Perceived likelihood of exposure and the third-person perception. *Communication Research, 26*, 275-302.

Featherstone, M. (ed.) (1990). *Global Culture: Nationalism, Globalisation, Modernity*. London: Sage.

Festinger, L. (1954). A theory of social comparison processes. *Human Relations, 7*, 117-140.

Finn, S., & Gorr, M. B. (1988). Social isolation and social support as correlates of television viewing motivations. *Communication Research, 15*, 135-158.

Finnegan, R. (1973). Literacy versus non-literary: the great divide?, in R. Finnegan and R. Horton(Eds.). *Modes of thought*. Faber.

Fishman, M. (1982). News & Nonevents. Making the Visible Invisible, in J. S. Ettemaand & D. C. Whitney (Eds.), *Individuals in Mass Media Organi-zations: Constraint*. London, New Delhi: Sage.

Fox, W. (2001). *Writing the news: A guide for print journalists* (3rd ed.). Ames: Iowa State University Press.

Gamson, W. A. (1985). Goffman's Legacy to Political Sociology. *Theory and Society, 14*, 605-622.

Gamson, W. A. (1988). Political discourse and collective action. In Klamdermans, B., Kriesi, H., & Tarrow, S. (Eds.). *International Social Movement Research 1* (pp. 219-244). Greenwich, Conn.: JAI Press.

Gamson, W. A. (1989). *The Strategy of Social Protest*. Belmont, CA: Wadswo-rth.

Gamson, W. A. (1992). *Talking Politics*. New York: Cambridge University Press.

Gamson, W. A. & Mogigliani, A. (1989). Media Discoures and Public Opinion on Nuclear Power: A Constructionist Approach. *American Journal of Sociology, 95*(1), 1-37.

Gandy, O. H. (1998). *Communication and Race: A Structural Perspective*. London: Arnold.

Gantz, W. (1978). How uses and gratifications affect recall of television news. *Journalism Quarterly, 55*, 664-672.

Gayim, E. and Myntti, K. (1997). *Indigenous and Tribal Peoples Rights: 1993 and After*. Rovaniemi: Northern Institute for Environmental and Minority Law, University of Lapland.

Gerbner, G., & Gross, L. (1976). The scary world of TV's heavy viewer. *Psychology Today*, Apr. (pp. 41- 45).

Gibbon, P., & Durkin, K. (1995). The third person effect: Social distance and perceived media bias. *European Journal of Social Psychology, 25*, 597-602.

Gibson, J. J. (1979). *The ecological approach to visual perception*. Boston: Houghton Mifflin.

Glynn, C. J., & Mcleod, J. M. (1984). Implications for Spiral of Silence Theory for Communication and Public Opinion Research, in Sanders, K. R., Lynda L. K. & Dan N.(Eds.), (pp. 43-65). Carbondale, IL：Southern Illinois University Press.

Glynn, C. J., & McLeod, J. M. (1984). Public opinion du jour: An examination of the spiral of silence. *Public Opinion Quarterly, 48*, 731-740.

Glynn, C. J., & Ostman, R. E. (1988). Public opinion about public opinion.

Journalism Quarterly, 65, 299-306.

Glynn, C.J., & Park, E. (1997). Reference groups, opinion thresholds, and public opinion expression. *International Journal of Public Opinion Research, 9,* 213-232.

Goldberg, D. T. (Eds.) (1994). *Multiculturalism: A Critical Reader.* Oxford: Blackwell.

Gonzenbach, W. (1992). The conformity hypothesis: empirical considerations for the spiral of silence's first link. *Journalism Quarterly, 69,* 633-645.

Gordon, M. (1964). *Assimilation in American life: The role of race, religion, and national origins.* N.Y.: Oxford University Press.

Gorp, B.V. (2007). The Constructionist Approach to Framing: Bringing Culture Back In, *Journal of Communication, 57,* 60-78

Gunther, A. C., (1991). What we think others think: Cause and consequence in the third-person effect. *Communication Research, 18,* 355-372.

Gunther, A. C., (1995). Overrating the X-rating: The third-person perception and support for censorship of pornography. *Journal of Communication, 45*(1), 27-38.

Gunther, A. C., (1998). The persuasive press interference: Effects of mass media on perceived public opinion. *Communication Research, 25*(5), 486-504.

Gunther, A. C., & Thorson, A. (1992). Perceived persuasive effects of product commercials and public service announcements. *Communication Research, 19,* 574-596.

Gunther, A. C., & Mundy, P. (1993). Biased optimism and the third-person effect. *Journalism Quarterly, 70,* 58-67.

Gunther, A. C., & Hwa, A. P. (1996). Public perceptions of television influence and opinions about censorship in Singapore. *International Journal of Public Opinion Research, 8,* 248-265.

Gunther, A. C., & Storey, J. D. (2003). The influence of presumed influence. *Journal of Communication, 53*(2), 199-215.

Habermas, J. (1989). *The Structural Transformation of the Public Sphere.* Cambridge: Polity.

Hage, J. (1972). *Techniques and Problems of Theory Construction in Sociology.* New

York: Wiley.

Hall, S. (1997). The spectacle of the "other" . In S. Hall (Ed.), *Representation: Cultural representations and signifying practices* (pp. 223-279). London: Sage.

Heckmann, F. & Bosswick, W. (1995). *Migration Policies: A Comparative Perspective*. Stuttgart: Ferdinand Enke Verlag.

Heider, F. (1946). Attitudes and cognitive organization. *Journal of Psychology, 21*, 107-112.

Hempel, C. G. (1952). *Fundamentals of Concept Formation in Empirical Science*. Chicago: University of Chicago Press.

Henriksen, L., & Flora, J. A. (1999). Third person perception and children: Perceived impact of pro- and anti-smoking ads. *Communication Research, 26*, 643-665.

Herman, E. & McChesney, R. (1997). *The Global Media: The New Missionaries of Corporate Capitalism*. London: Cassell.

Hills, B. (2001). Explaining individual differences in third-person perception: A limits/possibilities perspective. *Communication Research, 28*, 156-180.

Hill & Mannheim (1992). Language and Would View. In Annu. Rev. *Anthropology. 21*, 381-406.

Hobsbawm, E. & Ranger, T. (Eds.) (1983). *The Invention of Tradition*. Cambridge: Cambridge University Press.

Hoffner, C., Plotkin, R. S., Buchanan, M., Anderson, J. D., Kamigaki, S. K., & Hubb, L. A. (2001). The third-person effect in perceptions of television violence. *Journal of Communication, 51*, 283-299.

Hoorens, V., & Ruiter, S. (1996). The optimal impact phenomenon: Beyond the third person effect. *European Journal of Social Psychology, 26*, 599-610.

Hovland, C. I., Janis, I. L., & Kelley, H. H. (1953). *Communication and Persuasion*. New Haven: Yale University Press.

Hujanen, T. (1988). *The Role of Information in the Realization of the Human Rights of Migrant Workers: Conclusions and Recommendations*. Tampere, Finland: Department of Journalism and Mass Communication, Universuty of Tampere.

Hujanen, T. (1989). *Information, Communication and the Human Rights of Migrants*. Lausanne: Bureau Lausannois pour les Immigres.

Huang, H. (2005). A cross-cultural test of the spiral of silence. *International Journal of Public Opinion Research, 17*(3), 324-345.

Husband, C. (1994) The political context of Muslim communities' participation in British society, in B. Lewis and D. Schnapper (Eds.). *Muslims in Europe*. Paris: Acte Sud.

Husband, C. (1996). The right to be understood: conceiving the multi-ethnic public sphere. *Innovation, 9*, 205-15.

Husband, C. (1998). Differentiated citizenship and the multi-ethnic public sphere. *Journal of International Communication 5* (1and 2), 122-33.

Husband, C. (2000). Media and the public sphere in multi-ethnic societies, in S. Cottle (ed.). *Ethic Minorities and the Media*. Buckingham: Open University Press.

Imrich, D. J., Mullin, C., & Linz, D. (1995). Measuring the extent of prejudicial pretrial publicity in major American newspapers: A content analysis. *Journal of Communication, 45*(3), 94-117.

Innes, J. M., & Zeitz, H. (1988). The public's view of the impact of the mass media: A test of the" Third-Person" effect. *European Journal of Social Psychology, 18*, 457-463.

International Commission on Juristic (IJC) (1986). *Human and Peoples' Rights in Africa and the African Charter*. Geneva: ICJ.

Itule, B. D., & Anderson, D. A. (1994). *News writing and reporting for today's media*. New York: McGraw-Hill.

Iyengar, S., & Kinder, D. R. (1987). *News that matters: Television and American opinion*. Chicago: University of Chicago Press.

Jakubowicz, A., Goodall, H., & Martin, J. (1994). *Racism, Ethnicity and the Media*. St Leonards. NSW: Allen & Unwin.

Jakubowicz, Karol (1998). Public Service Broadcasting in the Information Society. Retrieved Feburary 09, 2009, from http://archive.waccglobal.org/wacc/publications/media_development/archive/1999_2/public_service_broadcasting_in_the_information_society

Jakubowicz, Karol. (1999). Public service broadcasting in the information society. *Media Development, 2*, 45-49。

Kaplan, M. F. (1981). Amount of information and polarity of attraction. *Bulletin of the Psychonomic Society, 18*, 23-26.

Karl J., & Dag S. (1996). *LISREL8: User's Reference Guide*. Chicago: Scientific Software International.

Katz, E., Blumler, J. G., & Gurevitch, M. (1973). Uses and gratifications research. *Public Opinion Quarterly, 37*, 517.

Katz, E., Gurevitch, M., & Haas, H. (1973). On the use of mass media for important things. *American Sociological Review, 38*, 164.

Katz, E., Blumler, J. G., & Gurevitch, M. (1974). Utilization of mass communication by the individual. In J. G. Blumler & E. Katz (Eds.), *The uses of mass communications: Current perspectives on gratification research* (pp. 19-32). Beverly Hills, CA: Sage Publications.

Kelly, H. H. (1952). Two functions of reference groups. In G. E. Swanson., T. M. Newcomb., & E. L., Hartly (Eds.), *Social Psychology* (pp. 410-414). New York: Holt.

Kelman, H. C. (1965). *Interaction Behavior: A Social-psychological An-alysis*. New York: Holt, Rinehart and Rinslon, Inc.

Kennamer, J. D. (1990). Self-serving biases in perceiving the opinions of others: implications for the spiral of silence. *Communication Research, 17*, 393-404

Klapper, J. T. (1960). *The Effects of Mass Communication*. New York: The Free Press, 1960.

Knab, T (1980). When is a language really dead: the case of Pochutec. *International Journal of American Linguistics, 46*(3), 230-233.

Kymlicka, W. (1995). *Multicultural Citizenship*. Oxford: Oxford University Press.

Lambe, J. L., & McLeod, D. M. (2005). Understanding third-person perception processes: Predicting perceived impact on self and others for multiple expressive contexts. *Journal of Communication, 55*(2), 277-291.

Lang, G. E., & Lang, K. (1983). *The battle for public opinion: The president, the press, and the polls during watergate*. New York: Columbia University Press.

Lanson, G., & Stephens, M. (1994). *Writing and Reporting the News*. New York: Oxford University Press.

Lasorsa, D. L. (1989). Real and perceived effects of "Amerika" . *Journalism Quarterly, 66*, 373-378, 529.

Lasorsa, D. L. (1991). Political outspokenness: factors working against the spiral of silence. *Journalism Quarterly, 68*(1-2), 131-139.

Lavrakas, P. J. (1987). *Telephone Survey Methods: Sampling, Selection, and Supervision*. Sage, Newbury Park, CA.

Lee, B., & Tamborini, R. (2005). Third-person effect and Internet pornography: The influence of collectivism and Internet self-efficacy. *Journal of Communication, 55*(2), 292-310.

Lee, W., Detenber, B. H., Willnat, L., Aday, S. & Graf, J. (2004). A cross-cultural test of the spiral of silence theory in Singapore and the United States. *Asian Journal of Communication, 14*(2), 205-226.

Lemert, J.B. (1974). Content Duplication by the Networks in Competing Evening Newscasts. *Journalism Quarterly, 51*: 238-44.

Lin, C. A. (1993). Modeling the gratification-seeking process of television viewing. *Human Communication Research, 20*, 224-244.

Lo, V., & Wei, R. (2002). Third-person effect, gender, pornography on the internet. *Journal of Broadcasting & Electronic Media, 46*(1), 13-33.

Mackie, D. M., Hamilton, D. L., Russkind, J., & Rosselli, F. (1996). Social psychological foundations of stereotype formation. In C. N. Macrae, C. Stangor & M. Hewstone (Eds.), *Stereotypes and Stereotyping* (pp. 41-78). New York & London: The Guilford Press.

MaQuail, D. & van Cuilenburg, J. J. (1983). Diversity as a Media Policy Goal: a Strategy of Evaluative Research and a Netherlands Case Study. *Gazette, 31*(3), 145-62.

Marks, G., & Miller, N. (1987). Ten years of research on the false-consensus effect: An empirical and theoretical review. *Psychological Bulletin, 102*, 72-90.

Martin, L. J. (1981). Government and News Media, in D.D. Nimmo and D. Sanders, *Handbook of Political Communication* (pp. 445-65). Beverly Hills and London: Sage Publications.

Mastro, D. E., Behm-Morawitz, E., & Kopacz, M. A., 2008, Exposure to television portrayals of Latinos: The implications of aversive racism and social identity theory. *Human Communication Research, 34*(1), 1-27.

Mbaye, K. (1988). Introduction to the African Charter on human and peoples'right, in International Commission on Juristic (Eds.) *Human and Peoples' Rights in Africa and the African Charter*. Geneva: ICJ.

McCombs, M. E., & Shaw, D. L. (1972). The agenda-setting function of mass media. *Public Opinion Quarterly, 36*, 176-187.

McDonald, D. G., Glynn, C. J., Kim, S. H., & Ostman, R. E. (2003). The spiral of silence in the 1984 presidential election. *Communication Research, 28*(2), 139-155.

McLeod, D. M., Eveland, J., W. P., & Nathanson, A. I. (1997). Support for censorship of violent and misogynic rap lyrics: An analysis of the third-person effect. *Communication Research, 24*, 153-174.

McLeod, D. M., Detenber, B. H., & Eveland, W. P. (2001). Behind the third-person effect: How people generate media impact assessments and link them to support for censorship. *Journal of Communication, 51*(4), 678-695.

McLeod, J. M., & Becker, L. B. (1981). The use and gratifications approach. In D. Nimmo & K. Sanders (Eds.), *Handbook of Political Communication* (pp. 67-99). Beverly Hills, CA: Sage.

McLeod, J. M., & McDonald, D. (1985). Beyond simple exposure: Media orientations and their impact on political processes. *Communication Research, 12*, 3-33.

McLeod, J. M., Kosicki, G. M., & Pan, Z. (1991). On Understanding and Misunderstanding Media Effects. In J. Curran & M. Gurevitch (Eds.), *Mass Media and Society* (pp. 235-266). London: Edward Arnold.

McLeod, J. M., & Pan, Z. (2005). Concept explication and theory construction. In Sharon Dunwoody, Lee Becker, Douglas McLeod and Gerald Kosicki (Eds.), *The Evolution of Key Mass Communication Concepts* (pp. 16-18, 39-41). Hampton Press, Inc.

McQuail, D. (1992). *Media Performance: Mass communication and the public interest*. London: Sage Publications.

McQuail, D., Blumler, J. G., & Brown, J. R. (1972). The television audience: A revised perspective. In D. McQuail (Eds.), *Sociology of Mass Communications* (pp. 135-165). Harmondsworth, Eng: Penguin.

Meirick, P. C. (2002). Self-Eenhancement, self-affirmation and threats to self worth: Three tests of a motivational explanation for first- and third-person effects. *Dissertation Abstracts International, 63*(6), 2037.

Meirick, P. C. (2004). Topic-relevant reference groups and dimensions of distance: Political advertising and first- and third-person effects. *Communication Research, 31*(2), 234-255.

Meirick, P. C. (2005). Self-enhancement motivation as a third variable in the relationship between first- and third- person effects. *International Journal of Public Opinion Research, 17*(4), 473-483.

Merrill, J., C. (1962). The Image of the United States in Ten Mexican Dailies. *Journalism Quarterly, 39* (Spring), 203.

Messaris, P. & Abraham, L., (2001). The Role of Images in Framing News Stories. In Reese, S., Gandy, O. and Grant, A. (Eds), *Framing Public Life: Perspectives on Media and Our Understanding of the Social World* (pp. 215-226). New Jersey: Lawrence Erlbaum Associates, Publishers.

Miller, N., Gross, S., & Holtz, R. (1991). Social projection and attitudinal certainty. In J. Suls & T. A. Wills (Eds.), *Social Comparison: Contemporary Theory and Research* (pp. 177-209). Hillsdale, NJ: Lawrence Erlbaum Associates.

Moran, G. & Cutler, B. L. (1991). The prejudicial impact of pretrial publicity. *Journal of Applied Social Psychology, 21*, 345-367.

Moy, P., Domke, D., & Stamm, K. (2001). The spiral of silence and public opinion on affirmative action. *Journalism & Mass Communication Quarterly, 78*(1), 7-25.

Mutz, D. (1989). The influence of perception of media influence. *International Journal of Public Opinion Research, 1*, 3-24.

Neuman, W. R. (1976). Patterns of recall among television news viewers. *Public Opinion Quarterly, 40*, 115-123.

Neuwirth, K., & Frederick, E. (2002). Extending the framework of third-, first and second-person effects. *Mass Communication & Society, 5*, 113-140.

Neuwirth, K., Frederick, E. & Mayo, C. (2002). Person-effects and heuristic-systematic processing. *Communication Research, 29*(3), 320-340.

Ngui, M. (1994). Behind the rhetoric: employment practices in ethnic minority media in Australia, in C. Husband (ed.) *A Richer Vision*. London: John Libbey.

Noelle-Neumann, E. (1973). Return to the concept of powerful mass media. In H. Eguchi & K. Sata (Eds.), *Studies of Broadcasting: An International Annual of Broadcasting Science* (pp. 67-112). Tokyo: Nippon Hoso Kyokai.

Noelle-Neumann, E. (1974). The spiral of silence: a theory of public opinion. *Journal of Communication, 24*(2), 43-51.

Noelle-Neumann, E. (1980). Mass media and social change in developed societies. In G. C. Wilhoit & H. de Bock (Eds.), *Mass Communication Review Yearbook* (vol. 1, pp. 657-678). Beverly Hills, Calif.: Sage.

Noelle-Neumann, E. (1984). *The spiral of silence: Public Opinion: Our Social Skin*. Chicago: The University of Chicago Press.

Noelle-Neumann, E. (1985). The spiral of silence: a response. In K.R. Sanders, L.L. Kaid, & D. Nimmo, (Eds.). *Political communication year-book 1984* (pp.66-94). Carbondale, IL: Southern Illinois University Press.

Noelle-Neumann, E. (1989). Advances in spiral of silence research. *Keio Communication Review,10*(3), 34.

Noelle- Neumann, E (1993). *The Spiral of Silence: Public Opinion—Our Social Skin*, 2nd ed. Chicago: University of Chicago Press

Noelle-Neumann, E. (1995). Public opinion and rationality. In T.L. Glasser, (Ed.). *Public opinion and the communication of consent* (pp. 249-277). NY: Guiford.

Nordenstreng, K. (1974). *Information Mass Communication*. Helsinki: Tammi.

Osgood, C. E., Suci, G. J., & Tannenbaum, P. H. (1957). *The Measurement of Meaning*. Chicago: University of Illinois Press.

Palmgreen, P., & Rayburn, J. D. (1985). An expectancy-value approach to media gratifications. In K. E. Rosengren, L. A. Wenner & P. Palmgreen (Eds.), *Media Gratification Research: Current Perspectives*. Beverly Hill, CA: Sage.

Pan, Z., & McLeod, J. M. (1991). Multi-level Analysis in Mass Communication Research. *Communication Research, 18*, 138-171.

Park, H., & Salmon, C. (2005). A test of the third-person effect in public relations:

Application of social comparison theory. *Journalism & Mass Communication Quarterly, 82*(1), 25-43.

Peiser, W., & Peter, J. (2000). Third-person perception of television -viewing behavior. *Journal of Communication, 50*, 25-45.

Peng, W. J. (1997). Image, affect, and perceptions in the 1992 U.S. Presidential Election. *Chinese Political Science Review, 28*, 83-109.

Perloff, R. M. (1989). Ego involvement and the third-person effect of televised news coverage. *Communication Research, 16*, 236-262.

Perloff, R. M. (1993). Third-person effect research, 1983-1992: A review and synthesis. *International Journal of Public Opinion Research, 5*, 167-184.

Perloff, R. M. (1996). Perceptions and conceptions of political media impact: The third-person effect and beyond. In A. N. Crigler (Eds.), *The psychology of Political Communication* (pp. 177-198). Ann Arbor, MI: University of Michigan Press.

Perloff, R. M. (2002). The third-person effect. In J. Bryant & D. Zillmann (Eds.), *Media Effects: Advances in Theory and Research* (2th ed., pp. 489-506). Mahwah, NJ: Erlbaum.

Perse, E. M. (1990). Media involvement and local news effects. *Journal of Broadcasting & Electronic Media, 34*, 17-36.

Poindexter, P., Smith, L., & Heider, D. (2003). Race and ethnicity in local television news: Framing, story assignments, and source selections. *Journal of Broadcasting & Electronic Media, 47*(4), 524-537.

Powney, J., M. & Watts (1976). *Interviewing in Educational Research.* London: RKP.

Price, V., & Tewksbury, D. (1996). Measuring the third-person effect of news: The impact of question order, contrast and knowledge. *International Journal of Public Opinion Research, 8*(2), 120-141.

Price, V., Tewksbury, D., & Huang, L. N. (1998). Third-person effects on publication of a Holocaust-denial advertisement. *Journal of Communication, 48*(2), 3-26.

Richardson, J. (2005). Switching Social Identities: The Influence of Editorial Framing on Reader Attitudes Toward Affirmative Action and African Americans. *Communication Research, 32*(4), 503-328.

Riedel, R. G. (1993). Effects of pretrial publicity on male and female jurors and judges in a mock rape trial. *Psychological Reports, 73*, 819-832.

Riggins, S. E. (1992). The Media Imperative: Ethnic minority survival in the age of mass communication. In Riggins, S.E. (Eds.), *Ethnic Minority Media—An International Perspective* (pp. 1-20). Newbury Park, CA: Sage Publications.

Riggins, S. H. (1992). *Ethnic Minority Media: An International Perspective*. London: Sage.

Robert A. Hackett (1985). Decline of a Paradigm? Bias and Objectivity in Ne-ws Media Studies. *In Mass Communication Review Yearbook* (pp. 254).

Robinson, T., & Umphery, D. (2006). First- and third-person perceptions of images of older people in advertising: An inter-generational evaluation. *International Journal of Aging & Human Development, 62*(2), 159-173.

Rojas, H., Shah, D. V., & Faber, R. F. (1996). For the good of others: Censorship and the third-person effect. *International Journal of Public Opinion Research, 8*(2), 163-186.

Rosengren, K. E., Wenner, L. A., & Palmgreen, P. (Eds.). (1985). *Media Gratifications Research: Current Perspective*. Beverly Hills, CA: Sage.

Rosenstein, A. W., & Grant, A. E. (1997). Reconceptualizing the role of habit: A new model of television audience activity. *Journal of Broadcasting & Electronic Media, 41*(3), 324-344.

Ross, L. (1977). The intuitive psychologist and his shortcoming: Distortions in the attribution process. In L. Berkowitz (Eds.), *Advances in experimental social psychology* (pp. 173-220). New York: Academic Press.

Ross, P. (1991). August, Hard words. *Scientific American*, 138-147.

Rubin, A. M. (1983). Televistion uses and gratifications: The interactions of viewing patterns and motivations. *Journal of Broadcasting, 27*, 37-51.

Rubin, A. M. (1994). Media uses and effects: A uses and gratifications perspectives. In J. Bryant & D. Zillmann (Eds.), *Media effects: Advances in theory and research*. Hillsdale, NJ: Lawrence Erlbaum Associations.

Rucinski, D., & Salmon, C. T. (1990). The "other" as the vulnerable voter: A study of the third-person effect. *International Journal of Public Opinion Research, 2*,

345-368.

Ryan, C. (1991). *Prime Time Activism: Media Strategies for Grassroots Organi-zing*. Boston: South End Press.

Sallach, D. L. (1974). Class domination and ideological hegemony. *Sociological Quarterly, 15*(1), 38-50.

Salmon, C. T. & Kline, F. G. (1985). The spiral of silence ten years later: a examination and evaluation. In K.R. Sanders, L.L. Kaid, & D. Nimmo(Eds.). *Political Communication Year-Book* (pp. 3-30). Carbondale, IL: Southern Illinois University Press.

Salmon, C. T. & Neuwirth, K. (1990). Perceptions of opinion climates and willingness to discuss the issue of abortion. *Journalism Quarterly, 67*(3), 567-577.

Salwen, M. B., & Driscoll, P. D. (1997). Consequences of third-person perception in support of press restriction in the O. J. Simpson trial. *Journal of Communication, 47*(2), 60-78.

Scharrer, E. (2002). Third-person perception and television violence: The role of out-group stereotyping in perceptions of susceptibility to effects. *Communication Research, 29*(6), 681-704.

Schieffelin, B. B. (1990). *The Give and take of Everyday Life: Language Socialization of Kaluli children*. Cambridge, UK: Cambridge University Press.

Schilling-Estes, N. & Wolfram, W. (1999). Alternative Models of Dialect Death: Dissipation vs. Concentration. *Language. 75*(3), 486-521

Schramm, W. (1971). The nature of communication between humans. In W. Schramm & D. Roberts (Eds.), *The Process and Effects of Mass Communication* (rev. ed., pp. 3-53). Urbana: University of Illinois Press.

Schroder, K. C. (1987). Convergence of Antagonistic Traditions? *European Journal of Communication 2*, forthcoming.

Severin, W. J., & Tankard Jr. J. W. (1997). *Communication theories: Origins, Methods, and Uses in the Mass Media* (4th ed.). White Plains, NU: Longman.

Shah, D. V., Faber, R. J., & Young, S. (1999). Susceptibility and severity: Perceptual dimensions underlying the third-person effect. *Communication Research, 26*, 240-267.

Shuy, R. W. & Williams, R.(1973). Stereotyped Attitudes Selected English Dialect Communities, in Shuy, R. W. & Fasold, R. W.(Ed). *Language Attitudes: Current Trends and Prospects* (pp. 85-96). Washington, D.C: Georgetown University Press.

Sinclair, J., Jacka, E. & Cunningham, S. (1996). *New Patterns in Global Television.* Oxford: Oxford University Press.

Singleton, R. A., Straits, B.C. (1999). *Approaches to Social Research.* New York: Oxford University Press.

Smith, A. M. (1994). *New Right Discourse on Race and Sexuality.* Cambridge: Cambridge University Press.

Spencer, A. T. & Croucher, S. M. (2008). Basque nationalism and spiral of silence: An analysis of public perceptions of ETA in Spain and France. *International Communication Gazette, 70*(2), 137-153.

Srivastava, A. K. (1990). Multilingualism and school education in India: Special features, problems and prospects. In D.P. Pattanayak(Eds.), *Multilingualism in India* (pp. 37-53). Clevedon, Avon: Multilingual Matters Ltd.

Stafford, M. R., & Stafford, T. F. (1996). Mechanical commercial avoidance: A uses and gratifications perspective. *Journal of Current Issues and Research in Advertising, 18*, 27-38.

Stafford, T. F. , & Stafford, M. R. (1998). Uses and gratifications of the World Wide Web: A preliminary study. In D. Muehling(Eds.), *Proceedings of the 1998 American Academy of Advertising Conference* (pp. 174-182). Pullman: Wahington State Universiyt.

Stevens S. S. (1951). Mathematics, Measurement, and Psychophysics. *In Handbook of Experimental Psychology.* Edited by S.S. Stevens, New York: Wiley.

Sue, S., Smith, R. E., & Gilbert, R. (1974). Biasing effects of pretrial publicity on judicial decisions. *Journal of Criminal Justice, 2*, 163-171.

Suich, M. (1997). *Benchmarking Public Broadcasters.* Milsons Point, NSW: MJS Information Pty. Ltd.

Tajfel, H., & Turner, J. C. (1986). The social identity theory of inter-group behavior. In S. Worchel & L. W. Austin (Eds.), *Psychology of Intergroup Relations.*

Chicago: Nelson-Hall.

Tankard Jr, J. W., Hendrickson, L., Silberman, J., Bliss, K., & Ghanem, S. (1991). *Media frames: Approaches to conceptualization and measuremen.* Paper presented at the the annual meeting of the communication theory and methodology division of the association for education in journalism and mass communication, Boston.

Tannenbaum, P. H. & Lynch, M. D. (1960). Sensationalism: the Concept and its Measurement. *Journalism Quarterly 30*: 381-93.

Taylor, C. (1992). *Multiculturalism and The Politics of Recognition.* Princeton, NJ: Princeton University Press.

Taylor & Willis (1999). *Media Studies: Texts, Interstutions and Audiences.* Oxford: Blackwell Publishers.

Taylor, S. E., & Brown, J. D. (1988). Illusion and well-being: A social psychological perspective. *Psychological Bulletin, 103*, 193-210.

Ter Wal, J. (2002). Appendix: Conceptual and Methodological Framework, in Jessika ter Wals, ed. *Racism and Cultural Diversity in the Mass Media: An Overview of Research and Examples of Good Practice in the EU Member States* (pp. 421-57). Vienna: European Monitoring Centre on Racism and Xenophobia.

Tewksbury, D. (2002). The role of comparison group size in the third-person effect. *International Journal of Public Opinion Research, 14*, 247-263.

Thompson, M. E., Chaffee, S. H., & Oshagan, H. H. (1990). Regulating pornography: A public dilemma. *Journal of Communication, 40*, 73-83.

Thrift, R. R. (1977). How Chain Ownership Affects Editorial Vigor of Newspapers. *Journalism Quarterly, 54*: 327-31.

Tichenor, P. J., George, A. D., & Clarice, N. O. (1980). *Community Conflict and the Press.* Beverly Hills, Calif.: Sage.

Tiedge, J. T., Silverblatt, A., Havice, M. J., & Rosenfeld, R. (1991). Discrepancy between perceived first-person and perceived third-person mass media effects. *Journalism Quarterly, 68*, 141-154.

Tomlinson, J. (1992). Cultural Imperialism. London: Pinter.

Tuchman, G. (1978). *Heart and Home: Images of Woman in the Media.* New York:

Oxford University Press.

Tyler, T. R., & Cook, F. L. (1984). The mass media and judgments of risk: Distinguishing impact on personal and societal level judgments. *Journal of Personality and Social Psychology, 47*, 693-708.

Vallone, R. P., Ross, L., & Lepper, M. R. (1985). The hostile media phenomenon: Biased perception and perceptions of media bias in coverage of the Beirut massacre. *Journal of Personality and Social Psychology, 49*, 577-585.

Van Dijk, T. A. (1983). *Strategies of Discourse Comprehension*. New York: Academic Press.

Wagenberg, R.M. & Soderlund, W.C. (1975). The Influence of Chain Ownership on Editorial Comment in Canada. *Journalism Quarterly, 52*, 93-8.

Wakshlag, J. J., Agostino, D. E., Terry, H. A., Driscoll, P., & Ramsey, B. (1983). Television news viewing and network affiliation changes. *Journal of Broadcasting, 27*(1), 53-68.

Weaver III, J. B. (2003). Individual differences in television viewing motives. *Personality & Individual Differences, 35*(6), 1427-1438.

Weaver, D. & Wilhoit, C.G. (1986). T*he American Journalists*. Bloomington: University od Indiana Press.

Webster, J. G., & Lichty, L. W. (1991). *Rating Analysis: Theory and Practice*. Hillsdale, NJ: Lawrence Erlbaum Associates.

Webster, J. G., & Wang, J. Y. (1992). Structural determinants of exposure to television-the case of repeat viewing. *Journal of Broadcasting & Electronic Media, 36*, 125-136.

Webster, J. G., & Phalen, R. F. (1997). *The Mass Audience: Rediscovering the Dominant Model*. Mahwah, NJ: Lawrence Erlbaum Associates.

Webster, J. G. (1985). Program audience duplication: A study of television inheritance effects. *Journal of Broadcasting & Electronic Media, 29*(2), 121-133.

Weinstein, B. (1983). *The Civic Tongue: Political Consequence of Language Choice*. N.Y.: Longman.

Weinstein, N. D. (1980). Unrealistic optimism about future life events. *Journal of Personality and Social Psychology, 39*, 806-820.

Wenner, L. A. (1986). Model specification and theoretical development in gratifications sought and obtained research: A comparison of discrepancy and transactional approaches. *Communication Monographs, 53*(2), 160-180.

Westerstahl, J. (1983). Objective News Reporting. *Communication Research 10*(3), 403-24.

White, H. A. (1997). Considering interaction factors in the third-person effect: Argument strength and social distance. *Journalism & Mass Communication Quarterly, 74*(3), 557-564.

White, H. A., & Dillon, J. F. (2000). Knowledge about other's reaction to a public service announcement: The impact of self-persuasion and third-person perception. *Journalism & Mass Communication Quarterly, 77*(4), 788-803.

Whitehead, J. L. (1968). Factors of source credibility. *Quarterly Journal of Speech, 54*, 59-63.

Willnat, L., He, Z., Takeshita, T., & Lopez-escobar, E. (2002). Perceptions of foreign media influence in Asia and Europe: The third-person effect and media imperialism. *International Journal of Public Opinion Research, 14*(2), 175-192.

Wimmer, D., Roger & Dominick, R., Joseph (1983). *Mass Media Research: An Introduction.* Belmont, Calf.: Wadsworth Publishing Co.

Wolfsfeld, G. (1991). Media, protest, and political violence. *Journalism Monographs, 127*, 9-36.

Wrench, J. & Solomos, J. (1993). *Racism and Migration in Europe.* Oxford: Berg.

Wu, W., & Koo, S. H. (2001). Perceived effects of sexually explicit internet content: The third-person effect in Singapore. *Journalism & Mass Communication Quarterly, 78*, 260-274.

Yang, K. C. (2005). Consumers attitudes toward regulation of internet auction sites: A third-person effect perspective. *Internet Research, 15*(4), 359-377.

Young, I. M. (1989). Polity and group difference: a critique of the ideal of universal citizenship. *Ethics, 99*(2), 250-74.

Zillmann, D., & Bryant, J. (Eds.) (1985). *Selective Exposure to Communication.* Hillsdale, NJ: Erlbaum.

Zubayr, C. (1999). The loyal viewer? Patterns of repeat viewing in Germany. *Journal of Broadcasting & Electronic Media, 43*(3), 346-363.

國家圖書館出版品預行編目資料

客家傳播理論與實證／彭文正著.
－1版.－臺北市：五南，2009.02
面；　公分
ISBN 978-957-11-5549-4（平裝）
1.媒體　2.傳播研究　3.客家　4.文化
541.83　　　　　　　　　98001283

1ZAV
客家傳播理論與實證

作　　者 ─	彭文正(277.3)
發 行 人 ─	楊榮川
總　　編 ─	龐君豪
主　　編 ─	陳念祖
責任編輯 ─	許裕佳　李敏華
封面設計 ─	黃文珊　童安安
出 版 者 ─	五南圖書出版股份有限公司
地　　址：	106台北市大安區和平東路二段339號4樓
電　　話：	(02)2705-5066　傳　　真：(02)2706-6100
網　　址：	http://www.wunan.com.tw
電子郵件：	wunan@wunan.com.tw
劃撥帳號：	01068953
戶　　名：	五南圖書出版股份有限公司

台中市駐區辦公室 ／ 台中市中區中山路6號
電　　話：(04)2223-0891　傳　　真：(04)2223-3549
高雄市駐區辦公室 ／ 高雄市新興區中山一路290號
電　　話：(07)2358-702　傳　　真：(07)2350-236

法律顧問　元貞聯合法律事務所　張澤平律師

出版日期　2009年2月初版一刷
定　　價　新臺幣400元